本书得到国家自然科学基金青年基金项目“政策组合
新影响的效果、机理与优化研究”（编号：72204247）的资助

政府市场规制对企业绿色技术创新的影响研究

汪明月　李颖明　著

中国财经出版传媒集团
经济科学出版社
Economic Science Press
·北京·

图书在版编目（CIP）数据

政府市场规制对企业绿色技术创新的影响研究/汪明月，李颖明著．--北京：经济科学出版社，2023.11
ISBN 978-7-5218-5097-0

Ⅰ.①政… Ⅱ.①汪…②李… Ⅲ.①政府管制-影响-企业管理-无污染技术-技术革新-中国 Ⅳ.①F279.23

中国国家版本馆 CIP 数据核字（2023）第 167519 号

责任编辑：李一心
责任校对：李　建
责任印制：范　艳

政府市场规制对企业绿色技术创新的影响研究
ZHENGFU SHICHANG GUIZHI DUI QIYE LÜSE JISHU
CHUANGXIN DE YINGXIANG YANJIU
汪明月　李颖明　著
经济科学出版社出版、发行　新华书店经销
社址：北京市海淀区阜成路甲 28 号　邮编：100142
总编部电话：010-88191217　发行部电话：010-88191522
网址：www.esp.com.cn
电子邮箱：esp@esp.com.cn
天猫网店：经济科学出版社旗舰店
网址：http://jjkxcbs.tmall.com
北京密兴印刷有限公司印装
710×1000　16 开　18.25 印张　281000 字
2023 年 11 月第 1 版　2023 年 11 月第 1 次印刷
ISBN 978-7-5218-5097-0　定价：73.00 元
（图书出现印装问题，本社负责调换。电话：010-88191545）

前　言

党的十九大报告提出构建市场导向的绿色技术创新体系，这是实现高质量发展的重要驱动力，也是本书的研究背景。绿色技术创新具有多重外部性和不确定性，需借助政府规制来弥补绿色技术创新的市场失灵。政府市场型规制通过提高绿色技术创新要素配置效率影响市场主体行为。本书在厘清政府市场规制对企业绿色技术创新作用机理的基础上，综合应用数理建模和实证计量的方法分析了不同市场规制对企业绿色技术创新策略选择和创新绩效的影响，有利于加深市场规制对企业绿色技术创新行为与绩效影响的理解，同时，对于政府进一步优化市场化规制工具有一定的借鉴意义。

本书的具体内容包括五个部分，分别是借助微观经济学的相关理论系统分析企业绿色技术创新失灵的原因及其对社会福利损失的影响，给出不同政府规制驱动企业绿色技术创新的内在机理；构建由政府市场规制、消费者产品消费选择和企业绿色技术创新的系统演化博弈模型，分析不同情形下系统的均衡策略演化过程，并进一步研究了相关因素对系统均衡的影响；基于经典博弈论模型，分析不同政府规制和决策情形下企业产品最优定价策略和绿色技术创新水平，给出每种情形下的系统废弃物排放量、系统经济效益和系统消费者剩余；借助工业企业数据库和工业企业污染数据库的数据，对比分析政府市场规制对不同类型绿色技术创新的影响；通过问卷调查获取649家企业数据，用于分析企业绿色技术创新与经济绩效之间的多重传导路径，并给出不同企业内在特质和市场规制对传导路径的调节作用。本书的主要结论如下：

（1）市场价格规制对企业绿色技术创新水平的影响取决于企业的绿色技术创新能力，市场价格规制对社会福利的影响取决于平均边际收益；竞争规制对企业绿色技术创新的影响要系统考虑社会成本和社会福利的关系，需要动态调整规制准入时机，以此提高社会福利；政府绿色技术创新方向引导、标准倒逼和绿色消费引导是有效的供求规制，供求规制的效果好坏在一定程度上取决于另外两项辅助规制的有效性。

（2）绿色技术创新演化博弈系统中，只存在 3 个稳定的均衡策略，企业绿色技术创新品牌收益和消费者绿色产品消费的经济收益是影响演化博弈系统最终向不同稳定均衡策略演进的主要因素。在第一种均衡状态下，产品的基础价值、绿色偏好收益、绿色消费意识和产品价格等是影响消费者购买绿色产品的主要因素；在第二种均衡状态下，政策收益、规制成本及产品市场需求量是影响政府采取市场规制策略的主要因素；在第三种均衡状态下，绿色技术创新补贴系数、市场规制强度和企业绿色技术创新品牌收益是影响企业采取绿色技术创新策略的主要因素，且各因素对博弈主体策略选择的方向和边际影响均存在较大差异。

（3）市场规制对企业绿色技术创新水平的影响同规制类型和博弈决策类型有关。在集中决策情形下，系统废弃物排放量和消费者剩余会降低，系统经济收益增多。在市场规制下，系统经济收益和消费者剩余将会升高。在集中决策下，市场规制会降低废弃物排放量；在独立决策下，市场规制会增加系统废弃物排放量。但是无论是在什么决策类型下，随着市场规制的引入，废弃物排放强度都处于下降趋势。在竞争型市场规制决策情景下，系统废弃物排放量和系统经济效益均实现了最小化，但是社会福利达到了最大化。

（4）政府市场规制对各类企业绿色技术创新影响的有效性随时间推移显著提高；政府市场规制（征收排污费用）对末端治理型绿色技术创新起抑制作用，但是对工业废水减排的工艺改进起促进作用；能源结构能够显著调节政府市场规制对能源节约型绿色技术创新的影响，能源结构越低碳清洁，排污费机制的作用越显著；政府市场规制与部分企业绿色技术创新之间呈非线性，且随着时间的变化而不断调整；固定资产越多、资产折旧越快越会抑制企业采取工艺改进型绿色技术创新策略，相反则越会促进企业采取末端治理型绿色技术创新策略。

（5）末端治理型技术创新和绿色产品创新不能直接产生经济绩效，仅能通过影响环境绩效和市场竞争力等间接路径产生经济绩效；绿色工艺创新可以通过直接和间接路径向经济绩效传导，其中直接路径贡献比间接路径影响大；“绿色技术创新→企业市场竞争力→企业经济绩效”是最重要的中介传导路径。相对而言，小规模、非技术密集型行业、中西部及小年龄企业的“绿色技术创新→企业环境绩效→企业经济绩效”间接效应传导路径不显著。价格规制和供求规制对末端治理型绿色技术创新与环境绩效间的关系起负向调节作用，供求规制和竞争规制对工艺改进型绿色技术创新与环境绩效间的关系起负向调节作用；价格规制对末端治理型和工艺改进型绿色技术创新环境绩效同企业市场竞争力间的关系起正向调节作用，供求规制对末端治理型和工艺改进型绿色技术创新企业市场竞争力同经济绩效间的关系起正向调节作用；市场规制对绿色产品创新的影响主要体现在竞争规制对企业市场竞争力与经济绩效间的关系。

目　录

第一章

绪　　论

第一节　研究背景及意义

一、选题背景

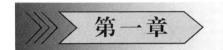

改革开放以来，中国主要以解决人民日益增长的物质文化需要同落后的社会生产之间的矛盾为目标，引领我国经济实现了30多年的高速增长，GDP年均实际增速高达9.3%①。以“高资源消耗、高环境损害、高废弃物排放”为主要特征的传统发展模式，尽管带来了经济数量的快速增长，同时，也带来了全球性的资源危机和环境质量下降，中国亦没有摆脱这种先污染后治理的怪圈（Li et al.，2017；Awasthi et al.，2016；Zhou et al.，2013）。从图1－1可以看出，中国历年的工业废气排放总量和二氧化硫排放量均处于较高水平。

---

① 1978～2017年，中国国内生产总值（GDP）的年均名义增速高达14.5%，去除年均4.8%通胀率，年均实际增速仍高达9.3%。http：//theory. people. com. cn/GB/n1/2018/0515/c40531－29991327. html。

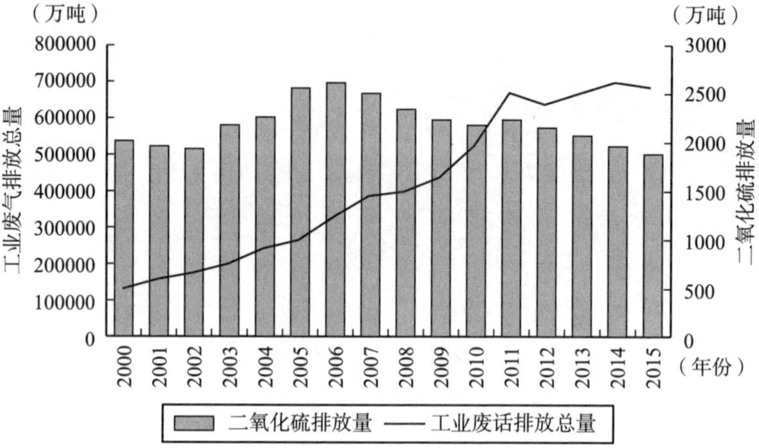

图1－1　工业废气（二氧化硫）排放量

上述结果是传统工业化模式内在逻辑的必然结果，需要从发展的理念、体制、模式和政策等领域进行系统性转变才可以根治。进入中国特色社会主义新时期，我国社会主要矛盾已经转化为人民日益增长的美好生活需要和不平衡不充分的发展之间的矛盾。中国正处于应对国内外各种挑战，加快转变经济发展方式，保证可持续发展的关键时期。将绿色发展理念全面融入经济转型的进程中，既是难得的机会窗口，也是历史所赋予的神圣使命（Zhan et al.，2018；Li et al.，2017；中国科学院可持续发展战略研究组，2010）。创新驱动发展、绿色低碳循环发展模式被提升到战略层面，是未来经济社会高质量发展的新动能和着力点（Marinova et al.，2013；Olsen，2017）。党的十九大报告明确提出，形成绿色生产方式和生活方式，要求在绿色、创新两大发展理念下，将生态效益纳入技术创新目标体系内。

（一）绿色经济是支撑高质量发展的重要内涵

当前中国正处于加快转变发展方式、优化经济结构、转换增长动能的新时期，正处于由高速增长向高质量发展过渡的关键阶段。在传统竞争优势式微的背景下：人口增长放缓，廉价劳动力数量优势不复存在；技术差距缩小，低成本引进模式难以为继；投资回报下降，数量型增长模式无法持续；资源环境难以为继，开始约束经济增长；逆全球化趋势渐强，出口带动效应遭到冲击。为此，需要设计怎样的发展路径才能实现发展动能转换，才能实现国家层面的高质量发展目标？党的十九大报告对培育新增长点、支撑高质量发展有明确表述，即要求在中高端消费、创新引领、绿色低碳、共享经济、现代供应链、人力资本服务等领域形成新动能。不难看出，以技术为主体的创新和以绿色理念为导向是高质量发展的重要内涵。绿色和创新是推动经济高质量发展的关键，绿色创新作为绿色发展和创新驱动两大发展理念的结合点，在中国经济发展速度放缓、资源环境约束趋紧的新时代，将起到比以往任何时期都更为重要的作用。绿色发展已经成为不是任由取舍的选择，而是未来文明的主要特征之一。

放眼全球，绿色经济拥有相当大的潜在市场需求。根据联合国环境署发布的《2017 前沿报告：全球环境的新兴问题》，2015 年在发电装机容量方面，可再生能源的使用已经超过了煤①。麦肯锡公司 2014 年发布的报告《颠覆性技术：即将改变我们生活、商业和全球经济的技术进步》（Disruptive Technologies：Advances That Will Transform Life，Business，and the Global Economy）称，到 2025 年包括可再生能源在内的 12 项技术将会创造巨大经济效益，其中，储能技术、可再生能源可以创造 3000 亿～9000 亿美元的产值②。聚焦国内，《战略性新兴产业 2016 年发展情况及 2017 年展望》指出：2016 年～2017 年上半年，我国战略性新兴产业营业及上市收入快速增长，27 个主要行业主营业务收入达到 19.1 万亿元，同比增长 11.3%；上市公司营业务收入总额达 1.69 万亿元，同比增长 19.8%，比上年同期提升 1.7 个百分点③。展望未来，绿色经济和产业还有巨大潜力需要进一步挖掘。联合国环境规划署 2014 年发布的《中国绿色经济展望：2010～2050》预测，到 2050 年，针对绿色产业投资总需求将达到 32 万亿元④。我国“十三五”规划也明确要求，进一步支持战略性新兴产业发展，使战略性新兴产业增加值占国内生产总值比重达到 15%，其中，绿色低碳产业将达到 50 万亿元以上

①④ 联合国网站，http：//www.un.org/zh/index.html。

② 麦肯锡咨询公司，https：//www.mckinsey.com/。

③ 国家信息中心网站，http：//www.sic.gov.cn/News/459/8141.htm。

的产值规模，每年将带动新增就业100万人以上。

（二）绿色技术是绿色经济增长的重要驱动力

国际金融危机后，世界各国纷纷投资科技研发，力图推动新一轮科技革命，以撬动新的经济增长点，绿色和智能是最重要的两方面内容。绿色技术是降低消耗、减少污染、改善生态，促进人与自然和谐共生的新兴技术，目的是保护生态环境和高效利用资源（王娟茹等，2018；王锋正等，2018a）。随着国际社会对绿色发展的共识逐步形成，与绿色低碳相关的科技创新成为绿色发展的基本要素，其本质在于引导技术创新活动朝着有利于资源节约和循环利用、环境保护及可持续发展的方向发展。推行绿色技术创新是从根本上实现经济发展与环境污染、资源消耗之间“脱钩”的关键途径，是推进生态文明建设和绿色发展，以及满足人民群众美好生活需要的重要保障。绿色技术创新遵循生态原理和生态经济发展规律，是对传统技术创新的拓展和提升，是生态文明视域下技术创新的崭新形态，实现了在发展中保护，在保护中发展的良性循环。

在以追求生态与经济平衡发展为目标的绿色发展路径下，人类社会要以科技进步为桥梁，解决由科学应用所带来的环境问题，最终实现“人与自然的和谐共生”。同时，对于任何给定时期，经济增长主要由占优势的技术群（technical family or cluster）驱动（一个技术群是一组相互关联的技术创新、基础设施和组织创新）。传统的技术创新发展观侧重发展的速度和规模，忽视了发展的生态环境效益和质量，技术创新效率的提高在一定程度上意味着加速对资源、环境、生态的掠夺，是不可持续的技术创新（杨发庭，2016；罗勇等，2016）。绿色技术的清洁性、高效性及可持续性等特征决定了其在技术群的占优趋势，西方发达国家的实践是很好的证明。要实现高质量发展，或者要推动绿色经济发展，需要在多主体参与下开展不同层次的绿色技术创新，在提高经济增长速度的前提下保证增长的质量。已有的理论研究和管理实践均指出，绿色技术创新是引领绿色发展的重要驱动力。特别地，随着绿色消费需求的扩张和企业社会责任的提高，绿色技术创新向经济价值转换的路径不断畅通，验证了“绿水青山就是金山银山”理论的科学性。

（三）企业绿色技术创新能力和动力还需要进一步提高

国家知识产权局发布的《中国绿色专利统计报告（2014～2017年）》显示，2017年中国国内绿色发明专利申请量为2014年申请量的1.8倍左右，然而，也可以发现，2014～2016年我国绿色技术发明专利公开申请累计量为16.8万件，仅占同期中国发明专利公开申请累计量的6.0%[①]。截至2016年底，在中国的绿色技术发明专利有效量排名前五的国家（不包括中国）分别为日本、美国、德国、韩国、法国，其中，日本的有效量领先于其他各国，达到11730件，美国、德国、韩国、法国的有效量也突破了1000件[②]，具体如图1－2所示。数据表明，当前我国面临内部绿色技术创新能力和动力储备还相对不足，外部竞争压力又较大的局面，这与有些学者（杨发庭，2016；杨晖，2017；Song et al.，2015）的研究结论也是一致的。

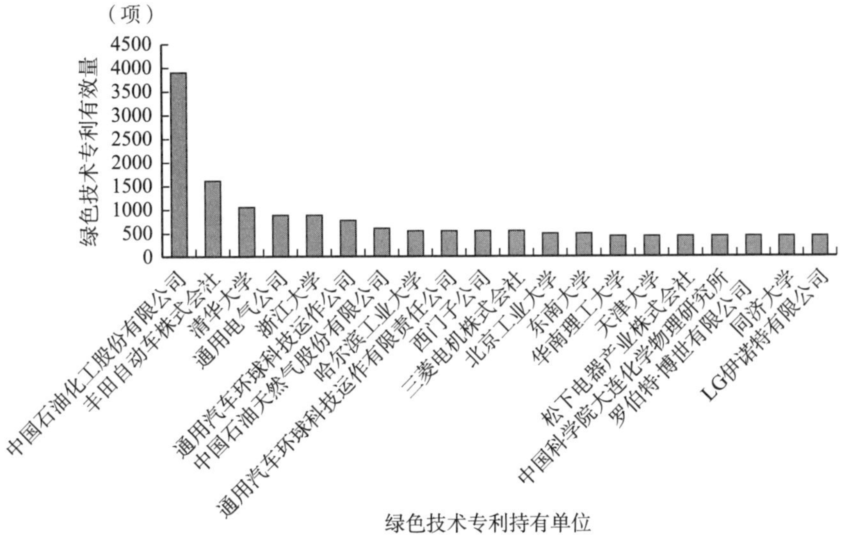

图1－2 截至2016年底中国Top20单位绿色技术发明专利有效量

① 数据来源：中华人民共和国国家知识产权网站，https：//www.cnipa.gov.cn/art/2018/9/7/art_53_117816.html。

② 数据来源：中华人民共和国国家知识产权局《中国绿色专利统计报告（2014～2017年）》，http：//img.yichang.gov.cn/upload2017/2018/0910/20180910060333321.pdf。

创新驱动发展不仅是国家宏观的战略需求，也是企业自身发展的内在需求（Gronum et al.，2012；Collinson et al.，2012）。发挥好企业绿色技术创新的主体作用，是摆在我们面前的一项重要任务，也是加快绿色转型的关键（Wang et al.，2014；聂爱云等，2012）。如图1－3所示，我国绿色技术发明专利有效量排名前20的专利权人中，9个国外专利权人均为企业，而国内11个专利权人绝大多数（9个）是高校和科研院所。数据表明，绿色技术发明专利大多集中在高校和科研院所手中，相对而言，企业还未成为绿色技术创新的真正主体。

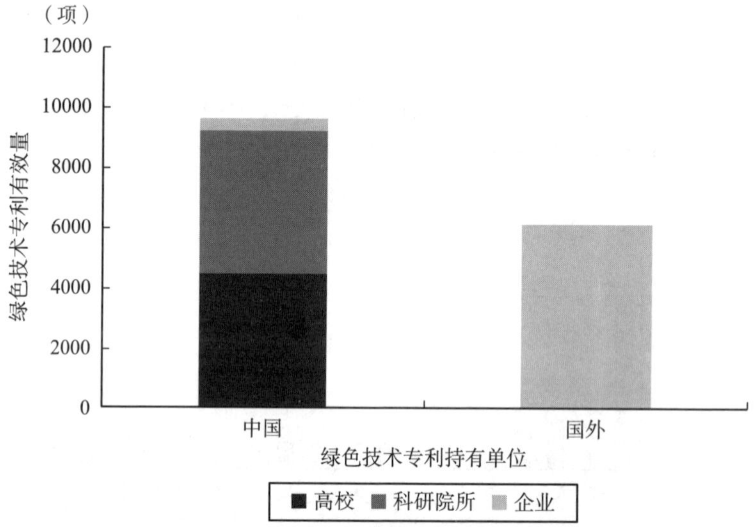

图1－3　截至2016年底Top20机构的绿色技术发明专利持有结构

（四）成本与收益不匹配是造成绿色技术创新市场失灵的关键原因

创新的本质在于优化生产函数，绿色技术创新也不例外。企业开展绿色技术创新的最终目标在于实现经济价值，这同“绿水青山就是金山银山”的论断也是一致的。绿色技术创新与一般技术创新的不同，可以体现在转化成经济绩效的路径上。已有的研究表明，企业绿色技术创新经济绩效可以通过提高企业市场竞争力、改善企业形象以及降低生产的合法成本等方式来实现（周湘峰等，2011；陈泽文等，2019；Yook et al. , 2018)。然而，地方保护等原因导致“有法不依、执法不严”的现象出现，企业“守法成本高、违法成本低”，制约了绿色技术的市场需求；在污染物排放控制方面，尽管已经引入了国际上通行的各种经济激励措施，但实施力度仍然不够，涉及的领域较窄；绿色技术创新过程的市场不确定性、技术不确定性及双重外部性也在一定程度上降低了企业绿色技术创新的积极性。

尽管影响企业绿色技术创新投入的因素种类比较多，但是归结起来还是在创新成本和收益的匹配上。由于环境产权界定不明确、收益核算体系不健全，导致企业的部分产出被其他社会主体所分享，影响了绿色技术创新企业的研发投入回报，制约了企业绿色技术创新发展；另外，技术的溢出和“搭便车”行为允许企业仅需要付出少量的学习成本即可以获得绿色技术创新企业高研发投入开发的技术，反向抑制技术的市场供给。绿色技术创新成本收益不匹配，最终会出现“劣币驱逐良币”的窘境，即有绿色技术创新能力和比较优势的企业最后被驱除出市场产品供给，最终造成市场失灵。绿色技术创新成本与收益的不匹配将直接影响企业绿色技术的市场供给与需求，进而引发市场失灵。

（五）政府市场规制是弥补绿色技术创新市场失灵的有效措施

促进绿色技术创新的关键在于着力解决当前经济、社会及生态环境发展过程中不平衡不充分的矛盾。国内外技术创新理论与实践表明，由于市场在配置创新资源方面更为有效，决定了市场导向的绿色技术创新活动比技术导向的创新活动的效率更高。市场导向的绿色技术创新能够加快根治科技与经济脱节的顽疾，促进绿色技术创新成果产业化和商业化，进而实现优化创新资源配置的目的。企业绿色技术创新要更加坚持市场需求导向，紧密围绕绿色产业发展需求。只有通过创新满足市场主体绿色需求才具备创新补偿的功效，否则，将陷入越创新越失败的恶性循环。

市场导向下的企业绿色技术创新，就是要借助市场机制来优化企业绿色技术创新要素配置效率，充分发挥市场的供求机制、竞争机制及价格机制来降低绿色技术创新的不确定性和多重外部性，进而提高企业绿色技术创新的投入。由于企业绿色技术创新成本与收益的较大程度的不匹配，市场失灵的现象时有出现，需要借助政府市场规制的功能来弥补市场失灵。目前，我国环境管理制度以政府命令式规制为主，基于市场和信息的制度还十分缺乏，而且已有的制度不完善，不能有效发挥市场在优化配置绿色技术创新资源中的作用。促进企业绿色技术创新要从市场中来到市场中去，就是政府要借助市场规制手段加速绿色技术创新的需求和供给。

要厘清政府市场规制与企业绿色技术创新的关系，首要的任务是揭示政府市场规制对企业绿色技术创新行为（区分末端治理技术、工艺改进技术及绿色产品创新）及绩效（区分经济绩效、环境绩效及企业市场竞争力）影响的内在机理，并在分析的过程中识别出企业内在特质对影响机理的调节作用。为了达到上述研究目标，需要从理论与方法上进行缜密思考与设计。为此，本书紧紧围绕政府市场规制、企业绿色技术创新策略和绿色技术创新绩效三者内在关系这一主线，综合应用动态博弈论建模方法、结果方程模型、计量经济学方法和系统仿真建模方法，采用实地调研和统计数据，借助数理模型推导和实证计量分析，系统研究政府市场规制对企业绿色技术创新行为及绩效影响的内在机理与路径。

二、研究意义

本书的内容有利于丰富企业绿色技术创新行为与绩效的研究视角，有利于加深政府市场规制对企业绿色技术创新行为与绩效影响的理解，同时，对政府进一步优化市场化规制工具也有一定的借鉴作用。

（一）有利于丰富企业绿色技术创新行为与绩效研究的视角

既有的研究较多地关注政府行为对企业绿色技术创新（绩效）的影响（田翠香等，2017b；聂爱云等，2012；朱建峰，2014；朱建峰等，2015；田香翠等，2017a；何小钢，2014；Hao Xiaomeng，2015；Chan et al.，2010），主要包括政府环境规制、财税补贴等方面的影响研究。很少有研究从理论和实证角度系统分析市场规制程度和类型对不同企业绿色技术创新行为与绩效的影响（雷善玉等，2014；贠天一，2017；

Cai et al.，2014；李巧华等，2014）。绿色技术创新领域内的市场规制是政府基于一定的手段来影响市场主体的供给与需求，是从一个更一般化的视角来思考政府行为与企业绿色技术创新的关系，是对已有研究基础的整合与提高，能够加深对研究问题的理解。

（二）有利于加深市场规制对企业绿色技术创新与绩效作用的理解

国外对于市场导向的研究已经逐步从营销领域向创新领域扩散，学者们运用不同的理论模型和数据样本进行分析，得出了一系列特定区域下的结论，然而，这些结论对于处在转型期的中国并非完全适用。国内现有的研究大多集中在定性层面的分析，即已经开始认识到市场机制对于企业绿色技术创新具有重要作用，且国家从宏观层面也开始了相应的引导，然而，市场规制对于企业绿色技术创新行为与绩效影响的具体路径分析还不够充分。杨东等（2015）在文献评述部分讲道，未来要重点研究企业绿色技术创新绩效，以市场规制影响企业绿色技术创新绩效的传导路径显得更有意义。本书以市场规制理论、市场供需理论和技术创新理论等为依据，并结合微观实证检验，从企业绿色技术创新行为与绩效的视角剖析市场规制的作用机理，系统回答规制的方式和效果。

（三）有利于引导政府精准设计促进绿色技术创新的市场规制工具

我国绿色技术创新将在更大程度上面向市场需求，面向高质量发展需求，市场在配置创新资源方面的作用将逐步凸显。然而，绿色技术创新成本与收益不匹配所导致的市场失灵时有出现，需要政府基于市场导向设计和优化促进绿色技术创新的规制工具，提升企业绿色技术创新绩效。本书将分别通过数理模型推导和实证计量分析，系统研究不同规制情形下企业绿色技术创新策略选择、经济绩效、社会绩效和环境绩效的演变规律。在此基础上进一步分析企业内在特质对上述影响路径的调节作用，引导政府从市场规制对企业绿色技术创新绩效提升出发，设计更精细化的规制工具。旨在提高“政府—市场”合力对企业绿色技术创新与绩效的作用幅度，为提高政策的精准性和有效性提供理论借鉴。

第二节 主要研究范围、内容、目标及特色之处

一、研究范围

为了便于研究的顺利开展，支撑后续政策建议的提出，现对本书所涉及的市场规制、绿色技术创新范围进行界定。

（一）政府市场规制的研究范围

同市场规制工具类似的概念包括政策工具、监管工具等。其中，政策工具的范围最为广泛，监管工具所涉及的面又较为狭窄，本书所聚焦的市场规制介于二者之间。宏观政策工具（例如，货币政策、经济计划等）一般着眼于宏观经济运行，尽管也会通过一定的路径影响微观市场主体行为的权益，但是政策作用的机理、目标及效果与市场规制工具存在较为显著的差异。宏观政策工具的目标不仅仅是弥补市场失灵，更重要的是释放政策信号，进而引起市场预期，影响市场主体的行为，是一个间接的影响路径。从简化研究的角度出发，宏观政策工具不是分析的重点，而是将重点聚焦于微观层面的市场规制工具。本书所涉及的市场规制工具包括命令型的监管工具和具有一定柔性的其他市场规制工具。

从强制性程度来看，监管工具所涵盖的工具类型较少，而市场化规制工具能将合作治理型与制度激励型市场规制工具包括在内。命令型规制工具是由公权机构单方面选择并运用的，而其他主体则是该市场规制工具的接受者，例如，市场的注入与退出、强制性的标准、产权规制、信息披露及自然资源和生态环境保护等；合作治理型规制工具是指由第三方机构、行业协会及社会中介组织参与的规制类型，主要是为公权机构提供信息、降低成本或者辅助规制。例如，行业协会建立的行业自律机制、行业行规等；制度激励型规制是指规制机构通过利益诱导等方式促进相关主体参与规制过程，主要通过引导市场预期，提高市场主体的遵从度。税收、补贴、可交易的许可证、选择券等可以通过市场来运

作，是常用的市场激励机制。

政府市场规制工具是在一定约束下由行政机构执行的施加于市场主体的一般性法规和特殊行为，以此实现矫正和弥补市场机制失灵的目标。本书对政府市场规制的分类和识别基于两个维度：第一，现实环境管理中直接或间接促进企业绿色技术创新的政策或机制①；第二，经济学中的政府行为作用于市场的常用手段，包括影响价格的、影响市场竞争的、改进市场信息不对称的政策等。本书将市场规制工具划分为价格型、供求型和竞争型三类。

（二）企业绿色技术创新的研究范围

技术从本质上来说是没有绿色和非绿色（灰色）之分的，绿色技术仅仅是从技术和生态的层面，通过比较技术对生态的负向影响是否降低来判断技术的绿色属性，体现于绿色技术创新全过程中所呈现的生态思维方式。从广义维度来看，绿色技术是以促进人与自然和谐发展为目标，能够提高资源能源利用效率，避免、消除或减轻污染，保障生态系统健康的技术系统，涵盖工艺流程、产品设备和技术服务等。微观层面的绿色技术包括节能环保技术、清洁生产技术、清洁能源技术、生态保护与修复技术、绿色农业技术等。从定义可以看出，广义层面的绿色技术是一类涵盖面非常宽泛的技术，不利于后续研究的开展，为此，本书所提及的绿色技术主要聚焦于指微观层面的清洁生产技术。

为了契合研究内容，将企业绿色技术创新人为地分为三类，包括末端治理型绿色技术创新、工艺改进型绿色技术创新和绿色产品创新。末端治理型绿色技术创新是针对生产过程中产生的废弃物再处理和利用的技术创新，一般包括废弃物再利用，引进新的废弃物处理设施和升级现有污染物处理技术（设备）等。工艺改进型绿色技术创新主要是指在不改变最终产品质量和功能的前提下，通过改进生产工艺或者更新部分生产设备，进而降低单位产品的能源消耗和污染物排放，是污染物源头控制的一类技术创新方式。绿色产品创新主要是指开发出能源资源利用

① 2019 年 4 月 15 日，国家发展改革委、科技部联合发布了《关于构建市场导向的绿色技术创新体系的指导意见》。

效率高、污染物排放少的新产品，是最高级别的绿色技术创新，而不是简单地改变产品性能。上述所有技术均是指一般范畴的技术，遵循一般技术演变规律，不包含颠覆性技术或者突破性技术。

二、主要内容

本书主要研究内容包括以下五部分。

（一）市场规制驱动企业绿色技术创新的内在机理

要构建和运行国家层面市场导向的绿色技术创新体系，首要任务是厘清市场导向或者市场机制对企业绿色技术创新的作用机理，识别政府和市场职能的分割点。简而言之，就是要深入剖析市场可能的运行机制是如何影响企业绿色技术创新决策的；在市场机制失灵的情形下，政府规制又是如何弥补市场失灵的短板的。本书借助微观经济学的相关理论，系统分析企业绿色技术创新失灵的原因及其对社会福利损失的影响，在此基础上，分析价格规制、竞争规制和供求规制对减少市场失灵、驱动企业绿色技术创新的内在机理。

（二）市场规制对企业绿色技术创新行为影响的仿真分析

由于研发具有外部性，单纯依靠市场作用并不能使社会投入达到最优水平，市场化的规制手段是政府克服市场失灵和推动企业绿色技术创新的有效工具之一。企业绿色技术创新系统受到政府、消费者等主体行为的影响，是一个动态调整的过程。在借鉴前人研究的基础上，本书通过构建由地方政府、企业和消费者组成的绿色技术创新系统演化博弈模型，分析不同现实情形下各主体和系统均衡策略的演化过程，并借助系统动力学实验方法进一步分析相关外生因素对系统稳定均衡策略的影响。

（三）市场规制对企业绿色技术创新绩效影响的仿真分析

基于经典博弈论模型，对比分析无市场规制 + 集中决策、无市场规制 + 独立决策、价格型规制 + 集中决策、价格型规制 + 独立决策、竞争

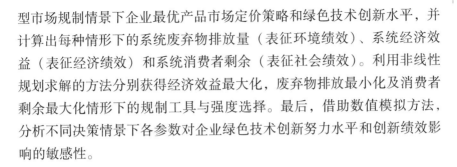

型市场规制情景下企业最优产品市场定价策略和绿色技术创新水平，并计算出每种情形下的系统废弃物排放量（表征环境绩效）、系统经济效益（表征经济绩效）和系统消费者剩余（表征社会绩效）。利用非线性规划求解的方法分别获得经济效益最大化，废弃物排放最小化及消费者剩余最大化情形下的规制工具与强度选择。最后，借助数值模拟方法，分析不同决策情景下各参数对企业绿色技术创新努力水平和创新绩效影响的敏感性。

（四）市场规制对企业绿色技术创新行为影响的实证分析

以中国工业企业数据库、中国工业企业污染物排放数据库和区域排污费征收为数据基础，通过构建计量经济学模型来分析政府市场规制对企业绿色技术创新影响的异同。具体而言，就是要分析政府市场规制工具对不同类型绿色技术创新的影响，包括末端治理技术、能源节约型技术创新和生产工艺改进创新；对比不同年份市场规制工具对企业绿色技术创新影响的演变趋势。在此基础上，进一步分析企业内在特质对企业绿色技术创新的影响，包括是否处于东部省份、企业年龄、员工结构、企业规模、是否属于技术密集型产业、资本总量、资产结构（固定资产占比）、累计折旧及年正常生产时间等。

（五）市场规制对企业绿色技术创新绩效影响的实证分析

基于微观企业的实地问卷调查数据，检验和修正企业不同类型绿色技术创新（包括末端治理技术创新、工艺改进型绿色技术创新与新产品创新）与经济绩效之间的传导路径（由绿色技术创新、环境绩效、企业市场竞争力和经济绩效组成的多重中介模型）。在此基础上，比较分析企业内在特质（包括企业规模、年龄、所有制结构、所属行业及所在省份）对已验证的传导路径的调节作用。最后，研究政府不同市场规制类型（包括价格规制、供求规制和竞争规制）对已验证的传导路径的调节作用，包括影响发生的节点、幅度和方向，具体如图1－4所示。

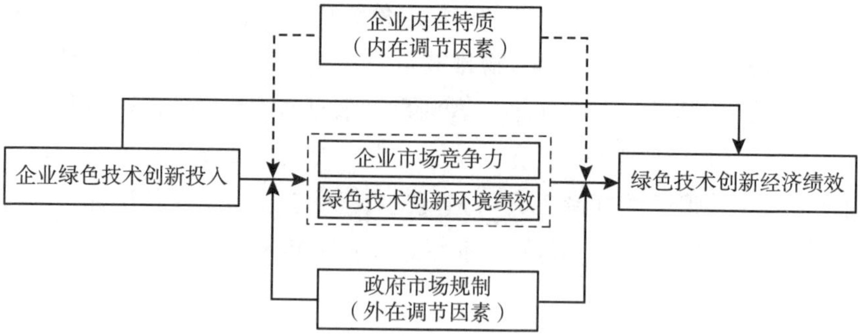

图1－4　市场规制对企业绿色技术创新绩效影响的概念模型

三、研究目标

本书致力于识别政府市场规制驱动企业绿色技术创新内在机理；模拟政府市场规制对企业绿色技术创新及创新产生的经济绩效、环境绩效和社会绩效的影响；实证分析政府市场规制对企业不同类型绿色技术创新的影响；揭示企业绿色技术创新向经济绩效的传导路径，以及政府市场规制与企业内在特质对传导路径的调节作用。为了实现上述研究目标，需要解决如下三个关键问题。

（一）如何评价政府市场规制对企业绿色技术创新的影响

本书的首要任务是要识别出政府市场规制驱动企业绿色技术创新内在机理。那么，应该如何评价企业绿色技术创新市场失灵所带来的影响，以及如何评价政府市场规制的有效性，即如何确定政府市场规制对企业绿色技术创新影响的大小？

（二）如何将政府市场规制嵌入绿色技术创新研究模型

本书通过模型推导和实证研究方法来分析政府市场规制对企业绿色技术创新决策和绩效的影响，那么，应该如何刻画政府市场规制并将其分别嵌入博弈决策模型和微观计量模型，即如何通过数理模型和研究构面设计来表征政府市场规制？

（三）如何验证政府市场规制与企业绿色技术创新绩效的关系

政府市场规制对企业绿色技术创新的影响会因市场规制类型、绿色技术创新类型和企业内在特质的不同而产生较大差异。那么，应该如何设计研究概念模型，如何来验证和修正所设计的概念模型，即如何确定不同类型企业和绿色技术创新适用的规制类型？

四、特色之处

本书可能的主要特色和创新之处体现在以下三个方面。

（一）给出了从社会福利层面分析政府市场规制驱动绿色技术创新的视角

本书从环境治理、政府规制理论和管理实践归纳总结出政府市场规制类型，在研究企业绿色技术创新市场失灵和政府市场规制对企业绿色技术创新影响的过程中，分别从社会福利损失和社会福利改善的视角进行分析。同时，基于微观经济学市场均衡理论，分析了市场价格规制、供求规制和竞争规制对企业绿色技术创新社会福利损失改善的影响，给出了一个剖析政府市场规制对企业绿色技术创新影响分析的一般化视角，弥补了已有政府市场规制影响企业绿色技术创新研究在分析抓手上的不足。

（二）厘定了政府市场规制与企业不同绿色技术创新行为间的内在关联性

本书将政府市场规制嵌入由政府、企业和消费者共同参与的演化博弈模型之中，识别了绿色技术创新系统稳定均衡策略，也即给出了绿色技术创新发展的阶段性特征，并对比分析了政府市场规制及其他相关影响因素的重要程度。在此基础上，以工业企业样本为研究对象，实证分析市场规制（征收排污费）对不同类型绿色技术创新（包括末端治理技术、能源节约型技术和生产工艺改进创新）影响的方向、强度和演进规律，并给出了不同特质企业绿色技术创新的偏好选择。

（三）揭示了政府市场规制对企业绿色技术创新与绩效关系的调节作用

本书将不同类型市场规制嵌入博弈决策模型中，测算了政府市场规制下企业绿色技术创新的决策选择、绩效及规制强度的最优化设计；进一步实证检验了末端治理型绿色技术创新、工艺改进型绿色技术创新和绿色产品创新向经济绩效转化的可能路径，继而分析了企业不同内在特质对上述传导路径的调节作用；就政府不同类型市场规制对不同传导路径影响的显著性、幅度和方向进行了检验；较为细致和系统地揭示了不同政府市场规制对不同企业、不同类型绿色技术的影响，也为后续政府制定精准政策提供理论支撑。

第三节　研究方法与思路框架

一、研究方法

本书采用的研究方法包括文献调研法、博弈论建模法、系统动力学仿真法、计量经济方法及微观企业问卷调研法。

（一）文献调研法

文献调研法又称文献研究法，是社会科学研究中最为常见的方法之一，是指对文献资料的检索、收集、鉴别、整理和分析，以此形成事实科学认识的方法。文献调研法所要解决的主要问题是如何在浩如烟海的文献资料中选取适用于针对问题研究的资料，并对这些资料进行恰当的分析，归纳总结出现有研究的进展及所存在的不足。文献调研法不是单单地进行文献检索和收集，更多的是要对这些文献资料进行恰当的分析。本书主要针对国内外有关企业绿色技术创研究的文献进行系统整理，并对企业绿色技术创新内涵演变、创新模式、驱动因素、创新绩效类型及测度方法等进行系统的总结和梳理，有意识地识别市场规制在弥补企业绿色技术创新市场失灵中的作用。

（二）博弈论建模法

演化博弈理论最初形成于生物科学领域，将生物体假设为有限理性人。演化博弈理论强调有限理性主体不能准确核算自身的收益成本，通常随着时间的推移不断试错、模仿、学习，最终趋于某个稳定策略。该理论是在生物进化论的基础上建立的，用群体中选择不同纯策略的个体占总体的百分比来替代博弈论中的混合策略。为此，基于演化博弈论的方法能够对绿色技术创新系统中政府、企业和消费者之间的利益冲突和最优化策略选择进行分析。三个博弈主体将通过学习和试错来调整自己的策略，以表现出演化博弈理论所描述的动态复制过程。继而在不同决策情形下，确定政府、企业和消费者的支付矩阵，采用动态微分方程的方法去研究绿色技术创新各参与主体的均衡策略，以确定博弈系统可能存在的均衡状态。

本书在经典决策博弈的基础上，将市场规制和环境的因素引入模型，通过求解获得收益最大化的决策变量，并在此基础上，计算获得企业的经济收益、废弃物排放量及消费者剩余。同时，通过非线性规划求解获得对应的政府市场规制类型和规制强度，实现经济利益最大化、废弃物排放量最小化及消费者剩余最大化。

（三）系统动力学仿真法

根据三方演化博弈所给出的变量关系式可以展示存量与速率变量、中间变量与存量、中间变量与外生变量之间的函数关系。地方政府、企业和消费者正向策略选择的概率用流位变量表示，其对应的变化率用流率变量表示，流率变量控制着流位变量；辅助变量与外部变量之间关系由不同演化博弈主体在不同行为策略下的收益函数确定，流率变量与辅助变量之间的关系由不同演化博弈主体的复制动态方程确定。使用 Vensim PLE 5.1b 软件对政府、企业、消费者三方之间的动态博弈进行仿真，并以三个博弈主体的正向策略选择概率为主要的衡量标准，对绿色技术创新系统中的相关影响因素进行敏感性分析。

（四）计量经济方法

分别以企业废弃物排放强度、能源消耗强度和废弃物减少量为自变量，用来表征企业不同类型绿色技术创新；以企业所在地方污染排污收费占工业总产值的比重作为因变量，用来表征市场规制强度；以是否处于东部省份、企业年龄、企业规模、是否属于技术密集型产业、资本总量、资产结构（固定资产占比）、累计折旧及年正常生产时间等为控制变量。通过构建横截面的计量经济模型来分析市场规制对企业不同绿色技术创新的影响，同时，给出企业内在特质对上述影响的调节作用。

（五）微观企业问卷调研法

问卷调查法是目前国内外社会研究中使用较为广泛的一种方法。问卷是指为统计和调查所用的、以设问的方式表述问题的表格。问卷调查法就是研究者用这种控制式的量表对所研究的问题进行度量，从而搜集到可靠资料的一种方法。问卷法大多用邮寄、个别分送或集体分发等多种方式发送问卷，由被调查者按照表格所问来填写答案。一般来讲，问卷较之访谈表要更详细、完整和易于控制。问卷调查法的主要优点在于标准化和成本低，因为问卷调查法是以设计好的问卷工具进行调查，问卷的设计要求规范化并可计量。本书将借助问卷调查的方法获得研究数据，进而分析政府市场规制对企业绿色技术创新绩效影响的共性和差异性影响。

二、本书框架

本书将按以下技术路线开展，其中，创新绩效分析是对绿色技术创新行为的深入解释，只有高绩效才能维持持久的创新投入，具体如图 1 -5 所示。总体来看，机理识别是基础，行为分析是结果，绩效分析是行为产生的原因。为了更清晰地表达研究框架，市场规制对企业绿色技术创新影响实证与市场规制对企业绿色技术创新绩效模拟的位置做了些许调整。

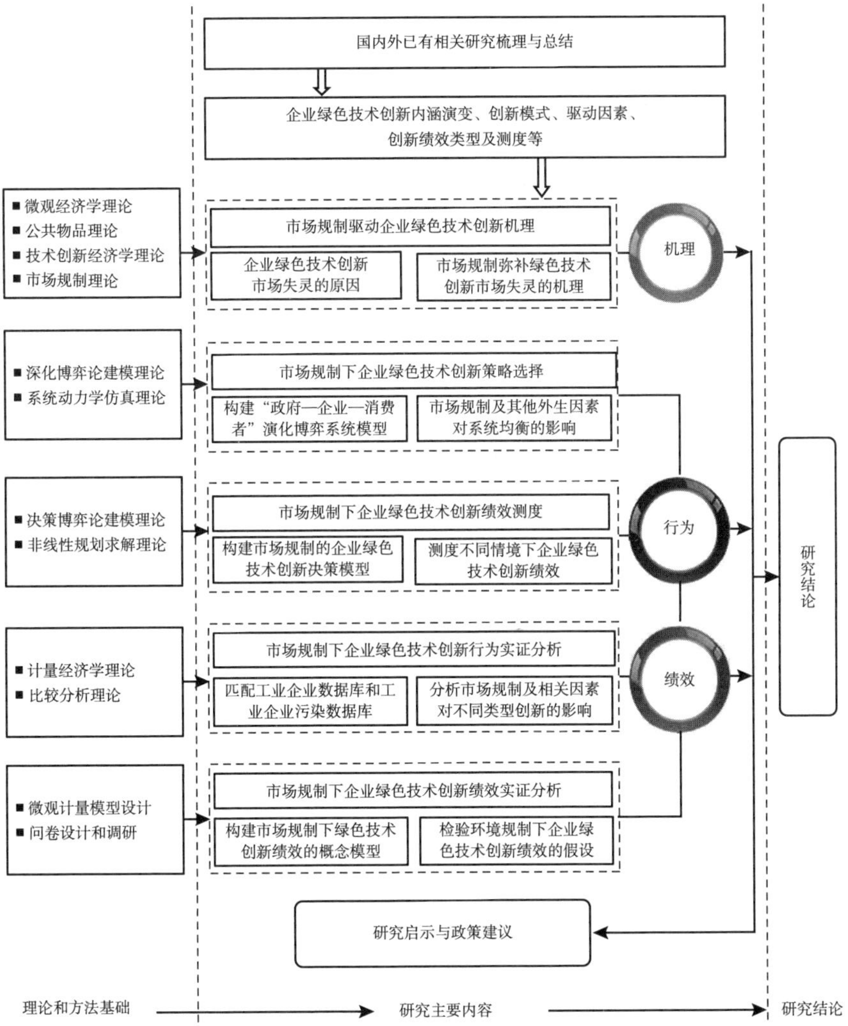

图1－5 研究框架

（1）在确定研究目标后，对国内外有关企业绿色技术创新的研究文献进行系统整理，包括对企业绿色技术创新内涵演变、创新模式、驱动因素、创新绩效类型及测度方法等进行系统的总结和梳理。

（2）在充分识别完全竞争市场对创新要素配置作用的基础上，进一步分析引发企业绿色技术创新市场失灵的原因，并基于福利最大化的视角研究三类政府市场规制驱动企业绿色技术创新的内在机理。

(3) 基于演化博弈理论构建由政府、企业和市场消费者共同参与的绿色技术创新博弈系统，分析系统可能存在的均衡状态及市场规制对均衡状态演进的影响。

(4) 基于Stackelberg序贯决策博弈和合作博弈理论，分析企业在不同市场规制和决策类型下的策略选择，以及对应决策选择下的经济绩效、环境绩效和社会绩效。

(5) 通过匹配中国工业企业数据库和中国工业企业污染排放数据库，获得有关企业生产的财务信息、能源消耗信息、污染物排放信息及污染物处理信息，通过计量实证来检验市场规制对不同类型绿色技术创新的影响。

(6) 通过对微观企业进行问卷调研，获得企业有关生产经营过程中的经济绩效指标、环境绩效指标、市场竞争力指标等信息，同时调研企业所面临的政府市场规制类型和强度，以此来验证和优化所构建的概念模型。

(7) 结合研究结论和企业绿色技术创新运行中存在的问题，提出未来研究建议和启示。

第二章

市场规制、企业绿色技术创新及绩效文献综述

通过对国内外已有文献梳理可以发现，关于市场规制与企业绿色技术创新主要从以下几个维度展开。

第一节 绿色技术定义演变

20 世纪 60 年代，伴随着欧美等发达国家环境污染控制的相关法律法规的陆续出台，许多同环境相关的技术概念被提出，主要是为了实现污染排放末端控制。环境相关技术是绿色技术发展的最早探索。1963 年英国著名经济学家舒马赫（1984）在其著作《小的是美好的》中给出了中间技术的定义，即“如果我们根据‘每个工作岗位的设备费用’来确定技术水平，就可以象征性地把一个典型发展中国家的本地技术称为一英镑技术，把发达国家的技术称为一千英镑（舒马赫，2007）。……如果要给最需要帮助的人以有效的帮助，那就需要一种介于一英镑技术和一千英镑技术之间的中间技术。我们也可以象征性地称它为一百镑技术”。中间技术泛指一类在吸收水平范围内，容易被消化吸收、推广应用、转移转化效果良好的技术，这类技术通常具有规模小、简易、所需投资较小、非暴力性（生产方式顺应生态环境、非强行干预自然系统）

等特征。中间水平技术可以认为是绿色技术雏形，开始将生态环境和自然系统纳入技术发展变革。

1984 年联合国欧洲经济委员会在塔什干州（乌兹别克语：Toshkent viloyati）召开的国际会议上明确提出了无废工艺的概念，即“所有的原材料和能源在原料—生产—消费—二次原料的资源循环利用过程中得到最合理和综合利用，同时，对环境的任何作用都不致破坏它的正常功能的生产方法”。此时，对绿色技术的理解已经从被动的末端治理开始向源头减量化过渡。1990 年在英国坎特伯雷召开的“首届促进清洁生产国际研讨会”将清洁生产写入《21 世纪议程》之中，认为清洁生产主要包括清洁能源、清洁工艺、清洁产品三方面，强调了技术和生产逐步同环境相融合的进化过程。清洁技术（cleaner technology）作为清洁生产过程中所采用的减废技术，包括原料开采、贮运、产品设计、低废工艺及循环利用等技术。清洁技术注重全过程的废弃物减排，侧重于绿色工艺层面的创新和改进，是狭义面上的绿色技术。

罗兹和威尔德（Rhodes and Wield，1994）最早给出了绿色技术的定义，将绿色技术界定为遵循生态原理与生态经济规律，节约资源，避免、消除和减轻生态环境污染和破坏，生态负效应最小的“无公害化”或“少公害化”的技术、工艺和产品的总称（Braun et al.，1994）。经济合作与发展组织（Organisation for Economic Cooperation and Development，OECD）将绿色技术定位为一个技术组合，包含一般环境管理、燃烧技术与减排潜力、可再生能源和非化石能源发电、技术与潜在的或间接减排的贡献、特定于减缓气候变化的技术、减少排放和燃料运输效率、建筑节能和照明七大类，每一大类都包含很多细分技术，这个分类涵盖了多数绿色技术。世界可持续发展工商理事会（2008）将绿色技术定义为降低资源密集度、能源密集度的产品或服务，减少有毒物质排放，提高材料的可回收性，尽可能地采用可再生资料，提高产品的耐久性、提高服务密集型产品等几大类。李多等（2016）发现，世界知识产权组织的“国际专利分类绿色清单”中，将绿色技术专利主要分为七大类，分别为替代能源生产、交通运输、能量保护、废弃物处理、农业和林业、行政管理和设计以及核电技术。随着经济社会发展的不断演进，绿色技术的内涵不断深化，外延也不断扩大，具体表现为绿色技术由单纯的末端被动治理向集末端治理技术、绿色工艺和绿色产品为一体的技术集合演进。

随着绿色技术在环境保护、资源节约及污染控制等方面作用愈加明显，我国许多学者也对绿色技术展开了丰富的研究。通过梳理，我们给出了 1994～2010 年以来关于绿色技术创新内涵的主要文献，在 2010～2018 年比较少见文献聚焦于辨析绿色技术定义，一般是完全基于已有研究，或者是已有定义的一个集成，具体如表 2－1 所示。换而言之，即便学术界和政界对绿色技术的定义还没有完全统一，但是在定义的大部分要素上已经达成一致。

表 2－1　　绿色技术内涵相关研究汇总

学者姓名	发表年份	主要观点
吕燕、王伟强	1994	绿色技术主要包括绿色工艺、绿色产品和绿色能源等
吴晓波、杨发明	1996	对减少环境污染，减少原材料、自然资源和能源使用的技术、工艺或产品的总称
杨发明、许庆瑞等	1997	绿色技术泛指对生态环境有益的技术，根据技术进化程度与现有环境匹配的难易度，可分为三个层次：末端治理技术、清洁工艺和绿色产品
许庆瑞、王毅等	1998	节约资源、避免或减少环境污染的技术称为绿色技术
陈劲	1999	与其他技术相比，绿色技术对社会和环境有明显的效益，但经济效益不明显
钟晖、王建锋	2000	既要社会经济发展又要保护环境，使其不受污染的产物，以环境保护为目的的管理方法和技术
张庆普	2001	遵循生态原理和生态经济规律，节约资源和能源，避免、消除或减轻生态环境污染和破坏，生态负效应最小的“无公害化”或“少公害化”的技术、工艺和产品的总称
甘德建、王莉莉	2003	保护环境，维持生态平衡，节约能源、资源，促进人类与自然和谐发展的思想、行为、技艺、方法的总称
刘慧、陈光	2004	助于减少生产与消费的边际外部成本的技术，通常把节约资源，避免或减少环境污染的技术都称为绿色技术
葛晓梅、王京芳等	2005	减少环境污染，减少原材料、自然资源和能源消耗的方法、工艺和产品的总称

续表

学者姓名	发表年份	主要观点
孙鹏程、金宇澄等	2006	能减少污染、降低消耗、治理污染或改善生态的技术体系
郭振中、张传庆	2007	绿色技术就是利用现代科学技术的全部潜力，依据环境价值而形成的能降低消耗、改善生态的无污染技术
秦书生	2010	绿色技术本质特征是使用时不造成或很少造成环境污染和生态破坏，能够节约资源和保护环境

已有的研究中，关于绿色技术有不同的界定方式，包括环境技术、生态技术、可持续技术。阿尔菲等（Arfi et al.，2018）认为可以将上述定义统一称为绿色技术。对绿色技术的探索经历了末端工艺、无废工艺、废物最少化、清洁技术、污染预防、改善生态六个阶段。希尔德里奇等（Schiederig et al.，2012）认为技术从本质上来说没有绿色和灰色之分，绿色技术仅是从技术和生态的维度，通过比较技术对生态的影响是否降低来判断技术的绿色属性，体现绿色技术创新全过程中所呈现的生态思维方式。基于上述分析，我们将绿色技术界定为能够减少污染、降低消耗、治理污染或改善生态的技术体系。从广义维度来看，凡是有利于环境保护、节约资源、有助于可持续发展的技术都可认定为绿色技术，同时，绿色技术认定的标准也是动态调整的。

在中国知网上，分别以“绿色技术创新”“企业绿色技术创新”为主题词进行检索，可以发现自2000年以来，关于绿色技术创新的研究论文发表量呈快速增长的趋势，然而，关于企业绿色技术创新论文发表量增长趋势并没有前者那么显著，具体如图2－1所示。上述统计结果在一定程度上说明，我国关于企业绿色技术创新的研究落后于绿色技术创新的研究，需要在未来进一步强化。党的十九大报告明确提出，“构建以企业为主体、市场为导向、产学研相结合的技术创新体系”和“构建市场导向的绿色技术创新体系”，这也进一步肯定了将企业作为绿色技术创新研究主体的必要性和战略意义。

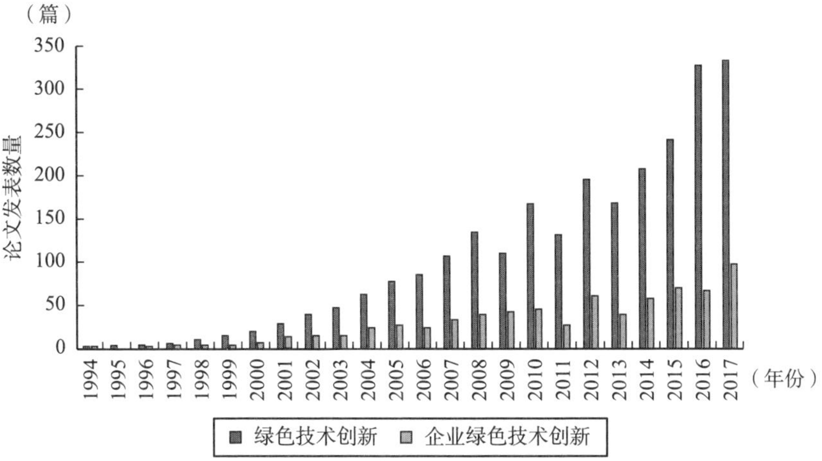

图2－1 （企业）绿色技术创新中文论文发表数量

从根源上看，企业绿色技术创新本质上属于技术创新的范畴。结合上述对绿色技术的定义，企业绿色技术创新是以减少污染、降低消耗、治理污染或改善生态为目标的技术创新和管理创新的统称，是技术创新的一种。吕燕等（1994）认为企业绿色技术创新主要包括绿色工艺、绿色产品和绿色能源等的研究开发与商业化。王伟强等（1995）将企业绿色技术创新归结为绿色工艺创新和绿色产品创新。许庆瑞等（1998）根据绿色技术对环境的不同作用，将企业绿色技术分为三个层次，即末端治理技术创新、清洁工艺创新和绿色产品创新。刘慧等（2004）认为企业绿色技术创新是以可持续发展观为指导，将形成的绿色创新思想运用于产品创新和工艺创新，最后将绿色产品推向市场的全过程。葛晓梅等（2005）认为绿色技术创新不是一个单纯的技术创新概念，相对一般技术创新而言，其突出强调绿色观念、绿色工艺与技术及绿色产品的研究开发与应用。秦书生（2010）根据绿色技术的内涵和特征，将绿色技术创新划分为绿色工艺创新、绿色产品创新、绿色意识创新三类。从广义维度来看，企业绿色技术创新可以归结为将环境学、生态学与传统技术创新有机结合的一类新型技术创新，并把环境观念、生态观念引入技术创新发展的各个环节，促使技术创新发展方向有利于经济同资源、环境、生态协调发展。

第二节　企业绿色技术创新的内涵

企业绿色技术创新与传统技术创新相比，在理论基础、发展目标、创新主体、创新影响、运行路径和评价标准等方面存在较大的差异。

一、绿色技术创新理论基础

企业技术创新理论可以追溯到熊彼特的创新理论，是企业开展技术创新活动的最基本理论。约瑟夫·阿洛伊斯·熊彼特（2007）在其著作《经济发展理论》中将创新界定为一种新的生产函数，即企业家通过对生产要素进行一个重新组合，以此实现收益的一类经济活动，包括：采用一种新技术和工艺、引入一种新产品、开辟一个新市场、开发原料和半成品的新供给源、建立一个全新的组织形式。邱国栋等（2013）、肖文等（2014）及谭等（Tan et al.，2014）的研究也均是基于这一理论基础展开的。企业开展技术创新的另外一个理论基础源于竞争优势理论。迈克尔·波特（2007）的企业竞争战略理论指出，一个产业内部的竞争状态取决于五种基本竞争力，分别为同供应者的关系、同购买者的关系、新进入者、替代产品、现有竞争对手的相互作用，其中，技术创新是企业获得竞争优势的主要途径。李志强等（2012）指出，企业如果想要保持长期竞争优势，必须依靠持续性创新。苏中锋等（2008）、王庆喜等（2007）、贝茨（Betz，2011）、科恰（Coccia，2017）及余等（Yu et al.，2017）的研究均得出相类似的结论，即追求竞争优势是企业技术创新的原因，也是创新的结果。除上述两个基础理论外，新古典增长理论也是支撑企业技术创新的基础。周方召等（2014）指出一国经济可持续增长必然依靠技术创新，企业层面的技术创新是最为关键的驱动力。郭立新等（2010）认为经济增长的原动力是技术创新的观点早已被新古典经济增长理论所认同，国家层面技术创新升级依赖于企业的技术创新能力和强度。

企业绿色技术创新属于一般技术创新的范畴，具有一般技术创新的特征，包括涉及因素复杂、投入产出不确定性较高、管理控制较为灵活、技术本身具有一定的外溢特性等，且在学术界和产业界已经达成一定的共识。在理论基础方面，熊彼特的创新理论、波特的企业竞争优势理论及新古典增长理论同样适用于研究企业绿色技术创新。然而，除上述三个经典理论基础外，企业绿色技术创新以生态学、循环经济学、低碳经济学及可持续发展管理作为特殊的理论基础，注重循环发展和持续使用，发挥绿色技术的正面效应。秦书生（2006）、张志勤（2013）认为企业绿色技术创新是基于生态原理和生态经济规律，其创新目的是最小化生态负效应；葛晓梅等（2015）认为中小企业要想彻底实现可持续发展目标，必须加快转变过去依靠资源消耗和环境污染换取经济增长的非可持续的发展路径，大力实施绿色技术创新，开发和应用节约资源、避免或减少环境污染的新技术；许景婷等（2011）指出绿色技术创新是以循环经济的“减量化”“再利用”和“再循环”三原则作为指导，涵盖产品设计、生产、消费全过程。罗良文等（2016）通过研究认为，未来中国应该建立低碳经济发展模式，将环境污染指标纳入工业企业技术创新效率评价体系，提升绿色技术创新效率。

企业绿色技术创新突破了传统技术创新的外围，从熊彼特的创新理论来看，绿色技术创新丰富了企业家生产要素重新组合的方式（采用的是低碳或可循环工艺、引进了绿色产品、开发了绿色产品消费市场等）；从竞争优势理论来看，企业的绿色技术创新投资将提高产品的市场竞争力和企业形象，以此增强企业的比较优势；从古典经济增长理论来看，未来的资源使用付费、环境污染付费原则都将促进企业开展绿色技术创新，进而推进国家层面的绿色转型和高质量发展。

二、绿色技术创新目标

就发展目标而言，归根结底是理解企业开展技术创新、绿色技术创新的目的是什么。盛世豪（1994）曾撰文指出，由于对企业技术创新目的分析不系统，导致对企业创新动力和机制认识不清晰，他认为企业技术创新至少有如下几方面的意义：产生技术信息、对某种新事物的试验、创新的破坏性结果；姚升保（2010）认为提高核心竞争力、获取竞争优势是企业开展技术创新活动一个关键目标；王文煜（2016）在其学位论文中指出，企业开展绿色技术创新活动的一个初衷在于寻求政治关联，进而获得更多的社会资本；布巴克里等（Boubakri et al.，2008）同样发现，政治资源作为企业重要的资源之一，会深刻影响企业的技术创新决策；王鹏等（2014）指出企业积极开展技术创新活动，即通过新产品的发明和应用作用于能源系统、生产系统，进而从本质上提高资源使用效率，降低污染排放程度；汪明月等（2018）认为企业技术创新的目的在于通过提高自身技术存量，进而降低产品成本，弥补创新投入；王等（Wang et al.，2014）和格耶瓦里等（Gnyawali et al.，2010）认为企业一般技术创新旨在通过提高市场竞争优势来实现创新主体经济效益最大化，这也是主流创新经济学理论的基础假设。刘慧等（2004）发现传统技术创新无论是在观念抑或是实践上均是以利润最大化为目标，很少关注甚至根本就不关注生态环境价值。企业开展技术创新活动的目标可以分为潜在目标和终极目标，潜在目标表现为企业技术创新终极目标实现途径，即企业可以通过提高技术存量、获得政治资源、提高资源使用效率等路径来获得比较优势（成本优势、市场优势等），进而实现创新主体的终极目标——经济效益的最大化。企业技术创新的终极目标基本相同，只是在潜在目标上存在一定差距。

企业绿色技术创新以生态、资源、环境、经济及技术分析作为决策依据，其目标是促进经济、社会、生态的可持续发展。切里尼等（Cellini et al.，2008）认为企业开展绿色技术创新的一个关键目标在于提高企业社会声誉，将其看作广告投入。张普庆（2001）指出绿色技术创新和应用以提高企业生态经济综合效益为主要目标，同以往的企业技术创新和应用（主要是追求经济利益）有本质性的区别。刘慧等（2004）认为企业绿色技术创新可以有效促进技术、经济、社会等系统同自然系统之间关系的平衡，有助于缓解技术创新无限扩张性与环境资源存量有限性、传统技术创新价值单一性与环境资源价值多样性的矛盾，进而促进人与自然和谐发展。克斯都等（Kesidou et al.，2012）和付强等（2013）指出，追求社会责任是企业开展生态技术创新的一个重要驱动力。孙越（2013）发现“生态视域下的绿色技术”与“基础维度的绿色技术”和“创新维度的绿色技术”存在较大差异，其中，基础维度的绿色技术仅仅是从人类健康的角度出发，突出表现为末端治理技术、无废工艺和清洁生产技术，属于单一利益指向技术；创新维度的绿色技术属于双利益指向技术，即在尽可能保证人类健康的同时，追求经济利益的最大化；生态视域下的绿色技术将人类利益、自然利益及社会利益有机融合，是一类多重利益指向技术。王锋正等（2018）发现绿色技术创新对改善环境质量具有重要意义，其不仅能够有效提高能源、资源的综合利用效率，实现提质增效，而且对企业节能降耗和绿色发展具有促进作用。德赫苏斯·帕切科等（de Jesus Pacheco et al.，2017）通过文献整理发现，企业在内部、外部环境的作用下开展绿色技术创新，实现“生态—经济—社会”复合系统效益最大化。

企业绿色技术创新在追求经济利益的同时，兼顾了社会利益、环境利益和生态利益，在生态文明建设的新时代，相对于经济利益而言，后者的作用不断凸显；在目标实现的方式上面也存在一定的差距，对社会责任和企业形象的追求成为绿色技术创新的新目标。

三、绿色技术创新模式

就创新模式而言，归根结底是要理清楚企业开展技术创新、绿色技术创新的主要方式都包括哪些。维格勒斯等（Veugelers et al.，1999）基于创新主体与创新内涵，将技术创新模式分为自主创新、模仿创新与合作创新；麦克德莫特（Mcdermott，2002）将创新按照其对主流市场产生的影响划分为突破性创新和渐进性创新；何等（He et al.，2004）根据技术创新与企业现有知识、技术轨迹关系的不同，将技术创新模式分为探索式创新和利用式创新；中村等（Nakamura et al.，2005）在前人研究的基础上将技术创新模式划分为内部研发、委托研发、合作研发及市场交易；罗伯逊等（2015）从组织模式的角度，把技术创新模式分为内部研发、合作开发及市场交易。尽管关于企业技术创新模式的划分办法还未形成统一的结论，但是却能发现各结论之间存在部分一致性。例如，自主创新与封闭式创新、探索式创新及内部研发侧重于强调创新主体的独立性和目的性，模仿创新、合作创新、利用式创新、合作开发、市场交易及委托研发等模式侧重于强调主体内部要素同外部环境间的相互作用，具有互补性和开放性。

李俊江等（2015）以日本的中小企业作为研究对象，通过分析发现，企业技术创新模式由模仿创新向合作创新转变，技术创新的方式经历了由最初单纯的模仿创新，到消化后再创新和官产学研创新，再到当前的集成创新的转变历程。邢伟等（2016）以国有企业作为研究对象，发现通过深化国企改革能够有效促进技术创新模式高级化，即由引进型向自主创新型转变，同时发现政企关联是最为重要的促进机制。曹素璋等（2009）认为企业技术创新模式的演化建立在时间积累的基础上，是持续不断的动态发展过程，需要循序渐进。企业技术创新模式可以归纳为一定时期内企业所采用的趋于稳定的创新行为倾向，包括创新技术的研发、应用和扩散等，不同的组合方式将形成不同的技术创新模式。随着科技和社会的进步，企业技术创新模式正从封闭式创新向开放式创新转变，市场化交易模式是未来企业开展技术创新、扩散和应用的主流方式之一。

企业绿色技术创新的特殊属性决定了其在技术创新模式上的差异性。吕燕等（1994）将中国企业绿色技术创新模式区别为政府政策推动型、瓶颈诱导型、市场与环境双重作用型；杨发明等（1998）基于技术创新信息传递视角，将企业绿色技术创新模式划分为政府主导型、二次创新型、产学研合作型、职能合作型、用户创新型、员工自发创新型；田红娜（2012）基于前人的研究，从微观、中观和宏观三个维度出发，构建了“三位一体”的制造业绿色工艺创新模式；杨（Yeom，2017）将汽车制造企业发展阶段分为孕育阶段、求生存阶段、高速发展阶段、成熟阶段和衰退阶段，分析了不同阶段下企业绿色技术创新的主要特点并总结出具体模式，侧面说明企业的自身特征将影响绿色技术创新模式选择；王春（2017）报道称，科技部和上海市政府已经开始着手建立全国层面的“绿色技术银行”，加速绿色技术市场化应用和扩散，是绿色技术市场化交易的实践佐证；汪明月等（2019b）基于超边际分析理论，对比分析了企业在封闭式技术创新、技术交易服务内化及技术交易服务外化三种技术创新模式的均衡效用、相对技术交易效率及技术交易平台管理费用，发现随着科研劳动分工的细化，相对技术交易效率和联合技术交易效率不断提高，技术交易的相对价格却在不断下降，有效证明了低碳循环技术市场化交易的有效性；莫尔等（Mohr et al.，2009）、石等（Shi et al.，2007）、贠天一（2017）均强调市场化机制或市场导向对企业绿色技术创新的深刻影响。

相较于传统技术创新而言，企业绿色技术创新模式更加强调市场导向或者机制的作用。随着市场需求和结构的变化动态调整创新模式，以此实现通过市场机制优化创新要素配置的目标，也是未来中国企业绿色技术创新最为主要的模式之一。

四、绿色技术创新的多重外部性

创新经济学理论、企业竞争优势理论及新古典增长理论均指出技术创新对企业发展的重要性，这在产业界也得到了一致性的证明。然而，现实中企业技术创新意愿并不明显，形成了技术创新“悖论”，其主要原因是存在技术创新的外部性。外部性概念在20世纪初由经济学家马歇尔（Marshall）提出，后经庇古（Pigou）等人发展形成的一个经济学概念。庇古（1999）认为外部性又称作溢出效应、外部影响或外部效应，是指私人成本（收益）与社会成本（收益）不一致所导致的资源无法得到有效配置。即某一经济主体的行为会给其他主体带来收益或损失，然而，并不需要付出相应的补偿，也不会获得相应报酬，最终导致社会经济主体活动的社会收益（成本）同私人收益（成本）间的不平衡性。爱德华·弗里曼（2013）的“利益相关者”理论同样指出，企业创新行为将通过外部性来影响企业利益相关者，即降低了利益相关者负向影响和增加了利益相关者正影响。田野（2000）指出技术创新的外部性是由于创新成果扩散引起的，表现为市场的外部性、技术的外部性和创新利益的外部性，其中，技术外部性主要来自非创新者的模仿；赵骅等（2011）指出集群缩减了企业间距离，加速了创新成果扩散，同时，强外部性致使非创新企业“搭便车”现象严重，创新失灵现象明显；黄志刚（2011）发现风险、资金和外部性等因素制约了中小企业技术创新供给，需要借助税收优惠政策予以驱动；赵中华等（2013）以我国22家上市军工企业为计量研究对象，发现技术溢出效应负向影响企业研发动力；郑（Tseng，2017）通过对1982～2013年企业专利和研发数据进行分析发现，技术溢出效应强的企业，其年回报率比技术溢出效应弱的企业高，将其原因归结为技术溢出使得能够向同行学习，降低技术的不确定性。企业一般技术创新具有明显的外部性，这类外部性更多是强调技术的外部性，即技术创新成果在应用、扩散的过程中被非创新者学习、模仿的特性，对企业技术创新意愿有着深刻影响。

企业绿色技术创新的固有特性决定了其创新成果的多重外部性。雷宁格斯（Renings，2004）指出，相较于传统创新而言，生态技术创新具有双重外部性问题，包括技术研发过程中的创新溢出性和采用、扩散阶段的环境溢出效应，是降低创新和采用绿色技术意愿的重要因素；张彦博等（2005）、田翠香等（2017c）均认为环境技术创新的外部性及其给企业带来的额外成本，导致企业缺乏环境技术创新的内生动力，需要借助环境政策等外部因素的驱动，企业才会开发和采纳与环境保护、资源节约相关的技术；张宏伟（2017）发现在绿色技术研发和扩散阶段存在正外部性，其产生的正向溢出效应扭曲了企业研发成本与收益的关系，同时双重外部性问题进一步导致了市场失灵；蔡等（Cai et al.，2018）认为企业绿色技术创新存在双重外部性：第一重外部性表现为技术溢出的正向外部性，企业为实现绿色生产目标，在前期支付了较大的绿色研发资金，然而，由于技术知识的溢出却未获得全部的绿色技术创新收益，进而降低企业创新的积极性，导致企业绿色技术创新低于帕累托水平；第二重外部性表现为产出的社会属性，企业通过绿色技术创新在获取经济收益的同时，也将改善生态环境，产生一定的社会收益和环境收益，然而，由于环境产权界定不明确、收益核算体系不健全，导致企业的部分产出被其他社会主体免费分享，影响企业绿色技术创新的积极性。外部性可以分为正外部性和负外部性两类，然而，无论哪类外部性都不能实现资源配置效率的最优化。

企业绿色技术创新除了一般技术创新的技术外部性外，还具有收益的外部性和市场的外部性，需要借助一定的规制手段才能实现要素的优化配置。

第三节 企业绿色技术创新的驱动因素

随着资源、环境、生态问题的屡次出现，企业绿色技术创新成为缓解上述问题的关键突破口。创新管理理论、环境经济学理论、利益相关者理论等领域的专家已经就企业绿色技术创新的主要驱动力展开了丰富的研究。例如，吕燕等（1994）较早地指出企业开展绿色技术创新的动因包括政府管理压力、公众环保意识、科学的认识、国际贸易需要、新兴产业的吸引力和企业外部形象的改善。王伟强等（1995）认为激发企业绿色技术创新的因素包括内部因素和外部因素，其中，外部因素主要是政府政策法规、政府环境管理的经济刺激手段和社会公众的舆论压力；内部因素主要是企业内部经济性的需要、工人劳动保护的需要和企业环保意识。万迈（2004）将企业绿色技术创新的动力机制界定为外部动力机制和内部动力机制，其中，内部动力机制包括追求利润最大化、提高企业竞争力、提升企业价值（形象）；外部机制包括社会需求、科技推动、政策驱动和市场竞争激励。葛晓梅等（2005）指出未来要建立健全企业绿色技术创新的外部激励机制（政府环境管理的经济刺激手段、融资机制、环境成本核算体系），同时，还要建立企业绿色技术创新的内部环境（树立绿色理念、建立创新能力机制）。李翠锦（2007）将企业绿色技术创新的动力机制划分为外部机制和内部机制，外部机制包括政府的激励和约束机制、科研机构的作用机制和社会公众的绿色意识推动机制；内部机制包括利润驱动机制、企业内部运行机制（决策机制、信息沟通、创新投入机制）。为了便于归纳梳理，接下来主要从基于制度理论的外部驱动因素、基于市场理论的外部驱动因素和企业内部因素三个维度进行梳理。

一、基于制度理论的外部驱动因素

韦文等（Werven et al.，2015）、张海燕等（2017）都认为，随着

绿色发展关注程度不断提高，企业决策不再是仅仅聚焦如何实现利润最大化，也将为了实现组织生产的合法性而遵守外部压力。正如吕燕等（1994）、王伟强等（1995）、万迈（2004）、葛晓梅等（2005）及李翠锦（2007）所指出的那样，外部制度环境对企业绿色技术创新产生了较大影响。杨东等（2015）认为外部制度可以分为制度压力（制度对企业产生技术创新压力）和制度支持（相关管理部门对开展绿色技术创新的企业给予资金、政策和信息等方面的支持）。已有的研究中，国内外学者基于不同的理论、模型就环境制度对企业绿色技术创新的影响进行深入研究，具有较高的理论借鉴意义。

张天悦（2014）在已有研究的基础上，将绿色创新导向的环境规制界定为政府为推进企业乃至全社会的绿色创新活动而采取的一系列同环境规制相关的政策法规集合。鞠晴江等（2008）指出企业的环境责任是技术创新的重要驱动力之一。王建明等（2010）以江苏省的制造业企业为研究对象，采用结构方程模型的方法对企业绿色技术创新活动进行分析，研究发现外部环境政策对企业绿色技术创新有正向作用。李怡娜等（2011）的实证研究表明，强制性的环境法律法规正向促进企业绿色环保实践，然而，激励型的环境法律法规并未显著促进企业绿色环保实践。雷单玉等（2014）运用扎根理论方法研究了影响我国环保企业绿色技术创新的因素，发现技术能力是直接驱动因素，企业文化、市场导向、政府政策与行为是“技术—创新”关系的调节因素。曹霞等（2015）通过构建政府、企业及消费者之间的三方演化博弈模型，对参与企业绿色创新的利益相关者进行利益、权利分析发现，较高强度的污染税收、低强度的公众环保宣传与适度的创新激励补偿对企业绿色技术创新的促进效果最为显著。王锋正等（2018b）以 2009 ~ 2014 年沪深两市 A 股上市公司中 45 家重污染企业为样本，研究发现环境规制和董事会治理本身对企业绿色技术创新有正向影响，同时，董事会治理在环境规制对企业绿色技术创新影响中具有正向调节作用。王锋正等（2018a）在探索地方政府质量、环境规制与企业绿色技术创新关系过程中发现，政府质量、环境规制显著影响企业绿色产品创新和绿色工艺创新，同时，地方政府质量正向调节环境规制对企业绿色产品创新和绿色工艺创新的影响。

李婉红等（2013）以造纸及纸制品企业为对象，借助结构方程模型分析了环境规制类型对企业绿色技术创新的影响，发现“命令—控制”型环境规制对企业末端治理技术创新有促进作用，市场型环境规制对企业绿色工艺创新和末端治理技术创新有促进作用，相互沟通型环境规制对企业末端治理技术创新和绿色产品创新具有促进作用。张倩等（2013）通过对比排污税、排污许可证及排放标准三种环境规制工具与企业绿色技术采纳程度间的关系发现，当传统技术与绿色技术的边际减排成本曲线存在交点时，三种政策工具对企业绿色技术创新与扩散的影响模式相同；企业绿色技术采纳程度与环境规制政策强度呈倒“U”形关系；若将企业的边际减排成本的异质性考虑进去，则企业绿色技术采纳程度与环境规制政策强度可能会呈倒“W”形关系。许晓燕等（2013）利用中国省际专利面板数据对中国绿色技术创新的影响因素进行分析，研究表明就“命令—控制”型规制而言，“市场激励型”规制能够显著促进企业绿色技术创新。王娟茹等（2018）以计划行为理论为基础，分析了不同类型环境规制工具、绿色技术创新意愿与绿色技术创新行为之间的相互作用关系，发现命令控制型和市场激励型环境规制工具对绿色技术创新意愿和行为均有显著的直接正向诱导作用，其中，命令控制型规制对绿色技术创新意愿的诱导性更强，市场激励型规制对绿色技术创新行为的诱导性更强。

布伦纳迈尔等（Brunnermeier et al.，2003）、拜斯等（Beise et al.，2005）及霍伊尼克等（Hojnik et al.，2016）均指出，规制手段是企业开展生态创新的关键驱动因素。多兰等（Doran et al.，2012）认为特定的政府规制政策向生态创新者和污染者传递了明确和标准的内容，引导企业的行为符合规制标准。里库埃特（Requate，2003）研究发现，在一定条件下，政府环境政策规制强度同企业绿色技术创新和采纳程度呈单调正向关系，即规制政策越宽松，企业绿色技术研发动力越弱，技术扩散程度越小。艾阿达特等（Eiadat et al.，2008）以约旦化工行业的企业为研究对象，发现政府环境法律法规、高层管理者对环境问题的关注程度和来自利益相关者的压力都将在一定程度上影响企业绿色技术创新的战略制定和实施。特里布斯维特等（Triebswetter et al.，2008）指出企业绿色技术创新是管理压力、竞争优势、成本压力、客户压力以及技术引领等内外部因素共同驱动的结果。奥尔特拉等（Oltra et al.，2009）通过研究管理激励、需求特征和技术制度对绿色技术创新的作用，发现政府政策系统、需求系统和技术系统的交互作用是促进企业开展绿色技术创新的关键驱动力。霍巴赫（Horbach，2006）使用两个德国面板数据库分析了企业环境创新的决定因素，结果表明企业技术研发能力的提升激发了环境创新，同时环境规制、环境管理工具和一般组织变革也将引起企业环境技术创新。朱等（Zhu et al.，2013）通过对396家化工、汽车及电子制造企业开展实证研究，发现制度压力（规制、规范与认知）对企业内部绿色管理实践（内部环境管理、绿色设计和绿色产品补贴）具有促进作用，同时规制压力对外部绿色供应链管理具有负向作用。林等（Lin et al.，2014）以791家私营制造企业为分析对象，发现环境规制对企业绿色过程和绿色产品创新具有正向促进作用。费尔南多等（Fernando et al.，2017）认为尽管采取严格的规制手段在一定程度上能够激发企业绿色技术创新，以此创造更多的竞争优势，然而，严格的规制给企业带来了额外成本，降低了企业绿色技术创新能力。

关于影响企业绿色技术创新外部因素的研究，已经从单一因素分析到多因素交互影响；已经从关注政府制度开始向市场制度转移；政府市场规制是未来企业绿色技术创新的深层驱动力。

二、基于市场理论的外部驱动因素

基于“环境—市场”理论可以知道，企业在开展绿色技术创新的过程中，除了给自身带来一定的经济收益外，还带来了因降低环境污染所产生的公共收益，所生产的绿色产品和服务还可能为顾客带来一定的私人收益。企业绿色技术创新活动作为一项系统工程，无论是前期的技术研发过程，还是后期的技术扩散过程，企业都不是一个孤立的个体，在受到政府规制影响的同时，也受到市场其他因素的影响。克勒夫等（Cleff et al.，1999）认为市场推动也是驱动企业绿色技术创新的重要因素之一，即在市场需求和市场竞争的双向驱动下，企业期望通过绿色技术创新实现产品和服务的差异化，进而获得持续的比较优势；王建明等（2010）以江苏省的制造业企业为研究对象，采用结构方程模型对企业绿色技术创新活动进行分析，发现外部环境政策对企业绿色技术创新有正向作用，且绿色市场的拉动力也具有正向促进作用；毕克新等（2013）的研究表明，内（外）部市场需求和市场竞争激烈程度对绿色工艺创新绩效存在显著的负向影响，市场竞争公平性与绿色工艺创新绩效之间呈不显著的正相关关系。基于市场理论的外部驱动因素可以归结为顾客需求、利益相关者压力两个类型。

消费者通过市场平台购买绿色产品和服务，在满足自身需求的同时，也向市场释放了一定强度的需求信号。戴等（Day et al.，1988）指出，企业绿色技术创新要面向市场需求，要以满足市场绿色需求为导向，尽可能降低产品失败的风险。企业绿色技术创新的社会公益性决定，绿色技术创新产品（服务）比同类产品（服务）的环境有益性要强，然而，使用价值并没有得到有效提高。如果企业的绿色技术创新仅是降低环境污染，而没有为消费者创造附加价值，那么消费者的支付意愿和购买意愿将大打折扣。正如卡摩尔等（Kammerer et al.，2009）的研究结论那样，消费者的收益影响消费的需求，进而影响企业绿色技术创新的投入意愿。杨发庭（2016）指出消费者对绿色产品（服务）的强烈需求，是企业绿色技术创新的拉力，包括市场竞争性需求（精准把握消费者绿色需求的变动趋势，围绕市场需求进行绿色研发和生产，以绿色需求的最大满足鼓励消费者进行绿色消费，占据更大的市场份额）和社会公益性需求（人口剧增、资源枯竭、环境污染、生态恶化、全球气候变化等威胁着人类的生存和发展，进一步激发社会公众对绿色技术的期盼）两个维度。张江雪等（2018）指出市场需求不足是制约企业绿色技术创新的重要因素之一，侧面说明市场需求在驱动企业绿色技术创新方面的贡献。多兰等（2012）认为，研究消费者对创新的感知及其自身特征有助于企业确定生态创新产品的市场需求。卡里略·埃莫西拉等（Carrillo－Hermosilla et al.，2013）指出市场需求聚焦程度越高的绿色技术创新，越能在市场竞争中取得成功。在已有研究的基础上，费尔南多等（2017）指出绿色科技行业的企业必须了解市场需求，并针对细分市场提供特定服务。蔡等（2018）认为消费者绿色需求越强，越愿意为绿色产品支付更多费用，绿色需求进一步降低了生态创新的成本，同时可以为企业提供丰富的实践机会，减少技术对环境的负面影响。

总而言之，市场上消费者的绿色需求是企业开展创新活动的重要的“风向标”，满足需求是创新成功的试金石。企业在开展绿色技术创新活动的过程中，要在兼顾环境收益和社会收益的同时，为消费者创造附加价值。

利益相关者理论（stakeholder theory）最早被应用于环境技术创新研究领域，该理论指出企业绿色创新行为（实践）将会通过外部性影响内外部的利益相关者，即外部性为利益相关者带来了负向影响降低和正向影响增强的压力。杨东等（2015）认为，外部投资者和利益相关者的压力是激发企业采取绿色生态创新的重要驱动力。张海燕等（2017）指出，利益相关者对环境属性的认知能力是其压力形成的重要来源，包括环境规制政策、社会公众绿色关注的回应程度、环境的自我规制及最小化废弃物排放程度等。以往的研究中多从利益相关者与企业的关系展开，规范利益相关者的行为成为企业绿色技术创新行为研究的重要组成部分。德莱宁等（Dvarioniene et al.，2015）认为，利益相关者在感知压力强度后，将重新思考和优化绿色技术创新行为战略，以此实现企业持续最小化其行为对环境的影响。乔治亚迪斯等（Georgiadis et al.，2008）强调与供应商和客户共同关注环境问题的企业管理是实现环境和生产力协同发展的有效方法。李昆等（2010）指出供应链传导作用下的绿色技术扩散可以从物质流层面、信息流层面进行解释，其中，信息流层面的扩散表现为当企业迫于某种“现实性压力”来提升产品系统的生态品质时，就会在产品的设计阶段考虑清洁能源、环保材料的技术替代问题，因此，对其上游供应商提出了“绿色供货”需求信息。索等（So et al.，2013）认为企业必须保持与供应商在生态创新蓝图设计（和执行）方面的协调，因为供应商的参与将会影响绿色创新实施的有效性，从而实现具有环保意识的清洁生产。张钢等（2014）的案例研究结果表明，利益相关者压力会调节预期经济收益与企业绿色技术创新的关系。马媛等（2016）以资源型企业为研究样本，计量结果表明，利益相关者的压力、外部网络支撑、创新的不确定性、政策预期和管理者的机会感知会渐次影响到企业的绿色技术创新。蔡等（2018）外部竞争者的压力将促使企业采用新材料、开发新技术和设备，以此实现在激烈的竞争市场中获得相对竞争优势，所以说为提高产品质量和改善环境绩效的外部竞争压力，在不断增强的绿色创新能力需求中起着关键作用。

上述文献研究表明，企业绿色技术创新是在内外环境复合作用下的活动，利益相关者的压力将在一定程度上影响企业创新的行为战略。利益相关者的影响在一定程度上说明，企业绿色技术创新是一个全链条、宽领域、多维度的过程，意味着对企业绿色技术创新的管理需要多主体的参与。

三、基于 NRBV 观点的企业内部驱动因素

以新古典经济学为主导的主流经济学理论认为，生态环境与自然资源等自然资本是社会经济运行的外生变量，假设自然资源是无限供给的，即忽视自然资本有限的现实条件，只要企业有资金就能够在市场上购买到自己所需要的自然资源。在农耕文明、工业文明时代，这些理论似乎在一定程度上指导了经济社会发展。进入生态文明的新时代，必须处理好资源环境同经济社会协同发展的关系。正如自然资源观点（nature resource based view，NRBV）所指出的那样，自然环境可能会在一定程度上制约企业持续的创造竞争优势，因此，未来企业的战略和竞争优势要依赖企业的持续环境行为的资源和能力。企业内部的组织要素是企业绿色技术创新的资源，也是取得市场持续竞争优势的基础。通常而言，影响企业绿色技术创新的内部因素可以归结为绿色导向和绿色技术创新能力两个维度。

在前人研究的基础上，班纳吉（Banerjee，2010）将绿色导向界定为企业对于环境保护管理的认知过程，可分为内部绿色导向和外部绿色导向两种类型，其中，企业内部绿色导向主要体现在对环境保护承诺的内部价值和伦理标准层面；企业外部绿色导向主要体现在满足利益相关者环境保护需求的认知过程。陈（Chan，2010）、陈等（Chan et al.，2012）的研究也证实了上述观点，即发现内（外）部绿色导向将促进

企业采取环境公司和市场化战略，同时，也将带来企业同供应商、顾客间的绿色合作创新机会。安德森等（Andersson et al.，2000）指出企业的环境保护认知水平是影响企业环境技术创新的重要驱动因素之一，主要是因为高管的环保认知和态度会直接影响环境决策，同时对环境压力的认知会直接影响企业技术创新行为。班萨尔等（Bansal et al.，2003）、克斯都等（Kesidou et al.，2012）的研究都指出企业社会责任（corporate social responsibility，CSR）会将促使企业将环境保护责任内化为企业战略的一部分，进而激发企业增加对生态创新的投资。张渝等（2018）指出企业的环境伦理会直接影响企业绿色技术创新行为和意愿，且对绿色技术创新意愿起到中介作用。

布特胡姆等（Boutkhoum et al.，2016）将企业的绿色能力界定为执行与环境战略相关的资源或能力，主要包括绿色研发投入、绿色环境管理系统和战略柔性，其中，绿色环境管理系统（environment management system，EMS）可以有效改善企业效率，降低企业绿色技术创新成本，主要包括绿色体系建立过程中高管的承诺、分权及团队合作等。霍巴赫等（Horbach et al.，2012）指出，EMS 作为企业的物质资产，可以有效帮助企业实现生态过程创新和生态产品创新，因为其可以有效克服信息不完全的问题。多兰等（2012）指出，有效技术的实施在生态创新中能起到关键作用，以技术为基础并投资研发的企业将进一步推动创新。贾军等（2014）研究发现，企业绿色技术知识存量将显著影响绿色技术研发投入。隋俊等（2015）发现企业的绿色创新系统吸收能力和社会资本能够正向调节跨国公司技术转移对我国制造企业绿色创新绩效的影响。陈（Chen，2011）通过实证研究发现，企业过程创新及实施能力是环境管理实践与成本优势之间重要的调节要素。黄等（Huang et al.，2016）研究发现，高层管理、员工培训、研发投资、合作创新网络及 EMS 对企业绿色创新均有正向影响。蔡等（2018）发现企业的技术能力和环境组织能力都将正向影响企业生态创新能力。

可以发现，企业的绿色发展认知水平、所掌握的创新资源及创新能力是影响企业绿色技术创新主要的内部因素，即未来要通过设计相应机制来引导企业内部绿色导向和提高绿色技术创新能力，让企业自发地加

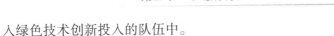

入绿色技术创新投入的队伍中。

第四节　企业绿色技术创新行为与绩效的关系

本节的主要任务是要梳理企业采取绿色技术创新策略后所将产生的影响，包括经济绩效和环境绩效等。具体而言，就是要梳理清楚绿色技术创新行为与创新绩效的关系，内外部影响因素对绿色技术创新行为与绩效关系的调节作用。

一、企业绿色技术创新绩效的测度

围绕企业绿色技术创新行为（实践）与其绩效的关系，国内外已经有较为丰富的研究。关于企业绿色技术创新绩效，马戈利斯等（Margolis et al.，2003）、布恩斯等（Boons et al.，2009）及董等（Dong et al.，2014）等将其分为环境绩效、经济绩效和持续竞争力三类。哈普斯等（Huppes et al.，2008）指出，经济绩效通常包括投资周期、投资回报率和净现值，可以通过成本效益、现金流量和财务动态盈利能力来衡量。2007 年的生态创新测度（measuring eco-innovation，MEI）项目建议扩大生态创新经济绩效的衡量标准，以全面覆盖公司产品市场份额、生产要素、教育和培训系统、有形基础设施和宏观经济政策等。环境绩效是绿色技术创新的核心，用一种合适的方法来定义绿色技术创新的环境绩效具有挑战性，通常可以从微观或宏观角度定义环境性能。布恩斯等（Boons et al.，2009）认为从微观角度来看，环境绩效涉及现有环境法规中定义的标准以及其他可直接测量的环境指标，如水质、空气污染物排放，固体废物产生和噪声水平。董等（2014）认为从宏观角度来看，环境绩效是基于系统和动态的角度衡量企业绩效，测度企业在污染控制、自然资源保护和生态恢复方面的长期努力的累积效率和有效性。陈浩等（2006）指出，环境绩效管理系统和绿色创新会计系统是用于衡量企业宏观层面生态创新绩效的有效工具。布恩斯等（2009）认为，宏观层面的绿色技术创新绩效不仅考虑微观绩效指标，还考虑持续环境改善带来的绩效，其中，经济绩效和竞争优势得到特别密切关注。OECD 的报告将竞争力界定为高水平的国际优势和收入流，以及公司流程或产品创新的盈利能力。李文溥等（2011）通过企业利润、生产率和产出增长来衡量其竞争力；余浩（2010）将竞争力定义为对相关行业和竞争对手的熟悉程度、价格竞争以及最先进技术的后续赶超速度。

考虑到环境绩效的多样性，学者们从不同角度提出了综合指标系统来衡量环境绩效。马赞蒂等（Mazzanti et al.，2006）指出，生态创新绩效的衡量应包括以下四个方面：专利数量、环境专利数量和研发费用；污染控制支出；要素的生产效率和污染强度；污染物排放减少量。MEI 项目在其关于绿色技术创新绩效测量的最终报告中采用了一系列指标，包括企业形象、市场份额、自然资源使用量、能源使用量、可再生和不可再生能源使用量、水的使用量、温室气体排放总量和废物排放总量。董等（2014）的研究中，通过单位产品材料消耗减少量，单位产品能源消耗减少量，单位产品水消耗减少量，用更安全或危害更小的替代品替代材料，液体、气体或固体污染物排放减少量来测度企业绿色技术创新的环境绩效；用污染控制费用、市场份额、企业形象、企业总体竞争力、专利应用数量、企业研发支出来测度企业绿色技术创新对其竞争力的影响。陈等（2016）从成本效益和公司盈利两个维度来测度企业绿色产品创新的绩效，其中，用盈利、资本回报率、边际收益、股本回报率来测度企业盈利能力；用企业生产成本、仓储成本和间接成本来测度企业成本效率。在蔡等（2018）研究中，用液体、气体或固体污染物排放减少量，有毒有害材料使用的减少量，环境事故突发减少量，专利应用数量来测度环境绩效；用改善产品性能，废弃物处理费用，废弃材料和设备销售收入增加量，降低环境事故造成的损失来测度经济绩效。通过对文献梳理，将企业绿色技术创新绩效测度指标总结如表 2 - 2 所示。

表 2－2　　企业绿色技术创新绩效测度指标

绩效名称	具体指标	参考文献
环境绩效	单位产品材料消耗减少量	杜南等（Doonan et al.，2005）、马赞蒂等（Mazzanti et al.，2006）、李（Li，2014）、夏等（Xia et al.，2015）、黄等（Huang et al.，2016）、李玲（2017）、龙等（Long et al.，2017）、蔡等（Cai et al.，2018）
	单位产品能源消耗减少量	
	单位产品水消耗减少量	
	能源循环使用量	
	生产过程中污染物减少量	
	用更安全或危害更小的替代材料	
	液体、气体或固体污染物排放减少量	
	绿色生产工艺改进程度	
	环境事故突发减少量	
企业市场竞争力	企业自身形象	帕克（Park，2004）、格利戈尔等（Gligor et al.，2015）、哈普斯等（Huppes et al.，2008）、奥尔特拉等（Oltra et al.，2009）、李（Li，2014）、黄等（Huang et al.，2016）、李玲（2017）
	企业总体竞争力	
	专利应用数量	
	企业 R&D 支出	
	消费者满意度	
	绿色研发投入占总研发投入比例	
	污染控制费用	
经济绩效	生产成本更低的产品	西谷等（Nishitani et al.，2017）、李（Li，2014）、夏等（Xia et al.，2015）、黄等（Huang et al.，2016）、陈等（Chan et al.，2016）、龙等（Long et al.，2017）、蔡等（Cai et al.，2018）
	提高产品的使用功能	
	降低废弃物处理成本	
	废弃材料和设备销售收入增加	
	降低环境事故造成的损失	
	利润增长超过竞争对手	
	资本回报率得到提高	
	边际收益得到提高	
	股本回报率提高	
	新产品的销售量高于同类企业	

企业绿色技术创新绩效测度是一个多指标评价体系，关于测度指标

的选择也不断丰富，包括经济绩效、环境绩效和企业竞争力。绩效测度方法和指标选择的科学性、完备性与合理性都将对后续的实证研究产生较大的影响。

二、企业绿色技术创新对绩效的作用效果

从绿色技术创新的定义和内涵可以知道，绿色技术创新将依靠高端生产设备和清洁生产方式降低废弃物排放，提高企业生产的环境绩效。波特等（Porter et al.，1995b）认为废弃物是产品和生产过程中的弊病，会减少企业价值，相应地减少废弃物排放不但不会减少价值，反而会增强企业的竞争力。克拉森等（Klassen et al.，1999）指出环境创新行为的目的在于减少排放到环境中的污染物。弗朗德尔等（Frondel et al.，2008）同样将环境创新视为以经济有效的方式实现环境目标的途径。为此，弗朗德尔等（2010）、李（Li，2014）将环境创新实践视为一个双赢的行为，其能够同时获得经济绩效和环境绩效。墨菲等（Murphy et al.，2010）提出的生态现代化理论（ecological modernization theory，EMT）认为，公司环境创新策略将给其带来经济绩效和环境绩效，进而实现环境友好型社会建设。基于生态现代化观点可知，企业的收益可以分为短期绩效（减少污染物和资源循环利用创造的价值）和长期绩效（通过清洁生产实现可持续经济增长）。在以往研究的基础上，雅各布斯等（Jacobs et al.，2010）研究发现，良好的环境绩效会带来更大的经济绩效，主要体现在两个层面：首先，提高了企业的市场份额，通过强化环境声誉给企业带来更高的边际收益，同时提供了多样化的产品；其次，减少了原材料使用成本，降低了企业的守法成本，带来间接收益。

企业积极开发清洁能源和低碳制造工艺将减少企业整体成本，进而提升企业的经济绩效（乔薇等，2011；任家华，2012）。杨存尧（2013）通过对低碳板块的上市公司调研发现，企业绿色技术研发投入会提升企业价值，同时也会给企业带来利润；曲峰庚等（2013）认为企业绿色技术创新会降低生产经营成本，扩大规模，提高市场份额，还有可能获得绿色技术专利转让的收益；阿尔（Ar，2012）通过对140家土耳其制造企业进行实证研究发现，绿色产品创新会显著提高企业竞争力和绩

效；林等（Lin et al.，2013）通过对汽车行业企业展开实证研究发现，绿色产品创新与企业绩效之间存在显著的正相关关系，即绿色产品创新影响了企业整体的竞争优势和企业形象；马林等（Marin et al.，2014）以意大利制造企业为研究对象，发现环境规制约束下，企业绿色技术创新会减少不必要的生产运作成本，进而间接增加企业利润；李等（Lee et al.，2015a）研究发现，生态创新对二氧化碳排放具有负向影响，且对企业绩效有正向促进作用；田翠香等（2017a）基于文献梳理总结认为，企业开展绿色技术创新活动首先会改进环境绩效，且会改进企业的经济绩效，因为其有利于生产环节的节能降耗，进而降低成本和环境规制费用；产品开发领域的绿色技术创新可以帮助企业开拓新的市场领域，增加企业的市场份额和产品销售收入。通过技术创新活动所产生的绿色技术专利，企业可以获得持续的竞争优势，为企业纵深发展奠定基础；在公众环保意识逐渐增强的时代背景下，绿色技术创新行为类似于广告投入，有利于提升企业的社会形象，进而影响企业的绩效。龙等（Long et al.，2017）通过对韩国在中国投资企业进行调研发现，环境创新行为能够显著改善企业的经济绩效和环境绩效。除了上述正向影响外，企业绿色技术创新还能与地方团体、消费者、供应商及管理者建立较好的社会关系，提高员工的满意度，改善后勤等。

企业绿色技术创新的双重外部性决定了创新成本弥补的长期性，且创新过程具有高度不确定性，为此绿色技术创新的环境绩效与经济绩效之间的关系存在较大的不确定性。陈劲等（2002）的统计研究发现，总体而言，企业绿色技术创新与其经营绩效呈正相关关系，其中，绿色产品创新的经济绩效最大，绿色工艺创新绩效次之，末端技术创新绩效最小。哈特等（Hart et al.，1995）基于 NRBV 观点将绿色技术创新分为环境保护型（废弃物排放最小化）、绿色产品（产品生命周期绿色成本最小化）和可持续发展（企业生产的环境负担最小化），其实质是不同程度绿色技术创新的影响。阿姆贝克等（Ambec et al.，2008）指出，传统的观点将任何形式的环境改善努力视为外部成本和负担，为此企业开展绿色技术创新行为（实践）都将导致生产的高成本，进而对企业长期的经济绩效产生负面影响。董等（2014）通过对中国 245 家企业调研发现，不同类型的生态创新所产生的环境绩效和经济绩效存在较大差异，组织层面的创新最大，过程创新次之，产品创新再次之，末端治理创新最小。陈朝月等（2018）的研究也表明，企业外部技术获取模式对企业技术创新绩效存在较大的影响。

关于企业绿色技术创新行为（实践）与其绩效的关系，国内外已经有较为丰富的研究，然而，已有的研究并未形成统一的答案。斯图尔特（Stuart，2006）、阿姆贝克等（Ambec et al.，2008）均认为绿色技术创新投入会占据企业生产资源，引发成本费用增加，且创新收益不能弥补成本，为此是不可持续的。王等（Wong et al.，2012）通过对我国制造企业绿色技术创新实践分析发现，绿色过程创新会有效提高企业的经济绩效和环境绩效，然而，绿色产品创新会负向影响企业的经济绩效和环境绩效。在已有研究的基础上，王（Wong，2013）以中国电子制造企业为实证研究对象，发现绿色工艺创新会改进企业的经济绩效和环境绩效，然而，绿色产品创新会负向扰动企业的经济绩效和环境绩效。李怡娜等（2013）通过对中国长三角 148 家制造企业进行分析，发现企业绿色创新将显著改进其环境绩效，然而，对经济绩效的直接作用并不显著。杨东等（2015）基于江苏省上市公司公开数据的实证研究发现，由于现行的政策制定和执行还不完善，企业绿色创新战略与价值创造之间还未形成正向促进作用。朱建峰等（2015）以废旧产品回收的闭环供应链为研究对象，对比分析了奖励机制、惩罚机制和奖惩机制下，企业绿色技术创新绩效，发现三种机制对企业的经济绩效和环境绩效均有正向作用，但是对经济绩效的影响存在一定的差异。约翰斯顿等（Johnston et al.，2012）通过对比环境规制对环境类和非环境类技术创新收益不确定分析发现，在相同环境规制约束下，环境类技术创新的收益不确定性比较小。

上述研究基于不同的理论、模型及数据等，从不同维度研究了绿色技术创新及其绩效之间的关系，均发现在一定的绩效测度规则下，两者之间呈正向关系，即企业绿色技术创新正向影响其绩效。同时，也可以发现针对不同特质企业的绿色技术创新行为，其创新绩效也存在一定的差异。企业绿色技术创新绩效差异性在很大程度上取决于企业内在特质和外部环境，其中，外部环境包括经济、社会、文化及政策环境等。

第五节　市场规制对企业绿色技术创新的影响

任何问题的解决都需要借助一定的工具，在市场规制实践中，规制工具是最为重要的基本范畴之一[①]。市场规制工具是市场良好运行的重要范畴，目前已经被广泛运用于产品质量、食品安全、消费者权益保护、医疗服务、电力市场、出租车服务市场、金融市场和网络市场等领域（爱德华·格莱泽等，2001；王万山，2004；汤萌等，2004；陈明艺，2006；Conway et al.，2007；Finkelstein et al.，2009；Koeniger et al.，2010；李晓阳，2010；傅培强，2013；宋亚辉，2018；卢珂等，2018）。但是通过文献检索可以发现，国内的已有的研究大多是从问题到对策的研究范式，国外主要针对某类规制工具展开了较为深入的研究，有关市场规制研究明显不足，在研究数量和质量上都存在较大的提升空间。

一、市场规制的基本内涵

已有的研究文献中，可以发现对市场规制的研究主要是基于克服由信息不对称性、外部性及不完全竞争等造成的市场失灵展开的。然而，由于不同的学者在研究方法、研究对象等方面存在较大的差异，导致有关市场规制研究的侧重点有所不同。例如，部分学者将研究关注点聚焦于产业规制，进而衍生出规制与反垄断领域的研究，主要集中于分析不完全竞争情形下政府规制问题（乔治·施蒂格勒，1998；W. 吉帕·维斯库斯等，2004）。另外，还有部分学者将研究重点聚焦于有关市场信息不对称领域的市场规制，通过激励理论将市场规制问题转化为不完全信息状态下的控制论问题，目前也有很多学者将信息工具作为解决市场

① 市场规制，即对市场的规制。百度百科资料显示，市场规制是指国家通过制定行为规范引导、监督、管理市场主体的经济行为，同时规范、约束政府监管机关的市场监管行为，从而保护消费主体利益，保障市场秩序。具体表现为完善市场规则，有效地反对垄断，制止不正当竞争，保护消费者权益。

中信息失灵的问题（让－雅克·拉丰，2009；应飞虎等，2010；段礼乐等，2018）。针对外部性问题，制度经济学做了较多的研究，科斯的《社会成本问题》就产权和外部性之间的关系展开了深入分析，对政府市场规制具有较大的启发（罗纳德·H. 科斯等，2014）。

正如景玉琴（2003）指出，市场秩序的建立和完善靠的是市场主体的自觉维护，这类由自发产生的自觉是一个循序渐进的过程，市场秩序的规范不能仅仅依靠政府，然而，又离不开政府的积极作用。政府应该从烦琐的经济规制中解脱出来，在法律的约束下制定市场所急需的、切实可行的法律，规范市场秩序，为市场主体创造公平的竞争环境，释放企业的潜在动力。王万山（2004）认为由于法制体系的不健全，政府在市场规制过程中常常出现政府失灵，进一步加速市场失灵，市场规制理论的研究就是要设计一种制度安排来最小化两者的失灵。按照不同的方式，市场规制可以被分为不同的类型，例如，从规制的主体出发，市场规制可以被分为直接规制（通过行政部门去实施的规制）和间接规制（通过司法程序去实施的规制）。直接的规制又可以被划分为经济性规制（主要是指针对自然垄断行业，以价格规制和市场进退规制为主要手段，对企业的进入、退出、产品的价格、服务的质量以及投资、财务等方面的活动进行干预，以确保公平竞争和防止资源配置非效率）和社会性规制（以保障劳动者和消费者利益为目的，通过制定一定的标准去禁止或限制特定行为的规制，如环境规制等）（王万山，2004）。

植草益（1992）从广义和狭义两个维度对市场规制进行了有效区分，认为广义上的市场规制是各公权组织对市场失灵采取的纠正、约束和激励等行为；狭义上的市场规制是指在市场经济条件下，政府为矫正和弥补市场机制失灵而采取的干预经济主体活动的行为，将政府对市场的干预与法律区分开，将规制限定于那些由行政机构执行的施加于市场的一般性法规和特殊行为。在此研究的基础上，史普博等（1999）将市场规制分为三种类型：第一类是直接干预市场配置机制的规制（如价格规制、产权规制及合同规则等）；第二类是通过影响消费者决策而影响市场均衡（如消费者的预算组合受税收、补贴或其他转移性支付的制约）；第三类是通过干扰企业决策进而影响市场均衡的规制（施加于产品特征之上的限制，如质量、耐久性和安全等）。

市场规制研究迄今已经历了三个理论发展阶段：市场规制的公共利益理论（假设市场是脆弱的，如果放任自流，就会导致不公正或低效率；同时，假定政府可以代表公众对市场做出一定理性的计算，使市场规制过程符合帕累托最优原则）（植草益，1992；Lawton，1990）；市场规制俘虏理论（在国家控制资源、各利益主体具有最大化自身效用的理性前提假设下，证明市场规制是因利益集团最大化自己收入要求而产生的；规制者被俘虏的理论）（Stigler，1971；杨宏山，2009）和新兴市场规制理论（市场机制的局限性和市场失灵是政府或公共机构进行规制的前提，针对市场失灵的现象，政府或公共机构需要设计出相应的制度来调控市场、约束和规范经济主体的行为，以保证市场规范有序的运行）。同时，市场规制是要消耗大量的社会成本，由于规制者寻租、被产业所俘虏等原因，容易形成“政府失灵”（杨宏山，2009）。

总而言之，本书所指向的市场规制是一种狭义的间接规制，是在一定约束下由行政机构执行的施加于市场主体的一般性法规和特殊行为，以此实现矫正和弥补市场机制失灵的目标。从环境治理、政府规制理论和管理实践归纳总结出政府市场规制手段，可以将市场规制工具划分为价格型、供求型和竞争型。

二、市场规制对企业绿色技术创新行为的影响

正如雷宁格斯（Rennings，2004）所说，相较于传统创新而言，生态技术创新具有双重外部性问题，包括技术研发过程中的创新溢出性和采用、扩散阶段的环境溢出效应，是降低企业绿色技术创新意愿的重要因素。外部性可以分为正外部性和负外部性两类，然而，无论哪类外部性都不能实现资源配置效率的最优化。由于绿色技术创新的多重外部性，单纯依靠市场作用并不能使社会投入达到最优水平（Arrow，1972；Connolly et al.，1988）。因此，对企业研发进行资助或补贴作为政府克服市场失灵和推动经济长期增长的主要政策工具而被广泛采纳。蔡等（2018）认为环境技术创新的外部性及其给企业带来的额外成本，将导致企业缺乏环境技术创新动力，需要借助环境政策等外部驱动，企业才能开发和采纳与环境保护、资源节约相关的技术。绿色技术研发和扩散

阶段存在正外部性，其产生的正向溢出效应扭曲了企业研发成本与收益的关系，同时双重外部性问题进一步导致了市场失灵，需要借助一定的规制手段才能实现要素的优化配置（周晶淼等，2016）。企业通过绿色技术创新在获取经济收益的同时，也产生了一定的社会收益和环境收益，然而，由于环境产权界定不明确、收益核算体系不健全，导致企业的部分产出被其他社会主体免费分享，影响企业绿色技术创新的积极性。总之，市场失灵是抑制企业绿色技术创新的重要因素。

政府规制是弥补企业绿色技术创新市场失灵的关键所在。一般而言，政府规制手段能够清除市场运行中的障碍，减少主体在市场活动中的负外部效应和不确定性，规范市场竞争规则和秩序，以弥补市场机制的不足。查克拉博蒂等（Chakraborty et al.，2017）等以印度皮革和纺织工业产业数据为基础，实证研究发现环境规制间接引发了上游企业绿色技术创新。王娟茹等（2018）等发现命令控制型和市场激励型环境规制工具对绿色技术创新意愿和行为均有显著的直接正向诱导作用，其中，命令控制型规制对绿色技术创新意愿的诱导性更强，市场激励型规制对绿色技术创新行为的诱导性更强。多兰等（2012）认为特定的政府规制政策向生态创新者和污染者传递了明确和标准的内容，引导企业的行为符合规制标准。林等（2019）研究发现，电力价格对可再生能源技术创新具有长期的正向影响，即电价每增加1%单位，可再生能源技术创新将增加0.7825%～1.0952%单位，侧面反映了政府价格调控机制对绿色技术创新的影响。OECD报告指出，绿色技术专利制度是一个运行良好的知识产权保护和执行系统，能够促进绿色技术在国内和国际进行扩散（OECD，2011）。杨等（Yang et al.，2010）指出，各国为促进企业绿色技术创新，纷纷建立了具体的知识产权激励措施，如延长许可承诺期以及加快环境技术的专利审查等。例如，澳大利亚、加拿大、以色列、日本、韩国、英国和美国等国家通过实施快速跟踪“绿色”专利申请方案，加速绿色技术创新。李等（2018）通过构建企业、银行和政府之间应用绿色贷款促进技术创新的博弈模型，探讨了绿色贷款和政府补贴对清洁生产的促进作用，发现绿色贷款补贴不仅提高了企业技术创新的意愿，而且降低了创新风险。王等（2017）研究发现，绿色保险不能提高企业创新能力和期望利润，但能够降低创新风险，同

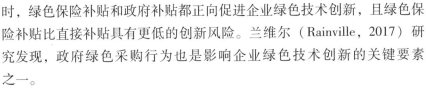

时，绿色保险补贴和政府补贴都正向促进企业绿色技术创新，且绿色保险补贴比直接补贴具有更低的创新风险。兰维尔（Rainville，2017）研究发现，政府绿色采购行为也是影响企业绿色技术创新的关键要素之一。

关于市场规制对企业绿色技术创新绩效的影响，已有的研究基于不同市场规制策略对不同绿色技术创新绩效影响展开了研究。虽然不同类型的环境规制对技术创新绩效的影响可能存在着偏差，但不少学者也指出，通过影响企业环境行为的成本与收益，环境约束、环境补贴等措施客观上能够激发企业绿色技术创新投入（Ren et al.，2018；Wang et al.，2016）。万建香（2013）基于 2002～2008 年江西省重点调查行业面板数据分析了环境政策规制的产业竞争能力、创新能力和环保能力绩效，结果表明，市场型污染排放征税政策满足波特假说，而行政命令型环境治理建设项目“三同时”政策不满足波特假说，且污染排放征税同创新绩效之间存在较大差异。浜本等（Hamamoto et al.，2006）以欧盟 7 国制造业为研究对象，发现能源税强度规制对企业生产率具有显著直接的推动作用。王（Wang，2002）指出，排污收费与企业降低排污的积极性呈正相关，排污收费制度对节能减排具有更高的激励作用。王旭等（2018）基于企业生命周期理论，采用高科技制造业上市公司面板数据作为研究样本，在分析绿色技术创新特征的基础上，探讨并检验了股权融资、债权融资以及政府补贴在不同企业生命阶段中对绿色技术创新的动态影响。侯建等（2018）运用改进的松弛测度方向距离函数测算了中国 13 个高专利密集度制造业绿色转型绩效，并探讨了产业绿色技术创新绩效影响因素的驱动作用，研究发现环境规制对高专利密集度制造业绿色技术绩效起到抑制效应，企业规模要素、资本深化、市场竞争和外资引进均显著促进了产业绿色技术绩效的提升，而技术引进配置结构对绿色技术绩效的驱动作用不显著。李冬琴（2018）应用调查问卷数据建立完整的模型，采用多元回归分析研究了环境政策工具及其交互项对环境技术创新和企业绩效的影响，并充分考虑了企业环境管理水平和管理者环境意识等变量，从而降低了遗漏变量偏差。王等（Wang et al.，2005）从排污费的角度论证了规制与环境绩效的关系；朗帕普等（Langpap et al.，2010）从公众参与的角度检验了规制与环境绩效的关系；查韦斯等（Chávez et al.，2009）从市场激励型规制的角度分析了规制与环境绩效的关系。

上述研究表明，市场失灵是抑制企业绿色技术创新的重要因素，政府的价格补贴机制、风险降低机制、标准准入机制、产权界定和保护机制及政府绿色采购等机制是弥补绿色技术创新市场失灵的有效手段。市场规制对企业绿色技术创新绩效的影响存在较大差异性。邱士雷等（2018）认为，要想达到提高效率的最优效果，应设计科学完善的规制工具组合。

第六节　已有文献评述

通过对上述文献梳理发现，凡是有利于环境保护、节约资源、可持续发展的技术都可被认定为绿色技术，且绿色技术的标准也是动态调整的。绿色技术创新以生态学、循环经济学、低碳经济学及可持续发展管理作为特殊的理论基础，注重循环发展和持续使用，发挥绿色技术的正面效应。绿色技术创新不仅是技术范式的变化，更是技术—经济范式的变化，体现了生态文明的价值取向，追求经济、社会、生态的有机配合和全面发展，以实现经济增长、社会公平、生态优美的目标。同时，绿色技术创新技术的外部性、收益的外部性和市场的外部性决定，需要借助一定的规制手段才能实现要素的优化配置。

总体而言，现有的研究已经越来越多地关注到企业绿色技术创新，政府市场规制与企业绿色技术创新的关系，以及市场规制下企业绿色技术创新的绩效，也取得了一定的研究成果。然而，当前的研究常常只聚焦于某一类市场规制，或者只聚焦于环境规制对企业绿色技术创新行为和绩效的影响，关于政府市场规制对企业绿色技术创新影响的内在机理、路径及共性和差异性分析，以及企业绿色技术创新行为与绩效的联动分析还不系统，主要体现在以下几个方面。

（一）关于政府市场规制对企业绿色技术创新影响的机理识别还不系统

首先，已有的很多研究都在分析政府行为与企业绿色技术创新之间的关系，但是很少有研究将政府行为加以区分界定，即将政府市场规制行为与非市场规制行为作为整体进行研究；其次，关于政府市场规制对企业绿色技术创新影响，已有的研究大多是从环境规制的角度进行论述，将影响机理作为“黑箱”处理，缺少影响路径可视化分析；最后，关于市场规制对企业绿色技术创新影响的判断仅仅是从结果的角度展开，缺乏科学的判断标准或视角。未来需要在理论基础和管理实践的前提下，对政府市场规制进行有效区分，并基于一定的判断准则来评价政府规制行为的有效、合理性，实现从具体的规制措施向一般性的规制归纳推演。

（二）关于不同主体策略选择对绿色技术创新系统均衡的影响还不全面

以往的研究表明，企业绿色技术创新是在内外环境复合作用下的活动，是一个全链条、宽领域、多维度的过程，对企业绿色技术创新的管理需要多主体的参与。从研究的内容来看，大多数是通过文献梳理来设计理论模型，进而借助微观企业调查数据验证和修改所涉及的概念模型，检验市场规制对企业绿色技术创新的影响。然而，已有的文献中关于全面研究消费者绿色产品需求、政府市场规制和企业绿色技术创新的动态决策对绿色技术创新系统稳定的影响还比较少；同时，对于不同稳定均衡状态（可以看作为系统演进的发展阶段），各外生变量影响的幅度和方向识别还有待深入。未来需要通过建立系统模型分析绿色技术创新中，政府市场规制影响的阶段性及有效性。

（三）关于政府市场规制下企业绿色技术创新决策与绩效的联动分析还较缺乏

以往的研究表明，企业绿色技术创新绩效并不是单一的，可能包括经济绩效、环境绩效和社会绩效及市场竞争力提高等。大多数研究只是聚焦于经济绩效和环境绩效，且仅分析了企业采取绿色技术创新策略下的经济绩效和环境绩效。尽管有部分研究在分析过程中涉及的绩效较为全面，但是缺乏行为与绩效的互动关系分析。已有的研究中比较少见系统研究在政府市场规制下企业绿色技术创新水平、市场运营决策、经济绩效、环境绩效和社会绩效，对实现不同类型绩效最优化的规制类型和强度的分析也不系统。未来可以基于博弈论建模或者案例研究的方法，分析不同决策情景下企业的最优决策选择及该策略选择条件下的创新绩效。

（四）关于政府市场规制对企业绿色技术创新影响的共性和差异分析还待深入

已有的研究表明，企业绿色技术创新决策既受到外部环境的影响，也同企业内在特质息息相关。然而，由于对绿色技术分类、评价还不统一，获取企业绿色技术创新的数据还相对困难，已有的研究大多数通过设计问卷来调查企业绿色技术创新情况，尽管在一定程度上可以说明问题，但是数据样本在地理分布范围、行业分布范围及企业类型方面受到时间和资金的约束，一定范围内降低了实证结果的稳健性和多样性。未来还需要借助企业实际生产运营的数据，包括能源和资源消耗强度、污染物排放强度、废弃物减少量及营业利润等，进一步分析政府市场规制对不同类型绿色技术创新的影响，同时，检验企业内在特质对影响结果的调节作用。

（五）关于企业绿色技术创新向经济绩效传导路径探索还有待精细化

对现有文献梳理可以发现，绝大多数研究肯定了企业绿色技术创新与经济绩效和环境绩效之间的正向促进关系，同时，也肯定了政府市场规制对二者之间关系的调节作用。部分研究发现，在绿色技术创新向经济绩效传导的过程中，企业市场竞争力和企业象形具有较大的调节作用。已有研究关于企业绿色技术创新实现经济绩效的路径分析还不够全面（是完全中介还是部分中介关系），即对企业绿色技术创新、环境绩效、市场竞争力和经济绩效之间的关系分析还有待深入。同时，关于政府市场规制是对所有路径都有影响还是对部分路径有影响的分析还不细致。未来需要借助微观企业层面的数据进一步检验论证传导路径是否存在，并对政府不同类型规制影响的显著性、幅度和方向进行再检验。

（六）关于绿色技术创新范畴内政府规制理论与政策优化结合度还有待提高

当前，伴随着环境治理、高质量发展及绿色转型的兴起，企业绿色技术创新研究得到广泛关注，也产生了一系列的研究成果，并提出了相关的政策建议。然而，现有理论研究结果同政策优化之间的“最后一公里”问题还未很好地解决。关于某一政策产生的市场影响分析还非常少，同时针对某一行业、某一特质企业和某一区域的具体分析还较为缺乏，这也是理论不能得到提升的本质原因。未来需要选择若干特定的主题开展更有针对性更有操作性的分析，提高理论研究与现实的连接度；同时，通过实地调研、企业访谈等方式深入研究某一特定政策在不同地区、行业及企业中所产生的市场影响，并进一步分析这一影响对企业绿色技术创新行为及绩效的调节作用，提高理论研究的深度和宽度。

已有的文献对绿色技术创新的内涵与外延做了较为细致的研究，肯定了政府行为对企业绿色技术创新和绩效的影响。然而，关于政府市场规制对企业绿色技术创新影响的机理识别还不系统；关于不同主体策略选择对绿色技术创新系统均衡的影响还不全面；关于政府市场规制下企业绿色技术创新决策与绩效的联动分析还较为缺乏；关于政府市场规制对企业绿色技术创新影响的共性和差异分析还有待深入；关于企业绿色技术创新向经济绩效传导路径探索还有待精细化；关于绿色技术创新范畴内政府规制理论与政策优化结合度还有待提高。未来需要综合运用理论推演、数理模拟、计量分析及问卷调查等方法，针对上述不足进行优化完善。同时，还需要将完善后的研究理论运用到指导政策优化，为构建市场导向的绿色技术创新体系提供支撑。

第三章

市场规制驱动企业绿色技术创新的内在机理

要构建和运行国家层面市场导向的绿色技术创新体系，首要任务是厘清市场导向或者市场机制对企业绿色技术创新的作用机理，识别政府和市场职能的分割点，这也是本节所要回答的主要问题。简而言之，就是要深入剖析市场可能的运行机制是如何影响企业绿色技术创新决策；在市场机制失灵的情形下，政府规制又如何弥补市场短板。

第一节　市场导向与企业绿色技术创新的内在机理

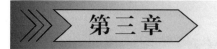

企业绿色技术创新作为内部的一项特殊生产活动，需要从市场中获得并组织必要的要素来开展，生产出的创新产品（服务）再通过市场弥补创新投入、增加创新利益。市场导向下的企业绿色技术创新，就是要借助市场机制来优化企业绿色技术创新要素配置效率，就是要发挥市场机制对基础知识突破、企业社会资本积累、产品市场需求、企业创新网络、消费主体意识及市场准入时机的配置效率，同时也要发挥好政策要素对其他要素的调节作用。市场导向对绿色技术创新要素配置的影响路径，就是充分发挥市场机制释放创新要素供需信号、

促进绿色技术创新要素协同、降低企业绿色技术创新交易成本，同时，也要借助政策要素保证上述要素的配置效率，最终提高创新要素配置效率。

一、促进企业绿色技术创新要素供需对接

市场是政府和企业的试金石，市场通过提出新问题、提供新机会来创造新利润，实现对绿色技术创新的拉动作用。摸清市场行情、了解消费需求、积极适应市场是企业竞争取胜的法宝。当企业的创新成果被市场接受，满足了消费者的需求时，企业才能获得源源不断的动力，才能在绿色技术创新方面获得源源不断的竞争优势。

从参与者角度来看，绿色技术创新是企业为主体，政府为主导，高校、科研院所、中介服务机构及市场消费者共同参与的一个系统性活动。市场的供求机制能够协调好各参与主体的功能和作用，实现供需对接。具体而言，能够发挥企业在绿色技术创新的主体作用，有机整合政府提供的政策要素、高校提供的创新知识要素、科研院所提供的知识孵化要素、中介服务机构提供的服务要素，以此实现系统价值创造。在绿色技术创新活动过程中，政府既要担当市场环境的监督者（提供政策要素），同时，也是市场需求的引导者。在绿色产品（服务）市场需求不明显的时候，需要政府采购绿色产品（服务）来弥补企业绿色技术创新成本，通过杠杆作用进一步撬动绿色技术的市场需求。

市场作为顾客市场需求的“感应器”，能够通过价格机制、供求机制及竞争机制等来收集绿色技术创新各类要素的需求信息，并通过相应的平台将这些需求信息传输到绿色技术创新的各类主体，包括政府、高校、科研院所、企业及中介服务机构等。如图 3－1 所示，市场将绿色技术创新要素需求信息传送给各类主体，在接收到需求信息后，主体将围绕自身属性和功能进行相应的决策，即政府如何通过制定和完善策来优化企业绿色技术创新环境；企业如何通过市场机制整合要素来提供绿色创新产品；高校、科研院所如何围绕绿色技术创新需求来提供知识和前沿技术；中介服务机构如何提供各类服务来加快绿色技术成熟化和产

业化。可以看出，市场导向为企业绿色技术创新指明了方向，也为政府、高校、科研院所、中介机构市场化分工提供了努力方向，以此提供市场所需求的绿色技术创新要素。该供需对接过程是不断更新调整的，即随着市场需求的升级，绿色技术创新要素的质量和类型也将进一步更新，如此循环往复。

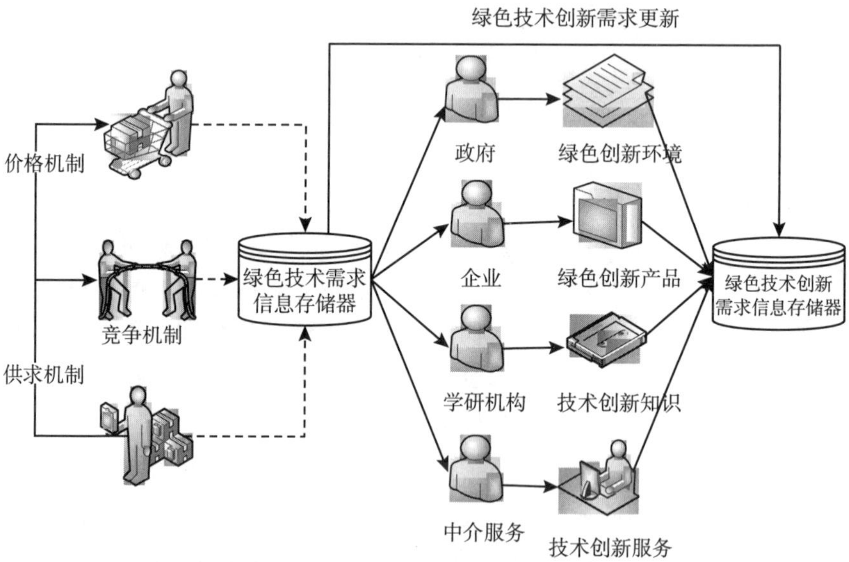

图3-1　市场导向对企业绿色技术创新的作用机理

二、促进企业绿色技术创新所需要素协同

要通过市场机制引导绿色技术同人才、资本、企业、产业有机融合，推动绿色技术创新要素的高效配置。企业是技术创新的主导力量，应从市场需求出发，在生产中积极推进绿色技术的研发和应用，同时发挥产业链协同效应，发挥不同技术和不同产业在绿色技术创新中的作用，推进绿色技术创新的实现。较为完善的资本市场制度和风险投资制度，能够营造良好的金融环境，在一定程度上规避了绿色技术创新风险，推动了绿色技术创新。企业需要借助市场化机制来提高绿色技术研发的市场应用性，将专利技术与市场对接，提高科研成果转化率，用市

场机制的力量去推动科研成果转化。在德国，企业一直处于创新活动的主导地位，高等院校的人才培养要围绕企业对于科技人才的需求；在申报政府的科技项目时，没有企业的参与便不能通过。在日本，几乎所有大中型企业都有自己的研发机构，与高等院校和科研院所开展了广泛的合作，大大促进了科研成果的转化。在瑞典，国有创业基金、风险投资基金与市场融资机构如银行、风险投资机构等相结合，为中小企业提供了全方位的融资服务。

市场导向促进企业绿色技术创新所需要素协同归根结底就是要发挥要素之间的协同效应，例如，人才要素与技术要素的协同、技术要素同资金要素的协同、企业与整个产业链的协同等。市场导向促进企业绿色技术创新所需要素协同的路径主要包括集聚创新要素、组建和扩大创新网络、加速要素流动等。通过市场化机制，可以不断提高要素之间、主体之间及企业和产业链之间的耦合度，也直接提高了市场需求和供给的相关性，为绿色技术的产生、推广、运用和产业化提供了良好的基础。

三、降低企业绿色技术创新交易成本

威廉姆森把交易成本界定为事前交易成本与事后交易成本，事前交易成本主要包括搜寻、议价、签约、保障契约达成等成本，事后成本主要包括契约无法达到预期带来的成本。可以知道，绿色技术市场交易活动需要付出大量交易成本，然而，技术交易成本大小决定了企业交易模式的选择。文定理指出，在最优的决策情形下，一个经济主体不可能同时出现购买和售卖同一种商品的情况，最多只售卖一种商品，且不能同时生产和购买同一种商品。根据文定理，可以将企业绿色技术研发劳动和一般技术研发劳动分成三种情况，分别为封闭式技术创新模式（见图 3－2－1）、技术交易服务内化模式（见图 3－2－2）及技术交易服务外化模式（见图 3－2－3）。（1）在封闭式绿色技术创新模式下，如图 3－2－1 所示企业整体的技术创新水平较为低下，仅仅是为了满足本企业的发展需求而进行绿色技术创新（x）和一般技术创新（y），因而此时的技术共享效率极低。（2）绿色技术交易服务内化模式如图

3－2－2 所示，A 企业进行绿色技术自主创新，以企业外部的 B 企业引进一般技术为例（另一种：一般技术企业自主创新获得，企业外部引进绿色技术情况只要对换即可）。对于绿色技术引进方的 A 企业而言，也是一般技术的卖方，在技术交易的过程中也扮演着技术交易服务者的角色，其中，r 为通过技术交易服务所获得的收益系数。（3）绿色技术交易服务外化模式如图 3－2－3 所示，意味着将绿色技术市场化交易平台（机制）引入绿色技术创新系统中，即存在三类经济主体：绿色技术输出方、绿色技术引进方和第三方绿色技术服务平台。技术买卖双方仅是关注各自的绿色技术研发（引进），而技术交易服务职能完全转交给第三方技术服务平台。由于第三方技术交易平台的存在能够对企业绿色技术的创新起到一定的影响，各企业要借助平台的信息开展绿色技术交易活动。

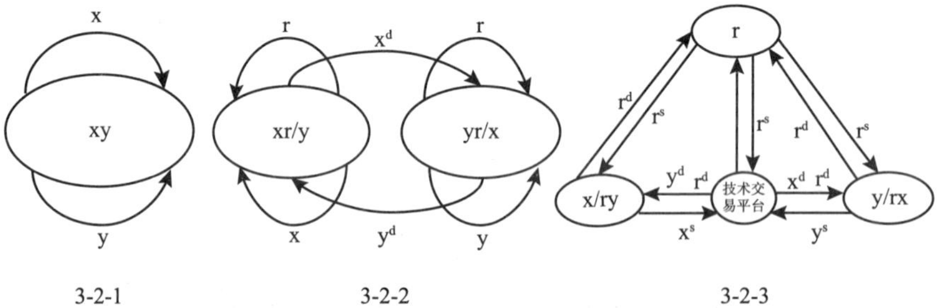

图 3－2　科研劳动分工下低碳循环技术创新模式

资料来源：汪明月、李颖明、柳雅文、李梦明：《低碳循环技术创新模式对技术交易率的影响》，载于《软科学》2019 年第 33 期，第 76～80 页。

以往研究表明，随着科研劳动分工的不断细化，相对技术交易效率不断提高，联合技术交易效率也不断地得到改善，同时，技术交易的相对价格却在不断下降。当第三方技术服务平台的劳动生产效率较高时，企业绿色技术创新的模式为技术交易服务外化模式。当技术交易平台的集成管理效率较低时，通过内化模式的联合技术交易效率要大于外化模式，随着加入平台的企业数不断增加，单个企业所付出的平台管理费用将减少。通过市场交易的方式促进了企业绿色技术创新成果的扩散和流动，也进一步降低了交易成本，提高了技术应用效率。降低绿色技术交易成本是市场化作用的目标，也是要素优化配置的产物。当前，我国正组建的“绿色技术银行”对对接技术供需、降低交易成本具有重要意义。

四、提高企业绿色技术创新要素配置效率

企业只有选择与自身要素资源禀赋优势相一致的绿色技术时，才具备一定的自生能力。企业具备自生能力，是指在一个开放、竞争的市场中，一个管理方面正常的企业不需要任何外在扶持、保护就可以生存，并获得市场上可以接受的预期利润率。例如，当一个国家资源禀赋结构为图3－3中的A点时，企业选择A点的资本劳动组合，生产成本为最小值 C_1，具有自生能力。否则，如果此时企业选择在B点生产，则成本为 C_2，企业需要政府提供 C_1 与 C_2 之间垂直距离的补贴才能生存。同样地，若国家要素禀赋为B点时，而企业选择在B点组织生产，将会利用最小成本D获取正常利润，具备自生能力。企业处于追求生产成本最小化目标的状态，其基于生产要素之间的相对价格来选择绿色技术。因此，根据要素禀赋结构决定的比较优势选择绿色产品、服务和技术的前提，是要素相对价格体系能反映经济体要素的相对丰裕程度，也就是要存在一个“有效的市场”。如果市场是有效的，则各种要素的相对价格能够反映每一时点上一国要素禀赋结构中各种要素的相对丰裕程度，那就意味着通过价格信号和价格体系就能使得资源配置达到帕累托有效。有效市场的核心要义在于市场上各种要素的相对价格能够反映其相对稀缺性，这就要求不存在人为扭曲的要素市场，企业能够观察到真实的相对价格。

市场制度是创新活动的制度基础，完善的市场制度有利于生产要素的合理定价和自由流动，有利于资源的优化配置和提高运行效益，有利于发挥企业的市场主体作用。当前的碳排放权交易市场、资源确权登记、用能权交易市场、技术创新成果交易市场等都将助力各类要素的市场定价，优化企业绿色技术创新的要素配置效率。

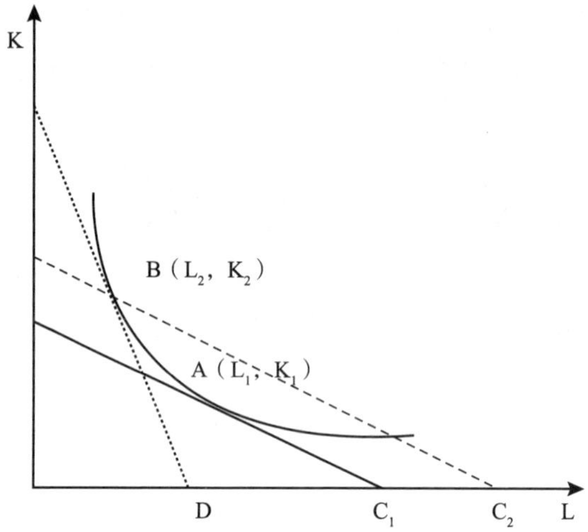

图3-3　企业自生能力演变图

第二节　企业绿色技术创新市场失灵的归因

企业家进行绿色技术创新的主要目的是提高企业内部要素的配置效率，进而获得更多的经济效益和生态效益。企业绿色技术创新作为内部的一项特殊生产活动，需要从市场中获得并组织必要的要素来开展，生产出的创新产品（服务）再通过市场流通来弥补创新投入，增加创新收益。市场制度是创新活动的基础，完善的市场制度有利于生产要素的合理定价和自由流动，有利于资源的优化配置和运行效益的提高。在市场制度的推动下，以追求利润、积累财富为目的的企业才会成为绿色技术创新的主体。发挥市场对绿色技术创新各类要素配置的导向作用，对资源、环境等要素的定价作用，促使企业从依靠过度消耗资源能源、低性能低成本竞争，向依靠创新、实施差别化竞争转变。然而，现实中有效的市场一般很难实现，取而代之的是市场失灵。企业绿色技术创新市场失灵的原因可以被归纳为三类：创新的多重外部性、绿色产品消费的内部性及绿色技术创新进入壁垒。

一、绿色技术创新的多重外部性

庇古最早对外部性问题开展了研究，发现某一经济主体的行为会给其他主体带来收益或损失，然而并不需要付出相应的补偿，也不会获得相应报酬，最终导致社会经济主体活动的社会收益（成本）同私人收益（成本）间的不平衡性（Pigou，1999）。“利益相关者”理论同样指出，企业绿色创新行为将通过外部性来影响企业利益相关者，即降低了利益相关者的负向影响和增加利益相关者正向影响（杨东等，2015；Dvarioniene et al.，2015）。外部性可以分为正外部性和负外部性两类，然而，无论哪类外部性都不能实现资源配置效率的最优化。企业绿色技术创新的第一重外部性表现为技术溢出的正向外部性，企业为实现绿色生产目标，在前期支付了较大的绿色研发支出，然而，由于技术知识的溢出并未获得全部的绿色技术创新收益，进而降低了企业创新的积极性，导致企业绿色技术创新低于帕累托水平；企业绿色技术创新的第二重外部性表现为产出的社会属性，企业在通过绿色技术创新获取经济收益的同时，也将改善生态环境，产生一定的社会收益和环境收益，然而，由于环境产权界定不明确、收益核算体系不健全，导致企业的部分产出被其他社会主体免费分享，影响企业绿色技术创新的积极性。

企业绿色技术创新的双重外部性的经济学含义可以通过图3-4、图3-5来描述。其中，正外部性表现为企业进行绿色技术创新活动所产生的溢出效应使得社会边际收益MSR大于私人边际收益MPR，而边际社会成本与边际私人成本相等，因而，社会最优效率均衡点F点要大于企业均衡点E点，三角形EFG的面积为正外部性造成企业绿色技术创新积极性不强所产生的社会福利损失；负外部性表现为边际私人收益MPR与边际成本MSC相交于平衡点E处，然而，企业非绿色生产过程中存在消耗公共资源、污染生存环境等现象，造成边际社会成本MSC大于边际私人成本MPC，而边际社会收益（MSR）与边际私人收益（MPR）相等。因此，社会最优效率均衡点应为E点，即三角形EFG的面积为负外部性造成的因为企业过量生产所带来的社会福利损失。

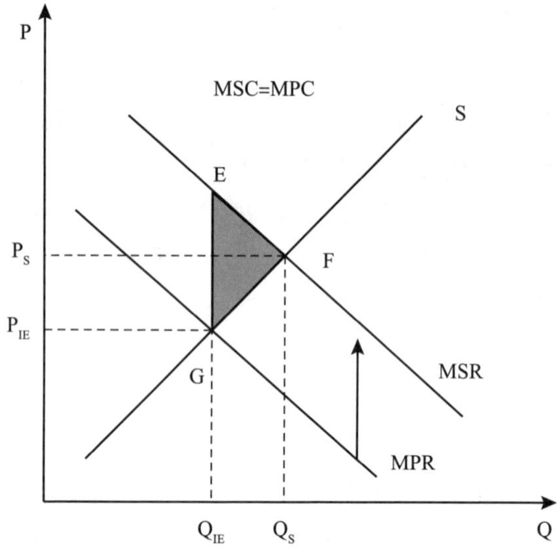

图 3-4　正外部性的影响

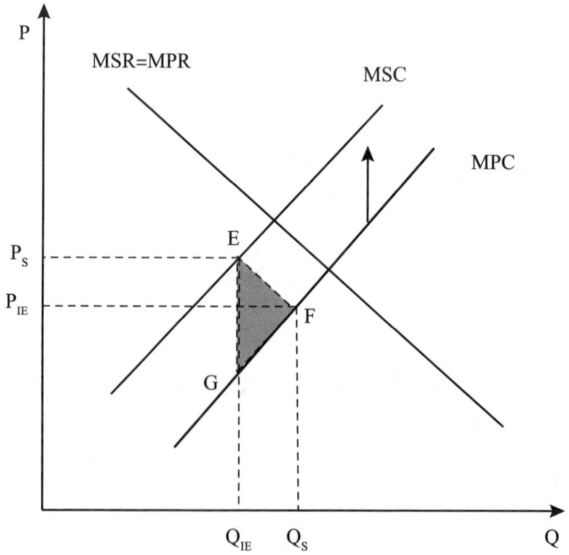

图 3-5　负外部性的影响

二、绿色产品消费的内部性

绿色技术创新市场失灵的另一个原因为产品消费的内部性。美国经济学家史普博在其著作《管制与市场》中创造性地提出了“内部性”这一概念，将其定义为在产品交易过程中由交易者所承担的，然而，在交易条款中并没有声明的交易成本或收益（史普博等，1999）。交易成本产生的根本原因在于参与主体之间的信息不对称，在产品市场交易发生的前后分别可能引发“逆向选择”和“道德风险”问题，致使市场机制运行效率的缺乏，甚至有可能造成市场失灵。绿色产品消费的内部性主要表现为第三方支付和交易成本所导致的“逆向选择”和“道德风险”问题。现代经济学将商品分为搜寻品、经验品和信任品。搜寻品是指消费者在购买之前就能够确定产品特性的一类商品；经验品只能在购买使用之后才能确定其特性；信任品即使在消费之后仍然不能确定其特性。绿色产品作为一类信任品，其特性必须借助专业技术人员和检验设备才能明确。由于企业和消费者之间存在着严重的信息不对称，在产品的交易中，消费者处于绝对被动的地位，完全有可能承担额外的交易成本。

绿色产品消费的内部性引发“逆向选择”的经济学含义可以通过图3-6表示。如果市场上同时存在绿色产品和传统产品，在信息对称的条件下，绿色产品和传统产品的市场均衡分别为（P_3，Q_3）和（P_1，Q_1），整个市场被划分为两部分。当市场信息不完全对称时，消费者愿意支付的价格为P_2处于P_1 ~ P_3之间，此时绿色产品生产企业的利润较低或不能弥补其创新生产成本，会逐步退出市场。消费者在获取传统产品的信息后，将会进一步降低所愿意支付的价格（表现为线DM逐渐逼近线DT），直至传统产品完全占据整个市场。伴随着绿色产品生产企业的挤出，企业的绿色技术创新活动也相继受到严重影响。

“道德风险”来源于经济活动中参与一方的信息优势，可被分为“隐蔽行动”和“隐蔽信息”。绿色产品的“生产—消费”关系可以被看作绿色产品生产企业和市场消费者之间的一个委托代理过程。企业作为利益的追逐者，要实现自身效用最大化目标，且产品生产信息不对称

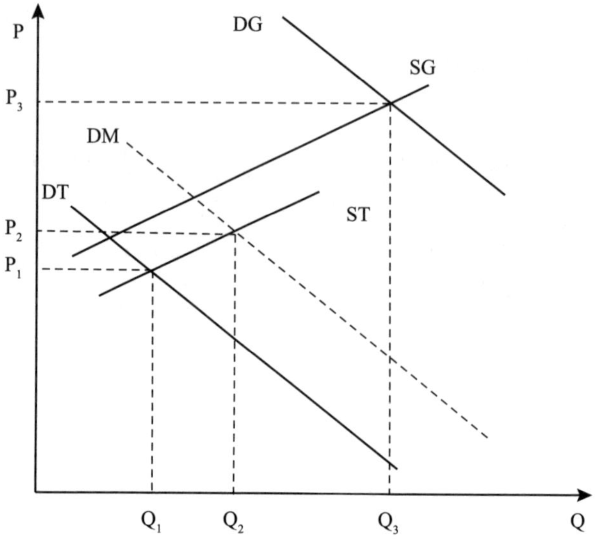

图 3-6　绿色产品的"逆向选择"过程

形成的隐蔽行动和隐藏信息使消费者无法进行限制或索赔，因此，道德风险就会出现。企业绿色产品生产的"道德风险"表现为伪装产品信息，在一定范围内不断降低绿色技术创新投入。从本质上来看，这类"败德"行为属于经济环境中的外生风险，也将降低市场均衡效率，甚至破坏市场均衡，造成市场失灵。

三、绿色技术创新进入壁垒

某一市场进入壁垒通常是由已经建立的企业造成，并将由新进入企业承担的生产成本，其本质是市场垄断。按照市场集中程度高低可以将垄断分为竞争垄断、多寡头垄断、双寡头垄断与完全垄断四种类别，同时，也可以从自然垄断、经济垄断和行政垄断三个维度进行辨别。自然垄断是指由于产业所处的自然生产和经营条件而形成的垄断，如果企业在此条件下采取自由竞争就会出现市场混乱，可从规模经济、资产专用性及成本次可加性等来判断垄断经营是否有自然垄断属性；行政垄断是指国家依托政治地位，通过规制的行政手段来实现对相关产业组织控制和对市场的干预；经济垄断是指企业在经营过程中为了实现某一目标，借助某种经济合作方式形成的垄断行为属性，通常包括技术联盟、市场联盟、产品联盟、同盟协议等。

然而，无论是何种垄断形式，对社会福利都带来一定程度的损失，具体如图 3 - 7 所示。生产企业将凭借其垄断定价地位，设定一个高于市场均衡价格（P_2）的垄断价格（P_1），进而导致社会福利损失，损失大小为三角形 ABC 的面积，图中，MC 表示边际成本曲线，MR 为企业生产的边际收益曲线，D 为产品市场需求曲线。

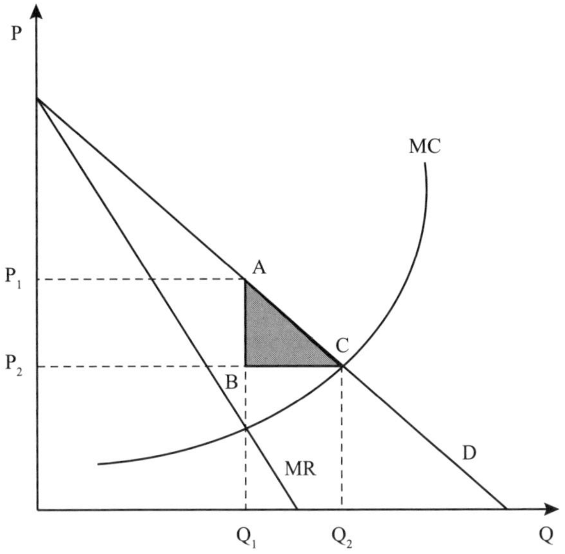

图 3 - 7　垄断对社会福利的影响

国家知识产权局发布的《中国绿色专利统计报告（2014 ~ 2017 年）》指出，2014 ~ 2017 年中国绿色专利申请量排名前 20 的单位中，中国的高校和科研院所 9 家，企业 2 家，国外的企业 9 家，如图 3 - 8 所示①。可以发现，中国的大部分绿色专利都集中在高校、科研院所和大型化石能源企业。中国油气行业具有较高的市场集中度，垄断特征较明显，总体上形成了一个垄断竞争的态势，具有自然垄断属性。

① 数据来源：中华人民共和国国家知识产权局网站，https：//www. cnipa. gov. cn/art/2018/9/14/art_55_126555. html。

与国外企业在中国绿色专利申请情况相比，中国的绝大部分专利集聚于中国科学院和国内重点高校，在一定程度上验证了中国科技体制的垄断竞争格局，具有行政垄断和经济垄断属性。对于公用事业（电、煤气、石油、热力、自来水等领域）、运输（铁路、航空等）等产业所涉及的绿色技术创新，一般的企业是很难有机会涉足，或者没有足够的资本承担研发成本，具有自然垄断属性。在争取绿色技术研发经费方面，非重点高校的竞争力远不如重点院校和科研院所，且重点院所之间通过组建项目联盟或一般联盟垄断了绝大部分经费，因此，也成为了绿色专利申请的垄断者，同时，项目资助单位也愿意将经费拨给重点院校和科研院所，体现为科研经费的经济垄断与行政垄断属性。总而言之，中国绿色技术创新垄断表现为行业之间的自然垄断，科研经费的经济垄断与行政垄断，中小企业还未成为绿色技术创新的主力军。

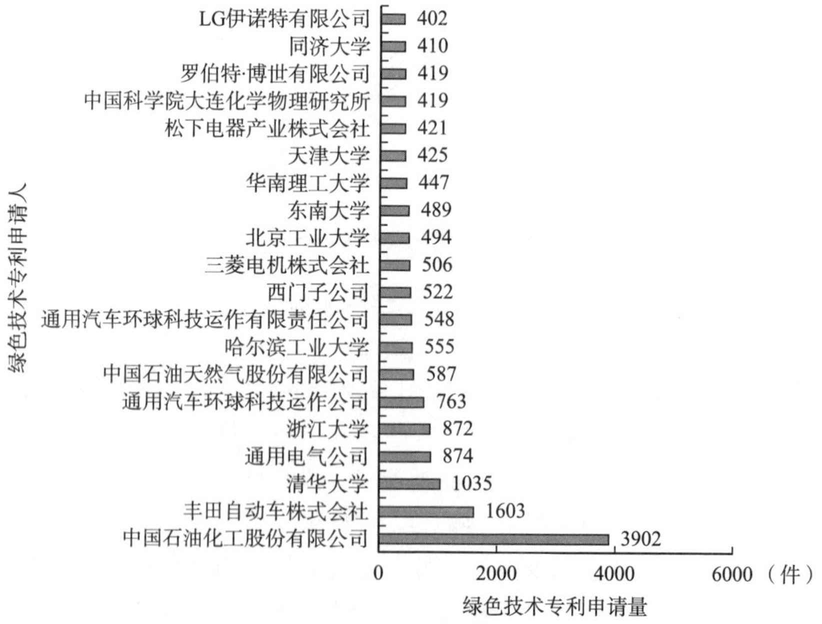

图3-8　2014~2017年中国绿色专利申请人排名

第三节　政府市场规制对企业绿色技术创新的影响

市场失灵的领域往往是政府可以作为的地方，政府规制手段能够有效地清除市场运行中的障碍，减少市场主体在参与绿色技术创新活动中的外部效应、信息不对称性和进入壁垒等，规范市场竞争规则与秩序，以弥补市场机制的不足。市场与政府应充分发挥各自优势、克服彼此的不足，即用政府规制的优势弥补市场调节功能的不足，并以市场调节功能的优点弥补政府干预的缺点，进而使政府干预与市场调节协同促进企业绿色技术创新。在绿色技术创新研究领域中，还没有研究系统梳理政府市场规制的类型及特征，这也是现有研究大多从宏观视角分析政府行为如何影响绿色技术创新市场运作的原因。本书对政府市场规制的分类和识别基于两个维度：第一，现实环境管理中直接或间接促进企业绿色技术创新的政策或机制①；第二，经济学中的政府行为作用于市场的常用手段，包括影响价格的、影响市场竞争的、改进市场信息不对称的政策等。本书遵循从管理实践到理论本质，再从理论本质到管理优化这一基本理念，综合考虑上述两个维度，将政府市场规制分为价格规制、竞争规制和供求规制三类。

一、价格规制对企业绿色技术创新的影响机理

企业绿色技术创新决策的依据是创新投入的边际收益（MR）与边际成本（MC），根据贾科托等（Giaccotto et al.，2005）的做法，即企业绿色技术创新最优决策满足如下条件：

$$MR(G\_innov, \overrightarrow{X}) = MC(G\_innov, \overrightarrow{Y}) \tag{3-1}$$

式（3-1）中，X 是影响企业绿色技术创新预期收益的因素集合，

① 2019 年 4 月 15 日，国家发展改革委、科技部联合发布了《关于构建市场导向的绿色技术创新体系的指导意见》。

Y 是影响企业绿色技术创新边际成本的因素集合。为此，我们可以确定企业最优的绿色技术创新水平，如式（3－2）所示。

$$G\_innov^* = f(\overrightarrow{X}^*, \overrightarrow{Y}^*) \quad (3-2)$$

政府的价格规制将通过绿色产品价格这一中间因素来影响企业绿色技术创新的边际收益和边际成本，进而影响企业绿色技术创新的积极性。企业绿色技术创新的边际收益可以通过产品预期收益来测度，而边际成本可以通过企业现金流来测度，即通过现金流效应对企业绿色技术创新的资本边际成本发生作用，包括自由资金、政府资助、市场融资等。在绿色技术创新领域，政府的市场规制表现为两个维度，分别为对传统生产技术的负向规制和对绿色技术创新的正向规制。绿色产品价格通过作用于绿色产品利润率，进而影响产品预期收益，再由 X 来影响企业绿色技术创新决策；另一条路径表现为，绿色产品价格通过作用于绿色产品利润率，进而影响企业现金流的大小和融资能力，再由 Y 来影响企业绿色技术创新决策；两条路径都受到企业内在特质和市场环境因素的干扰作用，表现为影响因素对绿色技术创新影响的差异性，具体如图 3－9 所示。

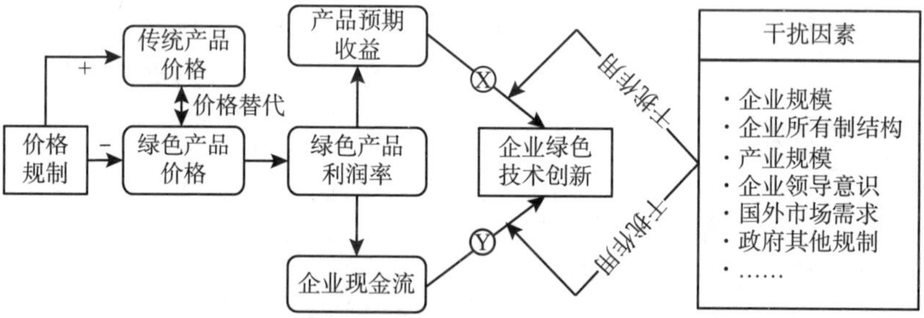

图 3－9　政府价格规制对企业绿色技术创新的微观作用机理

假设企业绿色技术创新存在三类简单的研发生产函数，分别为 f_1、f_2 和 f_3，其中 f_1 表示研发投入的创新水平弹性系数（创新能力）为常数的生产函数，f_2 表示研发投入的创新水平弹性系数（创新能力）逐渐增大的生产函数，f_3 表示研发投入的创新水平弹性系数（创新能力）逐渐减小的生产函数（见图 3－10）。

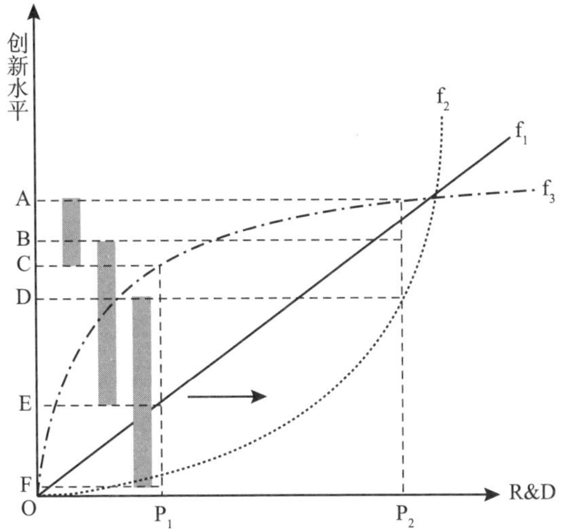

图 3-10 价格规制对绿色技术创新水平的影响

政府市场价格规制可以被视为通过直接或者间接资助企业研发投入，进而影响企业绿色创新成本或创新收益。可以看出，市场价格规制对不同创新能力的企业影响存在较大差异，且规制介入时机也会产生较大差异。假设在 O 处开始实施市场规制，P_1 处为规制后的均衡点，可以发现有价格规制所带来的研发水平提高 $f_3 > f_1 > f_2$；如果在 P_1 处开始实施市场规制，P_2 处为规制后的均衡点，可以发现有价格规制所带来的研发水平提高 $f_2 > f_1 > f_3$，因为 DF 的长度要大于 BE 的长度，BE 的长度要大于 AC 的长度。上述两种情形可以总结为，市场价格规制对企业绿色技术创新研发水平的影响取决于企业的绿色技术创新能力，能力越强，价格规制效果越明显。

从微观经济学含义来看，引入市场价格规制的目的在于实现社会最优效率，即可以通过补贴和税收优惠等政策减少企业绿色技术创新成本，使得边际私人收益等于边际社会收益（将 MPR 向上移动到 MSR）（见图 3-4）；或者通过增加传统企业边际生产成本使之与社会成本相等，使得企业边际私人成本与边际社会成本相等（将 MPC 向上移动到 MSC）（见图 3-5）。政府无论是通过转移支付的形式，还是通过限制传统产品参与市场竞争的形式来提高绿色产品价格，在一定范围内都是减少社会福利的行为，然而，支持企业绿色技术创新将改变居住生活环境，在一定程度上增加了社会福利，为此应该从一个系统的角度来分析政府价格规制对社会福利的影响。

参考弗农（2005）的观点，从静态效率和动态效率两个维度来分析价格规制对社会福利的影响，静态效率忽略技术变化和创新，现阶段实现资源的最优化配置的方法为通过市场竞争方式使绿色产品的成本与边际成本相等，然而，在绿色消费偏好不强的环境下是很难实现的，进而不断降低企业绿色技术创新的积极性，整个社会向不可持续的方向发展。为此，政府的市场价格规制对静态效率有一定程度的削弱，但是提高了动态效率，其总社会成本等于静态非效率成本和动态非效率成本的差值，具体如图3－11所示。如果绿色产品平均边际收益处于B点的右边，那么价格规制将减少社会福利，相反如果在B点及其左侧，那么价格规制将增加社会福利。上述结果出现的原因主要是因为，B点以前的企业生产活动带来的社会总成本在生态系统净化能力范围内，为此将带来社会总成本的相对减少，社会福利相对增加；同理，B点以后的企业生产活动带来的社会总成本超过生态系统净化能力边界，为此将产生社会总成本的相对增加、社会福利相对减少的局面。上述结论表明，政府价格规制的适用具有一定的条件性，超过相应的阈值将对社会福利产生负向影响。

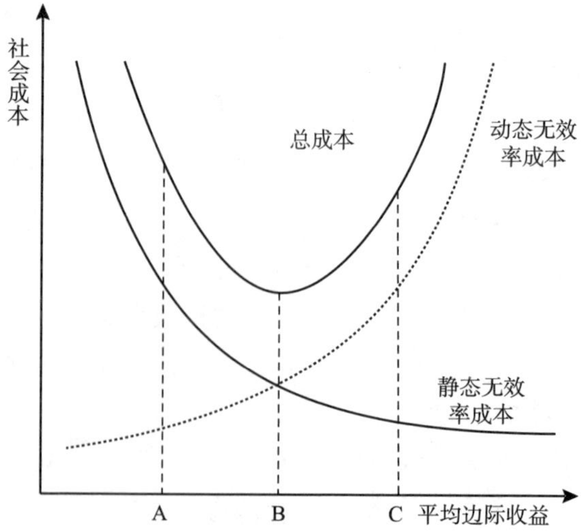

图3－11　价格规制对社会福利的综合的影响

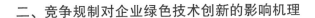

二、竞争规制对企业绿色技术创新的影响机理

企业绿色技术创新的内部驱动力因素包括经济利益最大化（Montalvo，2008）、企业社会认知（Carrasco – Monteagudo et al.，2013）及塑造企业形象（企业在追求短期经济利益的同时，关注企业本身在社会公众心中的形象，良好的企业形象能提高消费者对企业产品与服务的忠诚度，为企业带来长期利润）；外部驱动力因素包括科技进步、政策驱动（包括市场竞争规则、资助基础研究、税收优惠、政府采购等多种政策措施等）、市场竞争（企业追求与保持产品差异化与低价化的竞争优势）及市场需求（消费者的购买选择构成了市场需求信号）四个方面。内部、外部驱动力因素具有较强的互补性，外部驱动力因素通过市场导向机制和政府导向机制来促进内部驱动力因素实现其动力效能，类似的内部驱动力因素只有借助外部驱动力因素才能与外部的经济社会环境产生有效的动力响应，进而促进企业绿色技术创新。随着经济社会发展，企业内外部驱动力转换的介质发生了很大变化，即由原来政府主导的机制向市场主导发生转变，市场需求和市场竞争是驱动企业内部影响因素发生作用的主要动力，而政府（政策）导向更多的是规范市场环境，科技进步更多地在基础知识积累方面发生作用，具体如图3–12所示。总而言之，市场机制是企业绿色技术创新发展的长效机制，政府导向是重要的辅助机制，二者相辅相成，共同推动企业绿色技术创新。

竞争机制作为一类主要的市场机制，将对企业绿色技术创新产生显著影响，要分析清楚竞争机制的作用，必须要厘清与之对应的垄断作用机理。正如上文所指出的那样，市场垄断主要包括自然垄断、经济垄断和行政垄断，然而，无论何种垄断形式均体现为对市场资源的占有（这里主要聚焦于对技术资源的占有）。通过行政手段或者结成联盟的形式产生市场准入门槛，进而保证了有限市场容量空间内竞争的有效性，如图3–13所示。

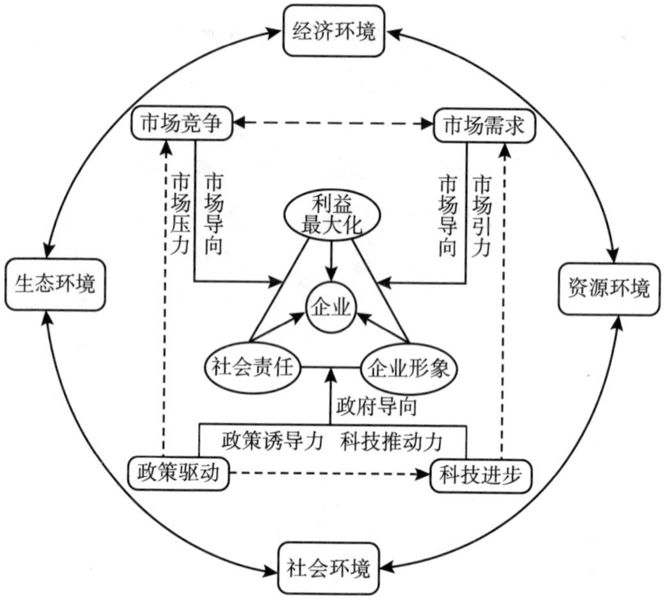

图 3－12　企业绿色技术创新驱动力模型

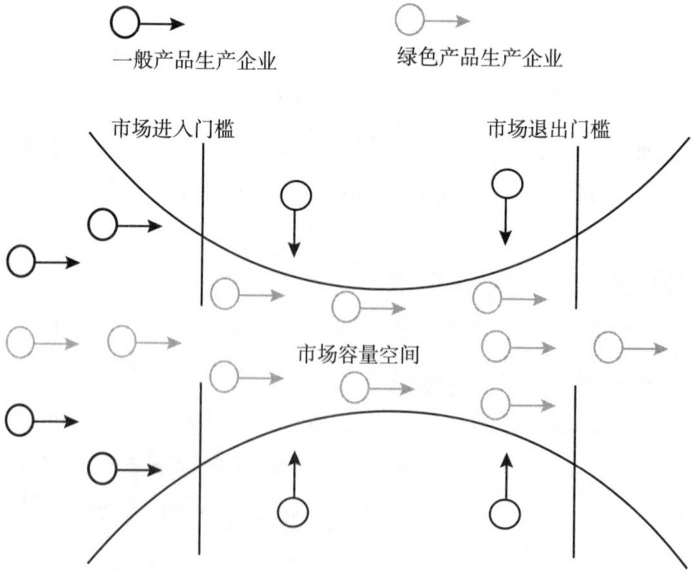

图 3－13　竞争规制对绿色技术创新投入的影响

在市场准入门槛的作用下，一般产品生产企业被挡在市场外，绿色产品生产企业在市场内进行有序竞争，进而通过竞争不断提高企业绿色技术创新水平；在设置准入门槛的同时，市场退出门槛让部分不再具备绿色创新能力的企业退出市场，促进绿色技术创新标准动态化调整。市场准入和退出门槛越高，能够参与市场竞争的企业越少，市场垄断程度越高，市场结构将逐渐由竞争垄断向寡头垄断或完全垄断方向演变。关于垄断（竞争）对绿色技术创新的影响还不存在统一的认识，包括市场竞争（垄断）对企业绿色技术创新起正向促进作用、负向抑制作用、“U”形作用及倒“U”形作用等，政府竞争规制的设计取决于绿色技术创新所带来的社会福利和社会成本。

假设绿色技术创新带来的社会福利损失函数如图 3－14 的曲线 1、曲线 2 所示，其中，曲线 1 代表低社会成本曲线，曲线 2 代表高社会成本曲线；绿色技术创新的收益函数如曲线 3、曲线 4 所示，曲线 3 为低创新收益曲线，曲线 4 为高收益创新曲线；横坐标轴 T 表示时间，O 点为绿色技术创新成本收益均衡点；创新收益曲线与社会成本曲线的对称线围成的面积即为企业绿色技术创新的社会福利。可以发现，随着时间的推移，企业技术创新垄断收益呈先增大后减小的趋势，而为支持绿色技术创新所采用的垄断规制带来的社会福利损失也呈现出先增加后减少的规律，主要是因为在技术产品扩散的过程中存在的技术溢出效应，致使垄断收益减少，进而也降低社会成本。

通过对绿色技术创新垄断收益和社会成本分类，可以将企业绿色技术创新分为四种情形，分别为高创新收益高社会成本（情形 1）、低创新收益低社会成本（情形 2）、高创新收益低社会成本（情形 3）、低创新收益高社会成本（情形 4）。情形 1 的条件下，在 OA 时间段内政府支持绿色技术创新带来的垄断收益要大于其引起的社会成本，在 AE 时间段内创新收益要小于社会成本，需要借助一定的手段以此最大化社会福利；情形 2 的条件下，在 OB 时间段内政府支持绿色技术创新带来的垄断收益要大于其所增加的社会成本，在 AE 时间段内创新收益要小于社会成本，需要进一步降低企业绿色技术创新的垄断地位，来降低社会成本，增加社会福利，如图 3－15 所示；情形 3 的条件下，在技术的整个生命周期内企业绿色技术创新带来的社会福利都是正向的，呈先增大后减少的趋势，为此需要政府保护企业的垄断收益地位，例如，延长许可承诺期以及加快环境技术的专利审查；情形4的条件下，在技术的整个生命周期内企业绿色技术创新带来的社会福利都是负向的，这类技术突出体现为关乎到人类生存和发展的重大技术创新，需要政府借助一定的手段（例如，政府购买后免费公开使用等）进行强制许可，以此最大化社会福利。

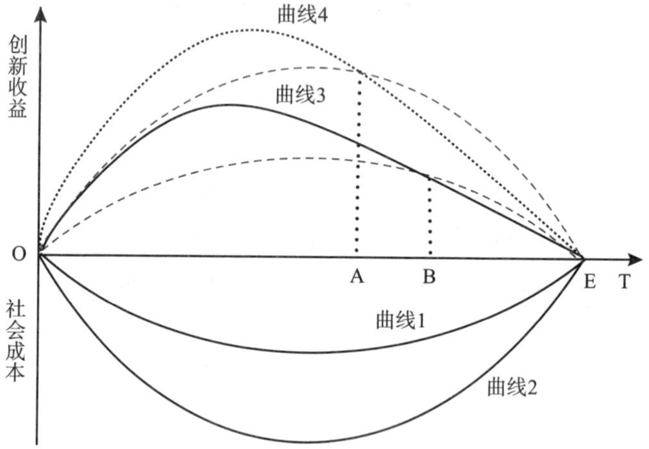

图3－14　竞争规制对绿色技术创新投入的影响（a）

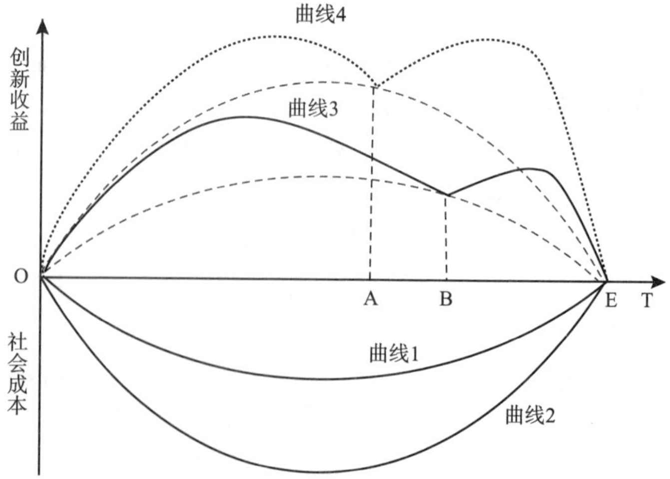

图3－15　竞争规制对绿色技术创新投入的影响（b）

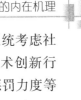

总而言之，竞争规制对企业绿色技术创新的影响机理要系统考虑社会成本和社会福利的关系，对于提高社会福利的企业绿色技术创新行为，需要通过缩短专利申请时间、延长保护时间及加强侵权惩罚力度等来延长技术的垄断收益时间，优化绿色技术垄断的长度和宽度；对于一般化的绿色技术创新，需要适时地引进竞争机制和退出机制，促进企业绿色技术创新升级，降低社会成本，提高社会福利；对于社会成本较大的绿色技术，需要通过设计不同的创新补偿机制来降低技术垄断的程度和时间，进而提高社会福利。

三、供求规制对企业绿色技术创新的影响机理

功能良好的供求机制能够促进信息快速流动，破除因信息不对称所带来的市场失灵。政府供求规制对企业绿色技术创新的影响体现在三个维度：第一个维度为企业对政府绿色发展战略的技术需求对接，是自上而下的引导方式；第二个维度为通过强化资源环境生态相关法规标准执行力度，倒逼企业绿色技术创新需求；第三个维度为通过引导绿色消费促进企业绿色技术创新，是一个自下而上的引导方式，具体如图 3－16 所示。

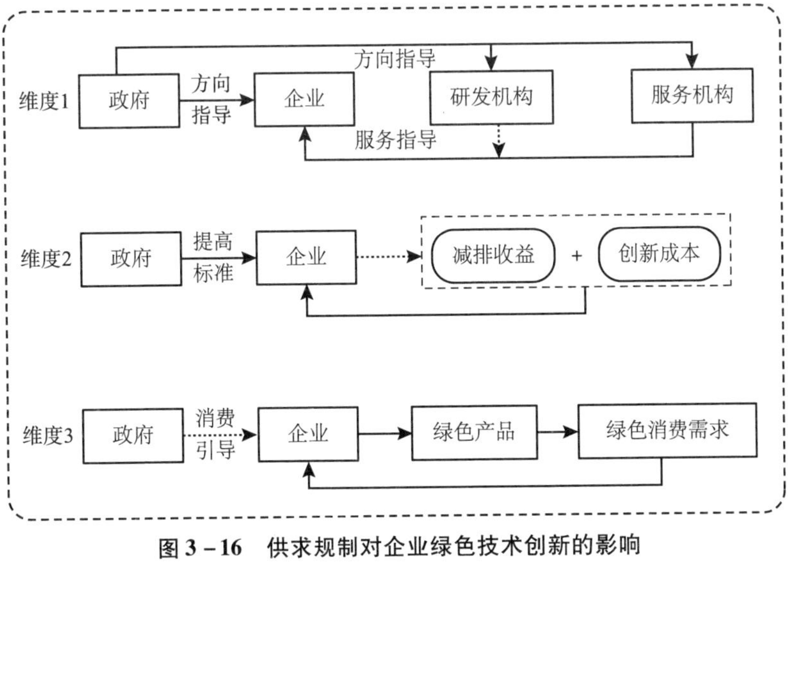

图 3－16　供求规制对企业绿色技术创新的影响

第一个维度是企业对政府绿色发展战略的技术需求对接。各参与主体决策信息和理性程度都是有限的，还不能完全符合国家层面的绿色转型发展要求，容易出现所研发的绿色技术层次低或者偏离产业发展主线的现象。需要中央政府瞄准世界绿色技术发展趋势，聚焦节能环保、清洁生产、清洁能源、生态修复、绿色城乡基础设施、生态农业等重点领域迫切的技术创新需求，制定发布绿色技术发展路线图、绿色技术创新需求目录并不断更新，引导全社会把握绿色技术创新方向。政府绿色技术需求信息通过相应的平台传输到绿色技术创新的各类主体，包括高校、科研院所、企业及中介服务机构等。在接收到需求信息后，各主体将围绕自身属性和功能进行相应的决策，即企业通过整合要素来提供绿色创新产品；高校、科研院所围绕绿色技术创新需求来提供知识和前沿技术；中介服务机构提供各类服务来加快绿色技术成熟化和产业化。供求机制为企业绿色技术创新指明了方向，也为企业、高校、科研院所、中介机构提供了努力的方向，以此提供政府转型发展所需求的绿色技术创新要素。

第二个维度是通过强化资源环境生态相关法规标准执行力度，加快淘汰落后技术装备，释放绿色技术市场需求空间，这样不仅实现了产能的增长，更实现了能耗的下降，既减轻了废物、废气和废水的排放量负荷，又带动了生产和治污成本的下降。正如多兰等（2012）所指出的那样，特定的政府规制政策向生态创新者和污染者传递了明确和标准的内容，引导企业的行为符合规制标准。例如，《粉煤灰综合利用管理办法》聚焦于规范粉煤灰的处理，其对燃煤电厂等相关企业的影响主要体现在两层面：一方面，表现为燃煤电厂在粉煤灰处理的投入上将有所加大，提高了环境保护成本，同时倒逼企业通过改进生产技术和生产设备减少粉煤灰产生量；另一方面，管理办法为企业提供了粉煤灰处理的最佳方案，燃煤电厂可通过综合利用粉煤灰获得相应的优惠补贴，获得一定的经济效益。供求规制的第二个维度体现为促使企业从依靠过度消耗资源能源、低性能低成本竞争，向依靠创新、实施差别化竞争转变，将绿色技术需求切实转化为现实。

第三个维度是通过引导绿色消费促进企业绿色技术创新。只有当企业的创新成果被市场接受，满足了消费者的需求时，企业才能获得源源不断的动力，才能在绿色技术创新方面取得源源不断的竞争优势。市场作为顾客市场需求的“感应器”，能够通过供求机制来收集消费者市场需求信息，并通过相应的平台将这些需求信息传输到绿色技术创新的主体。要通过向民众宣传绿色技术，加强科学传播知识普及，助力企业绿色技术创新。例如，德国在全国建立了约300个提供节能知识的咨询点，专门开设免费电话服务中心以及专门的节能知识网站，向民众介绍各种节能专业知识。同时，德国联邦环境局（UBA）颁布了“蓝色天使”标志，给消费品贴上生态标签，消费者根据生态标签进行选择购买，环境友好产品得到人们的喜爱。随着企业绿色技术产品的推出和绿色工艺的改进，消费者对企业的关注度逐渐提高，企业社会声誉逐步得到改善，进而加大企业产品的市场需求。通过引导消费者对绿色产品的需求，将对企业进行绿色技术创新产生较为积极的影响。

政府采取各种供求规制手段，尽管可能会有短暂的研发投入，却能大幅度提高全社会福利，这也是被大部分发达国家实践所证明的。供求规制是一项有效的市场规制手段，价格规制和竞争规制是决定性的规制手段，供求规制效果好坏能在一定程度上调节竞争规制和价格规制的有效性。促进绿色技术和绿色产品供需对接，将直接或间接促进企业绿色技术创新。供求规制对社会福利的影响是作为一个“放大镜”发生作用，即在价格规制和竞争规制的影响下，通过供需对接进一步提高社会福利。

第四节　研究结论与启示

绿色技术创新是绿色发展的重要动力，是生态文明建设的战略支撑，是新时代高质量发展的基础保障。构建市场导向的绿色技术创新体系是持续推进绿色技术创新的根本举措。厘清市场导向或者市场机制对绿色技术创新的作用机理是构建市场导向的绿色技术创新体系的基础环节，具有重要的理论意义和现实意义。通过上述研究发现：

（1）市场导向下的企业绿色技术创新，就是要借助市场机制来优化企业绿色技术创新要素配置效率，就是要充分发挥市场的供求机制、竞争机制及价格机制来降低绿色技术创新的不确定性和多重外部性，进而提高企业绿色技术创新的投入。市场的供求机制有利于释放企业绿色技术创新要素供需信号；市场竞争机制有利于提高绿色技术创新企业的市场竞争力；市场的价格机制有利于企业绿色技术创新的价值实现。

（2）市场制度是创新活动的基础，完善的市场制度有利于生产要素的合理定价和自由流动，有利于资源的优化配置和运行效益的提高。企业绿色技术创新市场失灵的原因可以被归纳为三类，包括绿色技术创新的多重外部性、绿色产品消费的内部性及绿色技术创新进入壁垒。

（3）价格规制、竞争规制和供求规制能够有效地清除市场运行中的障碍，减少市场主体在参与绿色技术创新活动中的外部效应、信息不对称性和进入壁垒等，规范市场竞争规则与秩序，以弥补市场机制的不足。

（4）市场价格规制对企业绿色技术创新研发水平的影响取决于企业的绿色技术创新能力，能力越强，价格规制效果越明显。政府的市场价格规制对静态效率有一定程度的削弱，但是提高了动态效率，其总社会成本等于静态非效率成本和动态非效率成本的差值，规制对社会福利的影响取决于平均边际收益。

（5）竞争规制对企业绿色技术创新的影响机理要系统考虑社会成本和社会福利的关系，对于提高社会福利的企业绿色技术创新行为，需要优化绿色技术垄断的长度和宽度；对于一般化的绿色技术创新，需要适时地引进竞争机制和退出机制，促进企业绿色技术创新升级，降低社会成本；对于社会成本较大的绿色技术，需要通过设计不同的创新补偿机制来降低技术垄断的程度和时间，进而提高社会福利。

（6）政府绿色技术创新方向引导、标准倒逼和绿色消费引导是有效的供求规制，价格规制和竞争规制是决定性的规制手段，供求规制效果好坏在一定程度上能够放大价格规制和竞争规制的有效性。促进绿色技术和绿色产品供需对接，将直接或间接促进企业绿色技术创新。

本章小结

现实中的市场存在这样或者那样的“失灵”，需要政府这只“看得见的手”进行适当的干预。本章在充分识别完全竞争市场中价格机制、竞争机制和供求机制对创新要素配置作用的基础上，进一步分析引发企业绿色技术创新市场失灵的归因，最后基于福利最大化的视角分别研究了政府价格规制、竞争规制和供求规制驱动企业绿色技术创新的内在机理。

以往很多研究都在谈推进市场导向绿色技术创新过程中政府的角色定位（贠天一，2017；Cai et al.，2015；Liu et al.，2014；李巧华等，2014），但是，还没找到政府和市场较好的关联点。本章研究的创新之处体现为给出了分析绿色技术创新的更一般化的研究视角。从环境治理、政府规制理论和管理实践出发，归纳总结出政府市场规制手段。基于社会福利最大化或者社会成本最小化的视角，分析市场失灵所产生的福利损失，以及市场规制对社会福利影响的差异性，为政策优化及后续的实证分析提供理论支撑。

第四章

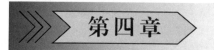

市场规制对企业绿色技术创新影响的仿真分析

绿色技术创新具有多重外部性，单纯依靠市场作用并不能使社会投入达到最优水平，政府市场化的规制手段是克服市场失灵和推动经济长期增长的有效政策工具之一。企业作为绿色技术创新的主体，其行为和绩效也受到消费者等其他主体行为的影响，是一个动态调整的过程。以往的研究中，同时考虑消费者绿色需求、政府市场规制和企业绿色技术创新的动态决策分析还比较少。为此，本章将在借鉴前人研究的基础上，通过构建由地方政府、企业和消费者组成的绿色技术创新系统演化博弈模型，分析不同情景下系统均衡策略的演化过程，并借助系统动力学仿真方法进行实验论证。

第一节 “政—企—民”互动的三方演化博弈模型构建

一、模型假设

绿色技术创新作为一项系统工程，通常由多个主体共同参与实现，包括政府、企业、高校、科研院所、第三方中介服务机构及市场消费者等。为了契合研究目标和背景，将研究对象聚焦于政府、企业和市场消费者。绿色技术创新受到个体（群体）的非理性和信息不对称等非有效因素的影响，且不同参与主体的利益诉求存在较大差别。绿色技术创新的市场化、价值化取决于参与主体行为策略的博弈。演化博弈理论是在生物进化论的基础上建立的，用群体中选择不同纯策略的个体占总体的百分比来替代博弈论中的混合策略（刘伟等，2017；刘家国等，2018；汪明月等，2019a）。根据上述研究问题描述和演化博弈论的相关要求，提出以下几个假设：

（1）博弈主体的学习能力具有限理性。在不考虑其他约束的环境内，地方政府 G、企业 E 和消费者 C 都是有限理性的，即主体不能准确核算自身的收益成本，通常随着时间的推移不断试错、模仿、学习，最终趋于某个稳定策略。每个博弈个体仅有两种可能策略选择，地方政府采取绿色技术创新市场规制策略的概率为 $x(0\leqslant x\leqslant 1)$，不采取规制策略的概率为 $1-x$；企业选择绿色技术创新的概率为 $y(0\leqslant y\leqslant 1)$，采用传统技术进行生产的概率为 $1-y$；消费者选择绿色产品的概率为 $z(0\leqslant z\leqslant 1)$，选择传统产品的概率为 $1-z$。

（2）为了促进企业绿色技术创新，需要地方政府采取一定的市场规制手段。参考（曹霞等，2015）的研究框架，将市场规制手段聚焦于绿色技术创新激励、征收排污税费与绿色消费宣传三种。借鉴朱等（2016）的做法，假定政府规定的绿色生产水平为 $g_0=0$，当企业生产绿色产品（$g>0$）时，单位产品可以获得政府的产品奖励 T，当企业生产传统产品（$g<0$）时，单位产品将受到政府的惩罚 T，T 为绿色生产规制强度。绿色技术创新激励体现为直接降低了企业绿色技术创新成本，研发补贴因子为 $\beta(0<\beta<1)$，绿色消费宣传体现为增强公众绿色消费意识 $w(w>0)$。地方政府采取规制措施可以直接或间接从中央政府获得一定的政策收益 U_g（考虑到规制措施的阶段性特征，不对市场需求量产生影响），所消耗的规制成本为 C_g。如果地方政府不采取规制措施，则不能获得中央政府的支付。地方政府承担因企业传统生产带来的废弃物排放的治理成本为 C_w。

（3）企业作为理性经济个体，其追求目标在于通过优化策略选择实现利益最大化，同时也受到消费者产品偏好和政府规制压力的影响。企业绿色技术创新行为是主动承担社会责任的表现，能够有效提高企业社会声誉。因此，企业采取绿色技术创新策略能够使每单位产品获得一定的品牌收益（brand benefits）b，参数 b 与企业的绿色决策相关，但与消费者的购买行为无关。企业进行绿色技术创新的成本为 $c(c>0)$，为了便于分析，我们将单位传统产品的生产成本标准化为 0。根据企业策略选择，可以从地方政府获得相应的产品奖励 TQ 或处罚 -TQ。企业还可以获得销售收入 P_1Q 或 P_2Q，其中，P_1 和 P_2 分别是绿色产品和传统产品的单价，且 $P_1>P_2$，Q 为产品市场需求量。

（4）消费者购买单位绿色产品和对应功能的传统产品均可以获得其基础价值 U。考虑到消费者的环保意识，绿色产品的消费还将带来一定的绿色偏好收益（green preference benefits）$\gamma(\gamma>0)$。特别地，如果地方政府采取绿色技术创新市场规制策略可以有效地改善辖区的生态环境，所有的公民都能获得一定程度的环境收益（environment benefits）U_e。为此，绿色产品消费者的经济收益为 $(U-P_1+\gamma w)Q$，环境收益为 U_e（当且仅当地方政府采取绿色技术创新市场规制策略时成立），w 为绿色消费意识。在政府采取不采取市场规制策略时，传统产品消费者所获得的经济收益为 $(U-P_2)Q$。为了保证研究的现实意义，我们假定 $U>P_2$，同时考虑到绿色技术创新的不确定性和额外成本性，P_1 可能会大于 U。

二、模型构建

根据模型假设，我们可以得到不同决策情形下，政府、企业和消费者的支付矩阵，具体见表 4-1、表 4-2。

表 4-1　消费者选择购买绿色产品策略（z）下各主体收益支付矩阵

策略	政府市场规制（x）		
	企业支付	政府支付	消费者支付
企业绿色技术创新（y）	$[P_1-(1-\beta)c+b]Q+TQ$	U_g-C_g-TQ	$(U-P_1+gw)Q+U_e$
企业采用传统技术（1-y）	0	U_g-C_g	U_e

续表

策略	政府不进行市场规制（1-x）		
	企业支付	政府支付	消费者支付
企业绿色技术创新（y）	$(P_1-c+b)Q$	0	$(U-P_1+\gamma w)Q$
企业采用传统技术（1-y）	0	0	0

表4-2　消费者选择购买传统产品策略（1-z）下各主体收益支付矩阵

策略	政府市场规制（x）		
	企业支付	政府支付	消费者支付
企业绿色技术创新（y）	bQ	U_g-C_g	U_e
企业采用传统技术（1-y）	$(P_2-T)Q$	$U_g-C_g+TQ-C_w$	$(U-P_2)Q+U_e$
策略	政府不进行市场规制（1-x）		
	企业支付	政府支付	消费者支付
企业绿色技术创新（y）	bQ	0	0
企业采用传统技术（1-y）	P_2Q	$-C_w$	$(U-P_2)Q$

随着企业绿色技术创新的投入，传统生产技术对绿色技术创新的抑制程度和绿色技术创新对传统生产技术的替代程度会随时间发生演变，最终达到一个稳态。三个博弈主体将通过学习和试错来调整自己的策略，以此表现出演化博弈理论所描述的动态复制过程。复制动态方程本质上是给出了某一特定策略在一个种群内被采用或接受频度的动态微分方程（Weibull，1997）。根据上述分析，我们可以计算得出地方政府的期望收益和平均收益，具体如式（4-1）所示：

$$\begin{cases} E\prod_g^x = y[z(U_g-C_g-TQ)+(1-z)(U_g-C_g)]+ \\ \qquad (1-y)[z(U_g-C_g)+(1-z)(U_g-C_g+TQ-C_w)] \\ E\prod_g^{1-x} = y[z\times0+(1-z)\times0]+(1-y)[z\times0+(1-z)C_w] \\ E\overline{\prod_g} = x\prod_g^x+(1-x)\prod_g^{1-x} \end{cases} \tag{4-1}$$

从式（4-1）我们可以确定地方政府策略调整的动态复制方程，

如式（4－2）所示：

$$
\begin{aligned}
F(x) &= \frac{dx}{dt} = x(E\prod_{g}^{x} - E\overline{\prod_{g}}) \\
&= x(1-x)[U_g - C_g + TQ(1-y-z)]
\end{aligned}
\tag{4-2}
$$

式（4－2）中，F(x) 表示地方政府采取市场规制政策的变化率，F(x)>0 表示 x 将逐渐向 1 靠近，意味着地方政府将倾向于采取市场规制策略，相反，当 F(x)<0 表示着 x 将逐渐向 0 靠近，意味着地方政府将倾向于不采取市场规制策略。类似地，可以确定企业的期望收益和平均收益以及其策略调整的动态复制方程，如式（4－3）和式（4－4）所示：

$$
\begin{cases}
E\prod_{e}^{y} = x\{zQ[P_1 - (1-\beta)c + b + T] + (1-z)bQ\} + \\
\qquad (1-x)[zQ(P_1 - c + b) + (1-z)bQ] \\
E\prod_{e}^{1-y} = xQ(1-z)(P_2 - T) + (1-x)(1-z)P_2Q \\
E\overline{\prod_{e}} = y\prod_{e}^{y} + (1-y)\prod_{e}^{1-y}
\end{cases}
\tag{4-3}
$$

$$
\begin{aligned}
F(y) &= \frac{dy}{dt} = y(E\prod_{e}^{y} - E\overline{\prod_{e}}) \\
&= y(1-y)Q\{Tx + b - p_2 + z[p_2 + p_1 - (1-\beta x)c]\}
\end{aligned}
\tag{4-4}
$$

同理，消费者的期望收益和平均收益以及其策略调整的动态复制方程也可以确定，如式（4－5）和式（4－6）所示：

$$
\begin{cases}
E\prod_{c}^{z} = x\{y[(U - P_1 + \gamma w)Q + U_e] + (1-y)U_e\} + \\
\qquad (1-x)[yQ(U - P_1 + \gamma w)] \\
E\prod_{c}^{1-z} = x\{yU_e + (1-y)[(U - p_2)Q + U_e]\} + (1-x)(U - P_2)Q \\
E\overline{\prod_{c}} = z\prod_{c}^{z} + (1-z)\prod_{c}^{1-z}
\end{cases}
\tag{4-5}
$$

$$
\begin{aligned}
F(z) &= \frac{dz}{dt} = z(E\prod_{c}^{z} - E\overline{\prod_{c}}) \\
&= z(1-z)Q[y(2U + \gamma w - p_1 - p_2) - U + p_2]
\end{aligned}
\tag{4-6}
$$

命题 1：政府采取市场规制策略能够直接影响企业绿色技术创新的

决策，然而，对消费者购买绿色产品的影响是通过绿色偏好收益间接产生的。同时，企业和消费者的决策能够显著影响政府的市场规制决策。

证明：从动态复制方程（4－2）、方程（4－4）和方程（4－6）可以发现，F(x) 同时受到 y 和 z 的直接影响；F(y) 同时受到 x 和 z 的直接影响；F(x) 只是受到 y 的直接影响，因此，命题 1 得证。

第二节　绿色技术创新参与主体策略选择演化均衡分析

演化过程的稳定策略分析就是要寻找各博弈主体和动态系统的长期均衡策略。下面将采用动态微分分析的方法去分析绿色技术创新各参与主体的均衡策略。

一、地方政府策略选择稳定性分析

地方政府采取市场规制策略的概率对其稳定均衡策略的影响可以通过式（4－7）表示。

$$\frac{dF(x)}{dx}=(1-2x)[U_g-C_g+TQ(1-y-z)] \tag{4-7}$$

命题 2：x 的概率随着 y 和 z 的下降反而增长，即当企业倾向于采取传统生产技术，消费者偏向于购买非绿色产品时，地方政府倾向于采取市场规制政策。

证明：令 $\lambda_{y1}=\frac{U_g-C_g+TQ(1-z)}{TQ}$。可以知道，当 $y>\lambda_{y1}$ 时，$\frac{dF(x)}{dx}|x=0<0$，地方政府的演化稳定策略为 $x^*=0$，即所有地方政府都倾向于不采取市场规制策略；当 $y=\lambda_{y1}$ 时，地方政府的演化稳定策略为 $x^*=1$，即倾向于采取市场规制策略；当 $y<\lambda_{y1}$ 时，$\frac{dF(x)}{dx}|x=1<0$，地方政府的演化稳定策略为 $x^*=1$，即所有地方政府都倾向于采取市场

规制策略。同理，令 $\lambda_{z1}=\frac{U_g-C_g+TQ(1-y)}{TQ}$，也可以得到类似的结论。故命题 2 得证。

命题 3：当地方政府获得政策支持收益满足 $U_g>C_g+TQ$ 时，无论企业和消费者的策略是什么，地方政府都倾向于采取市场规制策略；当地方政府获得政策支持收益满足 $U_g>C_g+yTQ$ 时，无论消费者的策略是什么，地方政府都倾向于采取市场规制政策；当地方政府获得政策支持收益满足 $U_g<C_g-TQ$ 时，无论企业和消费者的策略是什么，地方政府都倾向于不采取市场规制策略；当地方政府获得政策支持收益满足 $U_g<C_g+(y-1)TQ$ 时，无论消费者的策略是什么，地方政府都倾向于不采取市场规制政策。

证明：（1）因为 $\lambda_{y1}=\frac{U_g-C_g+TQ(1-z)}{TQ}=\frac{U_g-C_g}{TQ}+1-z$，所以，当 $U_g>C_g+TQ$ 时，$\lambda_{y1}>1$，可以知道 $0<y<\lambda_{y1}<1$ 对于任何 y 和 z 恒成立。（2）当 $U_g-C_g-TQ(y+z-1)>0$ 时，$0<y<\lambda_{y1}<1$，即当 $U_g>C_g+yTQ$ 时，$0<y<\lambda_{y1}<1$ 对于任何 z 恒成立。（3）当 $U_g-C_g<TQ(z-1)$ 时，$\lambda_{y1}<0<y<1$，即当 $U_g<C_g-TQ$ 时，$\lambda_{y1}<0<y<1$ 对任何 z 和 y 恒成立。（4）当 $U_g-C_g-TQ(y+z-1)<0$ 时，$0<\lambda_{y1}<y<1$，即当 $U_g<C_g+(y-1)TQ$ 时，$0<\lambda_{y1}<y<1$ 对于任何 z 恒成立。

地方政府在不同情形下的决策演变规律如图 4－1 所示。当 $U_g>C_g+TQ$ 时，即地方政府采取市场规制策略能够得到中央政府高度的政策支持（直接经济支持、政绩考核等），无论企业和消费者的策略是什么，地方政府都倾向于采取市场规制政策，如图 4－1－1 所示；当满足 $U_g>C_g+yTQ$ 时，企业的决策将会影响地方政府的决策制定，如图 4－1－2 所示；如图 4－1－3 所示，当满足 $U_g<C_g-TQ$ 时，即地方政府采取市场规制策略获得的政策收益非常小时，无论企业和消费者的策略是什么，地方政府都倾向于不采取市场规制策略；如图 4－1－4 所示，当满足 $U_g<C_g+(y-1)TQ$ 时，即地方政府采取市场规制策略获得的政策收益比较小时，无论消费者的策略是什么，只要企业采取绿色技术创新的概率大到一定程度，地方政府都倾向于不采取市场规制策略。

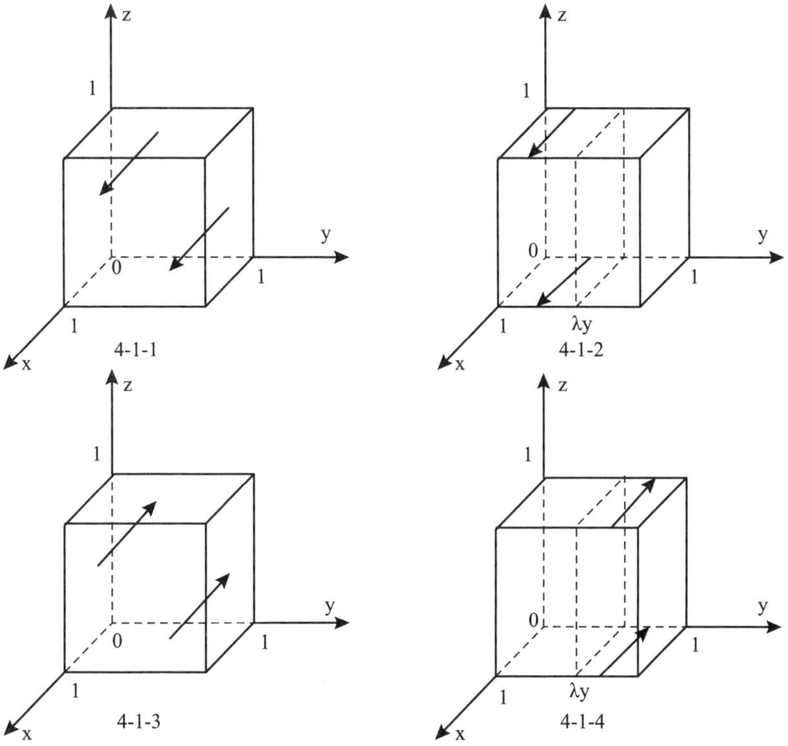

图 4-1　不同情形下地方政府稳定策略演化图

二、企业策略选择稳定性分析

企业采取绿色技术创新策略的概率对其稳定均衡策略的影响可以通过式（4-8）表示。

$$\frac{dF(y)}{dy}=(1-2y)Q\{Tx+b-p_2+z[p_2+p_1-(1-\beta x)c]\} \quad (4-8)$$

命题 4：y 的概率与 x 和 z 的之间存在严格的正相关关系，即在政府积极实施市场规制和消费者偏向于购买绿色产品情形下，企业采取绿色技术创新的概率越大。

证明：考虑到企业绿色技术创新强调社会实用性特征，即创新成本不能太高（$p_2+p_1>c$），否则主体均不会有创新投入意愿。令 $\lambda_{x1}=\frac{p_2-b-z(p_2+p_1-c)}{T+z\beta c}$。可以知道，当 $x>\lambda_{x1}$ 时，$\frac{dF(y)}{dy}|y=1<0$，企业

的演化稳定策略为 $y^*=1$，即所有企业均倾向于采取绿色技术创新策略；当 $x=\lambda_{x1}$ 时，企业的演化稳定策略为 $y^*=1$，即倾向于采取绿色技术创新策略；当 $x<\lambda_{x1}$ 时，$\frac{dF(y)}{dy}|y=0<0$，企业的演化稳定策略为 $y^*=0$，即所有企业都倾向于使用传统生产技术策略。

同理，令 $\lambda_{z2}=\frac{p_2-b-Tx}{p_2+p_1-(1-\beta x)c}$，可以知道，当 $z>\lambda_{z2}$ 时，$\frac{dF(y)}{dy}|y=1<0$，企业的演化稳定策略为 $y^*=1$，即所有企业均倾向于采取绿色技术创新策略；当 $z=\lambda_{z2}$ 时，企业的演化稳定策略为 $y^*=1$，即倾向于采取绿色技术创新策略；当 $z<\lambda_{z2}$ 时，$\frac{dF(y)}{dy}|y=0<0$，企业的演化稳定策略为 $y^*=0$，即所有企业都倾向于使用或维持传统生产技术策略。故命题4得证。

命题5：当企业绿色技术创新获得的品牌收益较小时，即 $p_2-z[p_2+p_1-(1-\beta)c]-T<b$ 时，无论政府是否采取市场规制措施，企业都倾向于采取传统生产技术策略；当企业采取绿色技术创新获得的品牌收益较大时，即满足 $p_2-z(p_2+p_1-c)<b$ 时，无论政府是否采取市场规制策略，企业都倾向于采取绿色技术创新策略；当企业采取绿色技术创新策略获得的品牌收益中等，且政府采取市场规制概率较小时（$0<x<\lambda_{x1}<1$），企业倾向于采取传统生产技术策略，政府采取市场规制概率较大时（$0<\lambda_{x1}<x<1$）时，企业倾向于采取绿色技术创新策略。

证明：（1）因为 $\lambda_{x1}=\frac{p_2-b-z(p_2+p_1-c)}{T+z\beta c}$，所以，当 $p_2-z[p_2+p_1-(1-\beta)c]-T<b$ 时，$\lambda_{x1}>1$ 成立，可以知道 $0<x<1<\lambda_{x1}$，$\frac{dF(y)}{dy}|y=0<0$ 对于任何 x 恒成立，企业的演化稳定策略恒为 $y^*=0$；（2）当 $p_2-z(p_2+p_1-c)<b$ 时，$\lambda_{x1}<0$ 成立，可以知道 $\lambda_{x1}<0<x<1$，$\frac{dF(y)}{dy}|y=1<0$ 对于任何 x 恒成立，企业的演化稳定策略恒为 $y^*=1$；（3）当（$(T+z\beta c)x<p_2-b-z(p_2+p_1-c)<T+z\beta c$ 时，$0<\lambda_{x1}<1$ 成立，可以知道 $0<x<\lambda_{x1}<1$，$\frac{dF(y)}{dy}|y=0<0$，企业的演化稳定策略

为 $y^*=0$；（4）当 $0<p_2-b-z[p_2+p_1-(1-\beta)c]<(T+z\beta c)x$ 时，$0<\lambda_{x1}<x<1$ 成立，$\frac{dF(y)}{dy}|y=1<0$，企业的演化稳定策略为 $y^*=1$。

命题6：当企业采取绿色技术创新策略获得的品牌收益较小时，即满足 $b<(1-\beta x)c-Tx-p_1$ 时，无论消费者的偏好如何，企业都倾向于采取传统生产技术策略；当企业采取绿色技术创新策略获得的品牌收益较大时，即满足条件 $p_2-Tx<b$，无论消费者的偏好如何，企业都倾向于采取绿色技术创新策略；当企业采取绿色技术创新策略获得的品牌收益中等时，消费者对绿色产品偏好程度越小，企业越倾向于采取传统生产技术策略，反之企业越倾向于采取绿色技术创新策略。

证明：（1）因为 $\lambda_{z2}=\frac{p_2-b-Tx}{p_2+p_1-(1-\beta x)c}$，所以，当 $b<(1-\beta x)c-Tx-p_1$ 时，$\lambda_{z2}>1$ 成立，可以知道 $0<z<1<\lambda_{z2}$，$\frac{dF(y)}{dy}|y=0<0$ 对于任何 z 恒成立，企业的演化稳定策略恒为 $y^*=0$；（2）当 $p_2-Tx<b$ 时，$\lambda_{z2}<0$ 成立，可以知道 $\lambda_{z2}<0<z<1$，$\frac{dF(y)}{dy}|y=1<0$ 对于任何 z 恒成立，企业的演化稳定策略恒为 $y^*=1$；（3）当 $(1-\beta x)c-p_1<b+Tx<p_2-z[p_2+p_1-(1-\beta x)c]$ 时，可以知道 $0<z<\lambda_{z2}<1$，$\frac{dF(y)}{dy}|y=0<0$，企业的演化稳定策略为 $y^*=0$；（4）当 $p_2-z[p_2+p_1-(1-\beta x)c]<b+Tx<p_2$ 时，$0<\lambda_{z2}<z<1$ 成立，$\frac{dF(y)}{dy}|y=1<0$，企业的演化稳定策略为 $y^*=1$。

企业在不同情形下的决策演变趋势如图4-2所示。由命题5和命题6可以知道，当满足条件 $b<\min\{p_2-z[p_2+p_1-(1-\beta)c]-T,(1-\beta x)c-p_1-Tx\}$ 时，即企业采取绿色技术创新策略获得的品牌收益比较小时，无论政府和消费者的策略是什么，企业都倾向于采取传统生产技术策略，如图4-2-1所示；当满足 $b>\max\{p_2-z(p_2+p_1)c,p_2-Tx\}$ 条件时，即企业采取绿色技术创新策略获得的品牌收益较大时，无论政府和消费者的策略是什么，企业都倾向于采取绿色技术创新策略，如图4-2-2所示；当企业采取绿色技术创新策略获得的品牌收益中等时，企业的策略选择受到地方政府和消费者策略的影响，当政府或消费者采取积极策略概率较大时，企业偏向于采取绿色技术创新策略，反之偏向采取传统生产技术策略，如图 4－2－3 和图 4－2－4 所示。上述结论表明，企业绿色技术创新的品牌收益将直接影响企业的策略，当品牌收益处于一个中间值时，政府和消费者的策略将成为一个干扰因素。

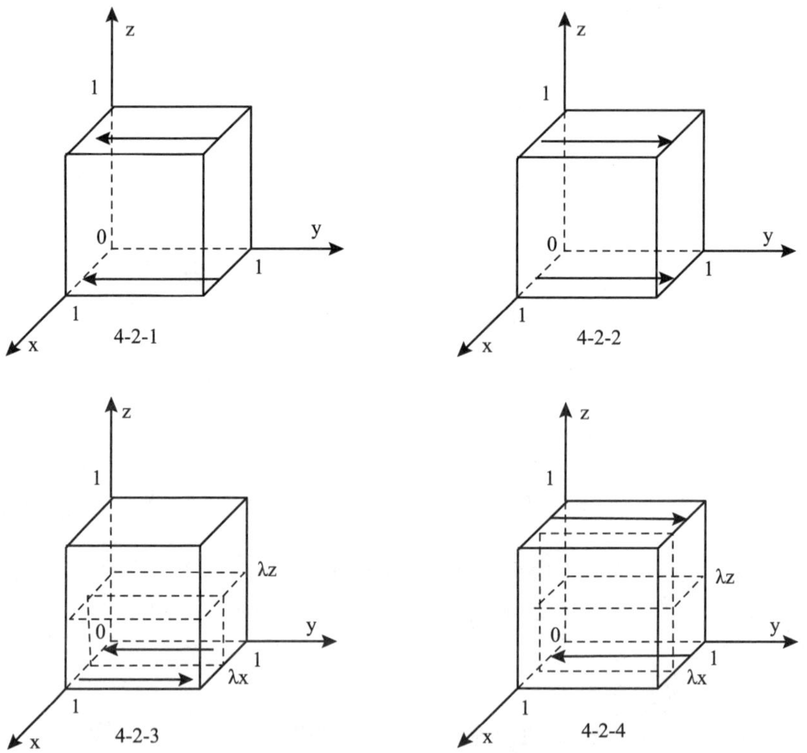

图 4－2　不同情形下企业的稳定策略演化图

三、消费者策略选择稳定性分析

企业采取绿色技术创新策略的概率对其稳定均衡策略的影响可以通过式（4－9）表示。

$$\frac{dF(z)}{dz}=(1-2z)Q[y(2U+\gamma w-p_1-p_2)-U+p_2] \quad (4-9)$$

命题7：z的概率与y的之间存在严格的正相关关系，即在企业采取绿色技术创新策略条件下，消费者对绿色产品的偏好程度会加大。

证明：令 $\lambda_{y2}=\frac{U-p_2}{2U+\gamma w-p_1-p_2}$。可以知道，当 $y>\lambda_{y2}$ 时，$\frac{dF(z)}{dz}|z=1<0$，消费者的演化稳定策略为 $z^*=1$，即所有消费者均倾向于购买绿色产品；当 $y=\lambda_{y2}$ 时，消费者的演化稳定策略为 $y^*=1$，即消费者倾向于采取购买绿色产品策略；当 $y<\lambda_{y2}$ 时，$\frac{dF(z)}{dz}|z=0<0$，消费者的演化稳定策略为 $z^*=0$，即所有消费者都倾向于使用或购买传统产品。

命题8：当产品消费获得的基础价值较小时，即满足条件 $U<(p_1+p_2-\gamma w)/2$ 时，无论政府和企业的策略选择是什么，消费者都倾向于选择传统产品；当消费者消费获得的基础价值较大时，即满足条件 $U>p_1-\gamma w$ 时，无论政府和企业的策略选择是什么，消费者都倾向于采取购买绿色产品策略；当消费者消费获得的基础价值满处于一个中间态时，即满足 $(p_1+p_2-\gamma w)/2<U<p_1-\gamma w$ 条件时，消费者的策略选择取决于企业采取绿色技术创新策略的概率，当概率大于一定临界值时，消费者偏向于购买绿色产品，反之购买传统产品。

证明：（1）因为 $\lambda_{y2}=\frac{U-p_2}{2U+\gamma w-p_1-p_2}$，所以，当 $U<(p_1+p_2-\gamma w)/2$ 时，$\lambda_{y2}<0$ 成立，可以知道 $\lambda_{y2}<0<y<1$，$\frac{dF(z)}{dz}|z=1<0$ 对于任何x和y恒成立，消费者的演化稳定策略为 $z^*=0$；（2）当 $p_1-\gamma w<U$ 时，$\lambda_{y2}>1$ 成立，可以知道 $0<y<1<\lambda_{y2}$，$\frac{dF(z)}{dz}|z=0<0$ 对于任何x和y恒成立，消费者的演化稳定策略为 $z^*=1$；（3）当 $(p_1+p_2-\gamma w)/2<U<p_1-\gamma w$ 时，如果 $0<y<\min\{\lambda_{y2},1\}$，那么 $\frac{dF(z)}{dz}|z=0<0$，当 $\max\{\lambda_{y2},0\}<y<1$，可以知道 $\frac{dF(z)}{dz}|z=1<0$，所以命题8得证。

消费者在不同情形下的策略选择演变趋势如图4-3所示。当满足

条件 $U < (p_1 + p_2 - \gamma w)/2$ 时，即消费者获得的基础价值较小时，无论政府和企业的策略选择是什么，消费者都倾向于选择传统产品，如图4-3-1所示；当满足 $p_1 - \gamma w < U$ 条件时，即消费者消费获得的基础价值较大时，无论政府和企业的策略选择是什么，消费者都倾向于选择绿色产品，如图4-3-2所示；当消费者消费获得的基础价值中等时，消费者的策略选择受到企业绿色技术创新策略选择的影响，当企业采取创新策略概率较大时，消费者偏向于绿色产品，反之偏向购买传统产品，如图4-3-3和图4-3-4所示。上述结论表明，企业绿色技术创新只有改善产品价值时才能够真正影响消费者购买意愿和行为，也进一步强调了绿色技术创新的实用的特征，同时，也可以发现随着企业绿色技术创新意愿的增强，也会在一定程度上提高消费者的购买意愿。

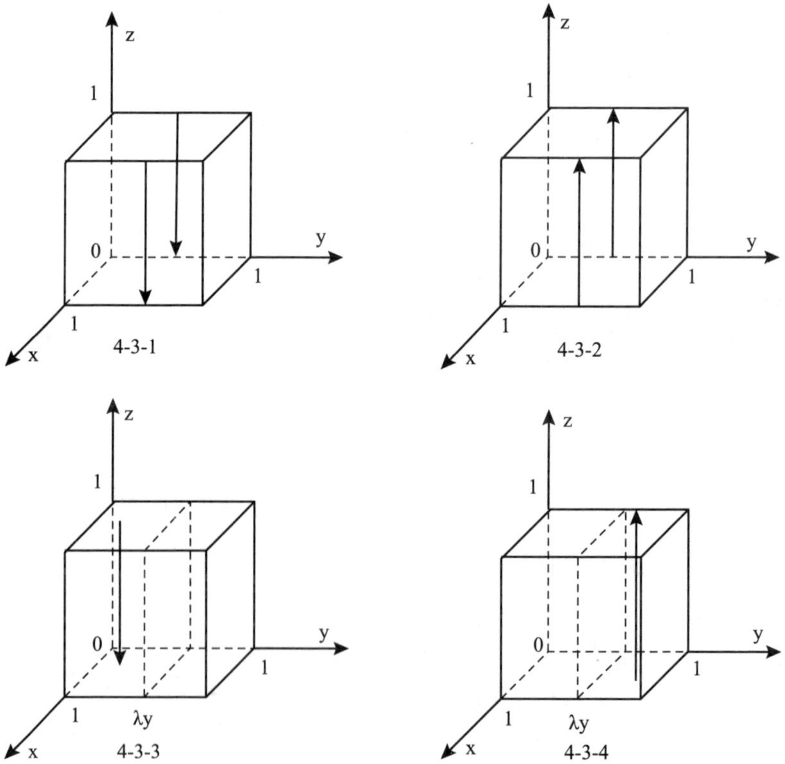

图4-3　不同情形下消费者的稳定策略演化图

四、绿色技术创新参与主体行为博弈的演化均衡分析

通过对比地方政府采取和不采取市场规制策略的收益，可以发现 $U_g - C_g > TQ$ 成立；消费者选择购买绿色产品策略且在无市场规制下，企业绿色技术创新策略是基于利益最大化的选择。为此，应该要满足 $p_1 - c + b > 0$。由式（4－2）、式（4－4）和式（4－6）可以确定动态系统的复制动态方程，如式（4－10）所示：

$$\begin{cases} F(x) = \dfrac{dx}{dt} = x(1-x)\left[U_g - C_g + TQ(1-y-z)\right] \\ F(y) = \dfrac{dy}{dt} = y(1-y)Q\{Tx + b - p_2 + z[p_2 + p_1 - (1-\beta x)c]\} \\ F(z) = \dfrac{dz}{dt} = z(1-z)Q[y(2U + \gamma w - p_1 - p_2) - U + p_2] \end{cases} \tag{4-10}$$

令复制复制动态方程中的三个方程都等于0，即 $\frac{dx}{dt} = 0$、$\frac{dy}{dt} = 0$、$\frac{dz}{dt} = 0$，得到9个均衡点，分别为 $E_1 = (0, 0, 0)$、$E_2 = (1, 0, 0)$、$E_3 = (0, 1, 0)$、$E_4 = (0, 0, 1)$、$E_5 = (1, 0, 1)$、$E_6 = (1, 1, 0)$、$E_7 = (0, 1, 1)$、$E_8 = (1, 1, 1)$、$E_9 = (\tilde{x}, \tilde{y}, \tilde{z})$。$E_9 = (\tilde{x}, \tilde{y}, \tilde{z})$ 中 x、y、z 的表达式分别如下所示：$\tilde{x} = \frac{1}{T + z\beta c}\left[p_2 - b - (p_2 + p_1 - c)\left(\frac{U_g - C_g}{TQ} + \frac{U + \gamma w - p_1}{2U + \gamma w - p_1 - p_2}\right)\right]$，$\tilde{y} = \frac{U - p_2}{2U + \gamma w - p_1 - p_2}$，$\tilde{z} = \frac{U_g - C_g}{TQ} + \frac{U + \gamma w - p_1}{2U + \gamma w - p_1 - p_2}$。根据前提假设条件可以知道，任何一个初始点及其演化点必须处在三维空间 $V = \{(x, y, z) | 0 \leqslant x \leqslant 1, 0 \leqslant y \leqslant 1, 0 \leqslant z \leqslant 1\}$ 内才有实际意义，$E_1 - E_8$ 这八个点所围成的区域为演化博弈的均衡解，由于 $\tilde{z} > 1$，故 E_9 这一均衡点不在区域域内，在后续分析中被舍弃。

基于上述分析可以确定雅可比矩阵，如式（4－11）所示：

$$J=\begin{bmatrix}\frac{\partial F(x)}{\partial x} & \frac{\partial F(x)}{\partial y} & \frac{\partial F(x)}{\partial z}\\ \frac{\partial F(y)}{\partial x} & \frac{\partial F(y)}{\partial y} & \frac{\partial F(y)}{\partial z}\\ \frac{\partial F(z)}{\partial x} & \frac{\partial F(z)}{\partial y} & \frac{\partial F(z)}{\partial z}\end{bmatrix} \tag{4-11}$$

其中，$\frac{\partial F(x)}{\partial x}=(1-2x)[U_g-C_g+TQ(1-y-z)]$；$\frac{\partial F(x)}{\partial y}=-x(1-x)TQ$；$\frac{\partial F(x)}{\partial z}=-x(1-x)TQ$；$\frac{\partial F(y)}{\partial x}=y(1-y)T$；$\frac{\partial F(y)}{\partial y}=(1-2y)Q\{Tx+b-p_2+z[p_2+p_1-(1-\beta x)c]\}$；$\frac{\partial F(y)}{\partial z}=y(1-y)[p_2+p_1-(1-\beta)c]$；$\frac{\partial F(z)}{\partial x}=0$；$\frac{\partial F(z)}{\partial y}=z(1-z)(2U+\gamma w-p_1-p_2)Q$；$\frac{\partial F(z)}{\partial z}=(1-2z)Q[y(2U+\gamma w-p_1-p_2)-U+p_2]$。

考虑到参数的不确定性，为此分四种情形讨论均衡点的稳定性，即 $b-p_2>0$、$T+b-p_2<0$、$U+\gamma w-p_1>0$ 和 $U+\gamma w-p_1<0$。根据雅可比矩阵的特征值符号，可以发现：(1) 当满足 $T+b-p_2<0$ 时，即当企业采取绿色技术创新策略获得的品牌收益较小时，企业偏向于采取传统生产技术，消费者偏向于购买传统产品，而政府偏向于采取市场规制策略，此时，$E_2=(1,0,0)$ 为系统演化均衡点；(2) 当满足条件 $b+T>p_2$、$U+\gamma w-p_1<0$ 时，即在企业采取绿色技术创新策略获得的品牌收益较大，且消费单位绿色产品的经济收益（$U-p_1+\gamma w$）小于 0 时，企业偏向于采取绿色技术创新策略，政府偏向于采取市场规制策略，而消费者偏向于购买传统产品，此时，$E_6=(1,1,0)$ 为系统演化均衡点；(3) 当满足条件 $U+\gamma w-p_1>0$ 时，即在消费者单位绿色产品经济收益为（$U-p_1+\gamma w$）大于 0 时，企业偏向于采取绿色技术创新策略，消费者偏向于购买绿色产品，政府偏向于采取市场规制策略，此时，$E_8=(1,1,1)$ 为系统演化均衡点。

通过观察地方政府采取市场规制策略的收益情况，可以发现 $TQ<U_g-C_g$ 成立；消费者选择购买绿色产品策略和无市场规制下，企业绿色技术创新策略是基于利益最大化的选择，为此，应该要满足 $P_1-c+b>0$。考虑到参数的不确定性，为此分四种情形讨论均衡点的稳定性，

即 $b-p_2>0$、$T+b-p_2<0$、$U+\gamma w-p_1>0$ 和 $U+\gamma w-p_1<0$，均衡点稳定性分析结果如表 4-3 所示。

表 4-3　　均衡点稳定性分析

均衡点	矩阵特征值及符号	det(J)	tr(J)	结果
$E_1=(0,0,0)$	U_g-C_g+TQ，$Q(b-p_2)$，$Q(p_2-U)$			
	(+，+，−)	−	×	鞍点
	(+，−，−)	+	×	鞍点
$E_2=(1,0,0)$	$-U_g+C_g-TQ$，$Q(T+b-p_2)$，$Q(p_2-U)$			
	(−，+，−)	+	×	鞍点
	(−，−，−)	−	−	稳定点
$E_3=(0,1,0)$	U_g-C_g，$Q(p_2-b)$，$Q(U+\gamma w-p_1)$			
	(+，−，+)	−	×	鞍点
	(+，+，+)	+	+	不稳定点
	(+，−，−)	+	×	鞍点
	(+，+，−)	−	×	鞍点
$E_4=(0,0,1)$	U_g-C_g，$Q(b+p_1-c)$，$Q(U-p_2)$			
	(+，+，+)	+	+	不稳定点
$E_5=(1,0,1)$	C_g-U_g，$Q[T+b+p_1-(1-\beta)c]$，$Q(U-p_2)$			
	(−，+，+)	−	×	鞍点
	(−，−，+)	+	×	鞍点
$E_6=(1,1,0)$	C_g-U_g，$Q(p_2-b-T)$，$Q(U+\gamma w-p_1)$			
	(−，−，+)	+	×	鞍点
	(−，−，−)	−	−	稳定点
	(−，+，+)	+	×	鞍点
	(−，+，−)	−	−	鞍点
$E_7=(0,1,1)$	U_g-C_g-TQ，$Q(c-p_1-b)$，$Q(p_1-U-\gamma w)$			
	(+，−，−)	+	×	鞍点
	(−，−，+)	+	×	鞍点

续表

均衡点	矩阵特征值及符号	det(J)	tr(J)	结果
$E_8 =（1，1，1）$	$C_g - U_g + TQ$，$Q[(1-\beta)c - T - b - p_1]$，$Q(p_1 - U - \gamma w)$			
	（-，-，-）	-	-	稳定点
	（+，-，+）	-	×	鞍点

注：×表示符号无法判断。当所有特征值为负时是稳定点，所有特征值为正时是不稳定点，特征值有正有负是鞍点。

上述均衡点稳定性分析表明：（1）当满足条件 $T + b - p_2 < 0$ 时，即当企业采取绿色技术创新策略能够使每单位产品获得的品牌收益较小时，企业偏向于采取传统生产技术，消费者偏向于购买传统产品，而政府偏向于采取市场规制策略，此时，$E_2 =（1，0，0）$为系统演化均衡点；（2）当满足条件 $b > p_2 + T$、$U + \gamma w - p_1 > 0$ 时，即在企业采取绿色技术创新策略获得的品牌收益较大，且消费者单位绿色产品消费带来的经济收益（$U - p_1 + \gamma w$）小于 0 时，企业偏向于采取绿色技术创新策略，政府偏向于采取市场规制策略，而消费者偏向于购买传统产品，此时，$E_6 =（1，1，0）$为系统演化均衡点；（3）当满足条件 $U + \gamma w - p_1 > 0$ 时，即在消费者单位绿色产品经济收益（$U - p_1 + \gamma w$）大于 0 时，企业偏向于采取绿色技术创新策略，消费者偏向于购买绿色产品，政府偏向于采取市场规制策略，此时，$E_8 =（1，1，1）$为系统演化均衡点。可以看出，企业绿色技术创新只有改善产品功能时才能够真正影响消费者购买意愿和行为，也进一步强调了绿色技术创新的实用的特征。当企业和消费者均倾向于绿色创新和绿色消费时，政府也将积极采取市场规制策略，保证市场机制有效运行，进而推进绿色技术创新和应用。

第三节　系统仿真模拟

一、演化博弈系统的 SD 仿真模型构建

前面借助三方演化博弈理论，分析了在不同情形下地方政府、企业

和消费者策略选择稳定性，也给出了绿色技术创新系统参与主体行为博弈的演化均衡策略。然而，实现均衡的原因与过程并不能确定，也不能明确该均衡是不是唯一的和稳定的。为了进一步验证模型推导的正确性和结论的合理性，以及相关参数的敏感性，在上述演化博弈系统分析的基础上，借助系统动力学建模方法，构建“政—企—民”互动的三方博弈策略选择系统动力学模型。该方法自20世纪50年代由美国麻省理工学院福雷斯特（Forrester）创立以来，已成功地应用于国家、地区、城市、企业等主体战略与决策等分析中，被誉为“战略与决策实验室”（王其藩，1994）。

根据式（4－1）~式（4－6）所给出的模型中变量的关系式可以展示存量与速率变量、中间变量与存量、中间变量与外生变量之间的函数关系，具体如图4－4所示。所建立的系统动力学模型包含3个流位变量、3个流率变量、6个辅助变量和若干个外部变量；地方政府、企业和消费者正向策略选择的概率用流位变量表示，其对应的变化率用流率变量表示，流率变量控制着流位变量；辅助变量与外部变量之间关系由演化博弈不同主体在不同行为策略下的收益函数确定，流率变量与辅助变量之间关系由演化博弈不同主体的复制动态方程确定。

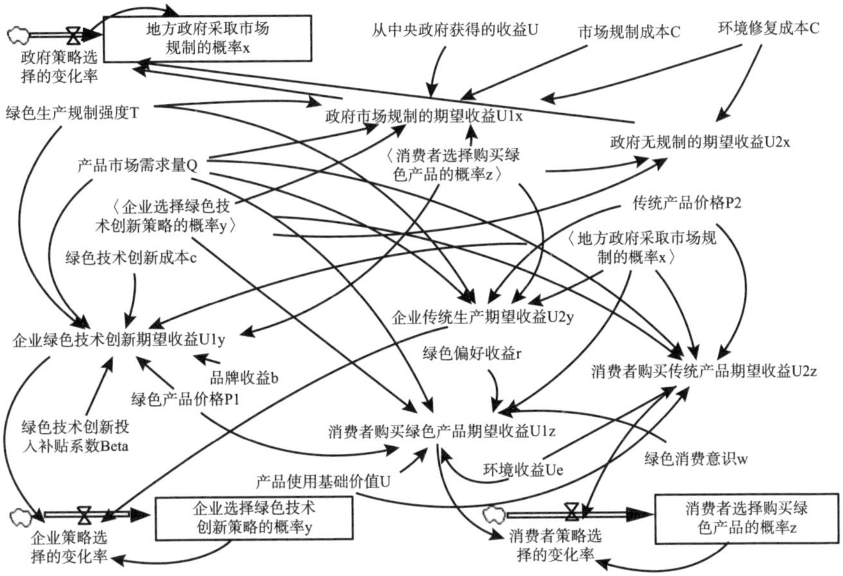

图4－4　政府、企业、消费者演化博弈系统的SD仿真模型

约翰·D. 斯特曼在其论著中指出，仿真模型的优势不在于其有多么真实，而在于它的用性，重点在于从多大程度上刻画出事物变化内在规律性（约翰·D. 斯特曼，2018）。对于仿真模型中的参数设置，往往由于缺乏一手基础资料而难以获得，系统动力学模型聚焦于分析整体系统的行为趋势及政策因素的驱动，并不要求很精确的结果（胡雨村等，2001）。吴等（2010）等同样认为，系统动力学模型结构设计的正确性远比参数值设定的准确性更为重要。借鉴以往文献参数赋值的方法，并参考国内某钢铁企业社会责任报告基础数据，对 SD 模型中所涉及的外生变量进行赋值，所有仿真参数的设置主要考虑各个相关因素的变化对地方政府、企业和消费者三者策略选择的敏感性，并不代表现实绿色技术创新系统中的各参与主体的支付或收益值。出于一般性考虑，本书假设所有外生变量均为正数，具体如表 4 -4 所示，BAU2 和 BAU3 参数值改变主要是为了验证相关策略的稳定性。

表 4 -4　　仿真参数设置

参数名称	参数值			参数名称	参数值		
	BAU1	BAU2	BAU3		BAU1	BAU2	BAU3
T	0.2	—	—	U	0.9	—	—
Q	5.0	—	—	γ	0.6	0.4	0.01
c	0.3	—	—	w	1.0	0.5	0.50
β	0.7	—	—	U_g	3.0	—	—
b	0.6	0.8	0.1	U_e	0.1	—	—
p_1	1.2	—	—	C_g	1.0	—	—
p_2	0.8	—	—	C_w	0.3	—	—

BAU1 和 BAU2 参数值改变主要是为了验证相关系统均衡策略的稳定性，“—”表示相对于 BAU3 而言，参数值不发生变化。BAU1 主要是用于验证稳定均衡策略 $E_2=(1,0,0)$ 的稳定性及影响企业策略选择因素的敏感性；BAU2 主要是用于验证稳定均衡状态 $E_2=(1,1,0)$

的稳定性及影响地方政府策略选择因素的敏感性；BAU3 主要是用于验证稳定均衡状态 $E_2=(1, 1, 1)$ 的稳定性及影响消费者策略选择因素的敏感性。

二、演化博弈模型整体仿真分析

使用 Vensim PLE 5.1b 软件对政府、企业、消费者三方之间的动态博弈进行仿真。在仿真过程中，设置模拟周期为 25，INITIAL TIME = 0，FINAL TIME = 25，TIME STEP = 0.125，并以三个博弈主体的积极策略选择概率为主要的衡量标准，对绿色技术创新系统中的相关影响因素进行分析。由上述分析可以知道，当博弈主体的初始值均为某种纯策略时，他们的策略选择均有 0 和 1 两种，即 $E_1=(0, 0, 0)$、$E_2=(1, 0, 0)$、$E_3=(0, 1, 0)$、$E_4=(0, 0, 1)$、$E_5=(1, 0, 1)$、$E_6=(1, 1, 0)$、$E_7=(0, 1, 1)$、$E_8=(1, 1, 1)$ 八种策略组合。通过模拟发现，当三方初始状态均为纯策略时，系统中任何一方都不愿意改变当前平衡状态，然而并不能说明这些均衡状态是稳定的，一旦有一方或多方做出微小改变，均衡状态就会被改变。

验证上述理论推导出的三个系统均衡状态（1，1，1）、（1，1，0）和（1，0，0）的稳定性。当地方政府以 0.4 的概率选择市场规制策略，企业以 0.4 的概率选择绿色技术创新策略和消费者以 0.4 的概率选择购买绿色产品时，即演化博弈系统的初始状态为（0.4，0.4，0.4）。为了便于区分，我们把均衡状态 $E_2=(1, 0, 0)$ 称为 BAU1 情景，企业偏向于采取传统生产技术，消费者偏向于购买传统产品，而政府偏向于采取市场规制策略，如图 4-5 所示；把均衡状态 $E_6=(1, 1, 0)$ 称为 BAU2 情景，企业偏向于采取绿色技术创新策略，政府偏向于采取市场规制策略，而消费者偏向于购买传统产品，如图 4-6 所示；把均衡状态 $E_8=(1, 1, 1)$ 称为在 BAU3 情景，政府偏向于采取市场规制策略，企业偏向于采取绿色技术创新策略，消费者偏向于购买绿色产品，如图 4-7 所示。

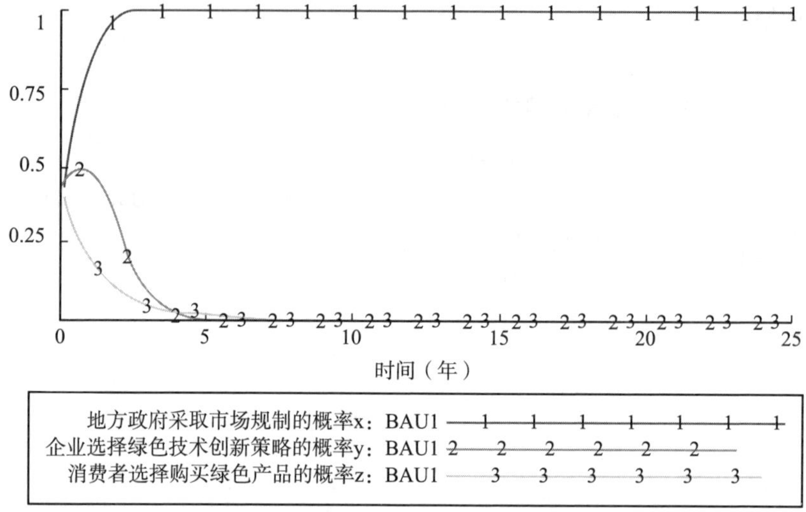

图4－5　均衡点（1，0，0）稳定性检验

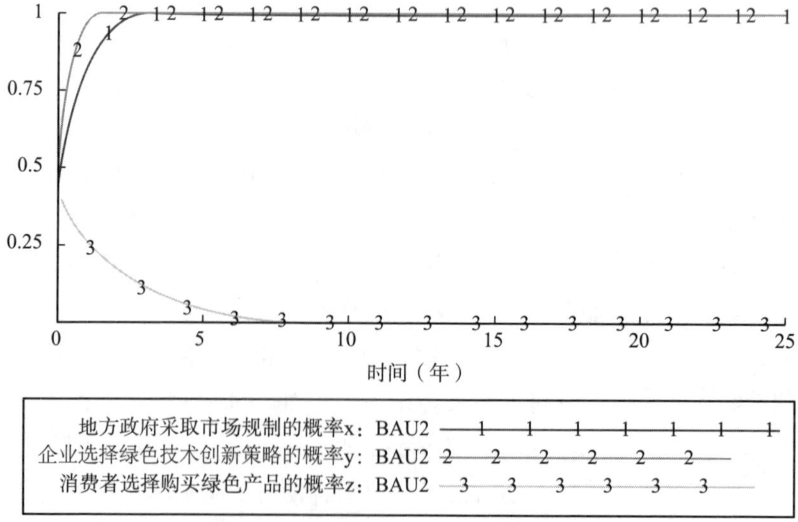

图4－6　均衡点（1，1，0）稳定性检验

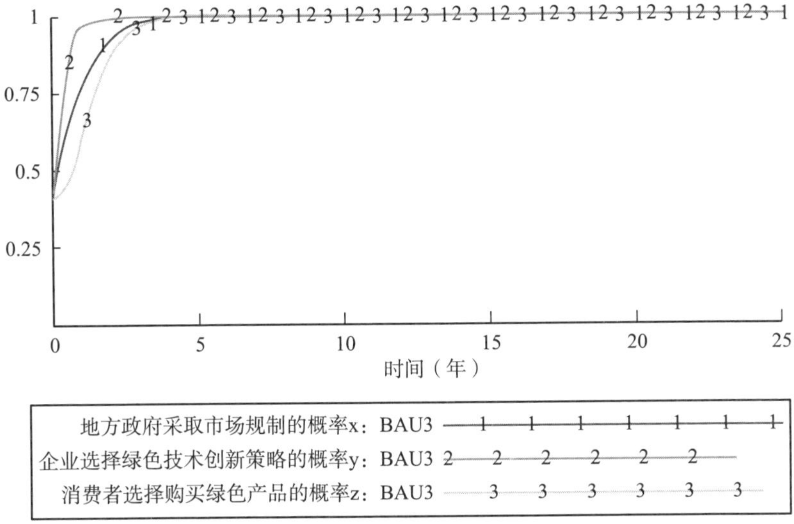

图 4-7 均衡点（1，1，1）稳定性检验

上述模拟结果表明，BAU1 情形下，企业采取绿色技术创新策略能够使每单位产品获得额外的品牌收益较小时（$T+b-p_2<0$），企业偏向于采取传统生产技术，进而消费者偏向于购买传统产品，需要地方政府采取积极的市场规制来引导绿色生产和消费；BAU2 情形下，企业采取绿色技术创新策略能够获得的额外品牌收益较大，而消费者单位绿色产品消费获得的经济收益（$U-P1+\gamma w$）小于 0 时，企业有绿色技术创新的意愿，但是其产品价值并没有足够的吸引力促进消费者购买绿色产品，需要地方政府采取市场规制来提高全民绿色消费意识，进而提高绿色偏好收益，影响消费者策略选择；BAU3 情形下，消费者单位绿色产品消费获得的经济收益（$U-P1+\gamma w$）大于 0 时，消费者倾向于购买绿色产品，进而促进企业绿色技术创新，即市场机制能够有效促进全社会绿色发展，且需要地方政府的市场规制来引导市场的有序进行。

三、演化博弈模型相关因素敏感性分析

演化博弈主体决策演化过程受到多个外生变量的影响，也是敏感性分析的主要对象，用于分析这些变量变化对主体策略选择的影响。由表

4-3的均衡点稳定性分析可知，策略组合是否为均衡点取决于博弈参数的大小，即系统动力学模型中外生变量的取值。由上述分析可以知道，BAU3情景下，企业绿色技术创新系统演化较为理想的均衡状态，出于研究的针对性原则，为此在做敏感性分析时仅仅聚焦于分析影响消费者选择购买绿色产品策略的因素；BAU2情景下，敏感性分析时仅仅聚焦于分析影响地方政府采取市场规制策略的因素；BAU1情景下，敏感性分析时仅仅聚焦于分析影响企业采取绿色技术创新策略的因素。

（一）BAU3情景下相关外生变量对消费者策略选择的影响

影响消费者策略选择的外生变量主要包括，产品的基础价值U、绿色产品价格 p_1、传统产品价格 p_2、绿色偏好收益 γ 和绿色消费意识w。将博弈演化系统初始状态设置为（0.4，0.4，0.4），即消费者初始状态为以40%的概率选择购买绿色产品，策略选择的变化步长为0.01，地方政府以40%的概率选择市场规制策略，企业以40%的概率选择绿色技术创新策略，策略选择演化过程如图4-8、图4-9和图4-10所示。

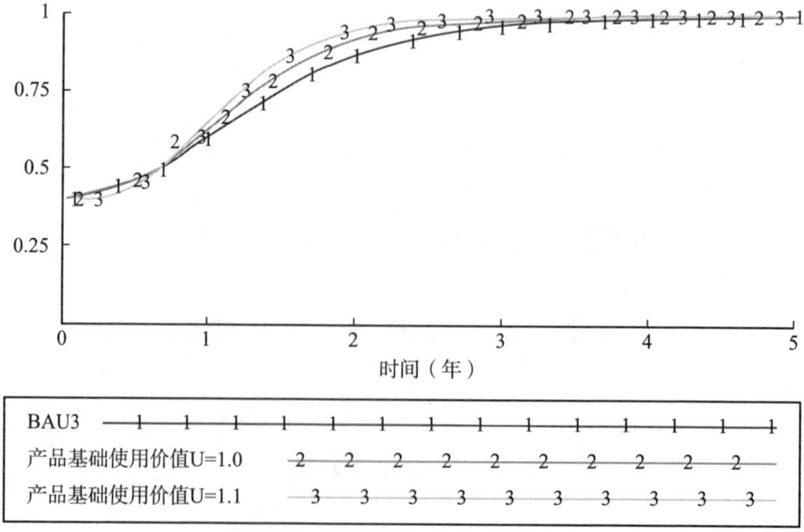

图4-8　产品的基础价值U对消费者策略选择的影响

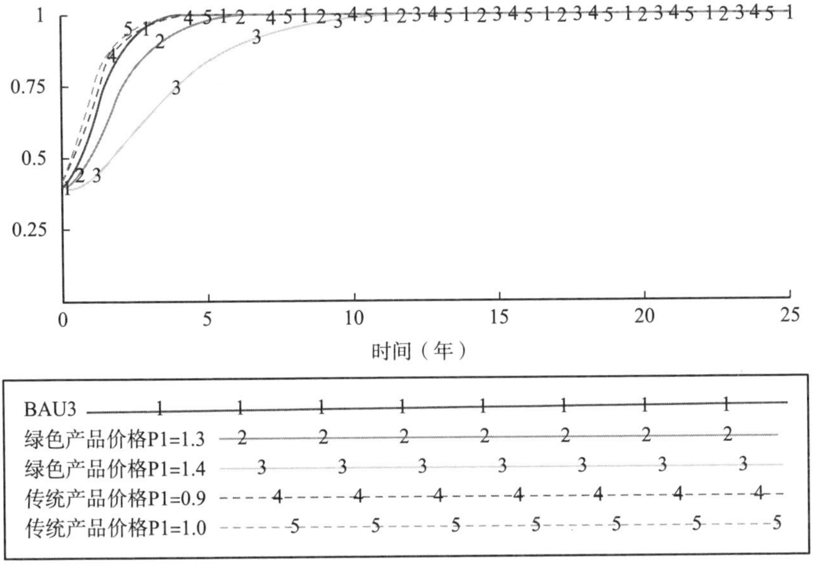

图4－9　产品价格P对消费者策略选择的影响

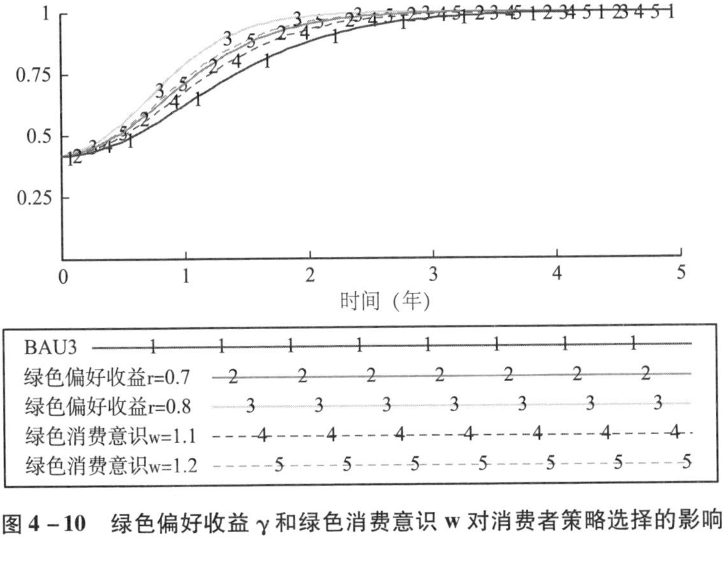

图4－10　绿色偏好收益γ和绿色消费意识w对消费者策略选择的影响

图4－8表明，产品的基础价值U对消费者绿色产品购买意愿的影响不是绝对地单调增或减，而是与企业策略选择有关。在t＝［0，0.75］时，企业采取绿色技术创新策略的概率小于0.5，随着基础价值

U 的增加，消费者选择购买绿色产品的概率反而下降；在 t = [0.75, 25] 时，企业采取绿色技术创新策略的概率大于 0.5，随着基础价值 U 的增加，消费者选择购买绿色产品的概率提高。上述结果意味着，产品基础价值过高，且企业绿色技术创新意愿不强，自然对绿色产品具有一定的挤出效应，相反，随着企业绿色技术创新行为的介入，绿色产品给消费者带来的绿色偏好收益将促进绿色消费。这与卡里略·埃莫西拉等的结论是一致的，即聚焦市场需求程度越高的绿色技术创新，越能提高产品使用效用，越能在市场竞争中取得成功。

图 4 - 9 描述了绿色产品（传统产品）价格对消费者策略选择的影响，总体而言，绿色产品的价格对消费者绿色消费策略选择有负向影响，而传统产品价格与消费者绿色消费策略选择呈正相关关系。相较于 BAU 情景，绿色产品的价格的边际影响更为显著（线条 2 和线条 3），而传统产品的价格的边际影响较小（线条 4 和线条 5）。为此，在绿色技术创新发展的成熟阶段，相对于控制传统产品价格而言，设计相应的政策措施来降低绿色产品价格对整个系统的影响更为显著。

图 4 - 10 描述了绿色偏好收益 γ 和绿色消费意识 w 对消费者策略选择的影响，总体而言，绿色偏好收益 γ 和绿色消费意识 w 对消费者绿色消费策略选择均有正向影响。相较于 BAU 情景，绿色消费意识的边际影响较为显著（线条 4 和线条 5），而绿色偏好收益的边际影响较小（线条 2 和线条 3）。为此，在绿色技术创新发展的成熟阶段，不断提高消费者绿色消费意识能够激发社会公众采取购买绿色产品策略。

（二）BAU2 情景下相关外生变量对地方政府策略选择的影响

影响地方政府策略选择的外生变量主要包括，政策支持收益 U_g、市场规制成本 C_g、产品市场需求量 Q。将博弈演化系统初始状态设置为 (0.4, 0.4, 0.4)，即地方政府以 40% 的概率选择市场规制策略，企业以 40% 的概率选择绿色技术创新策略，消费者初始状态为 40% 的概率选择购买绿色产品，策略选择的变化步长为 0.01，策略选择演化过程如图 4 - 11、图 4 - 12 和图 4 - 13 所示。

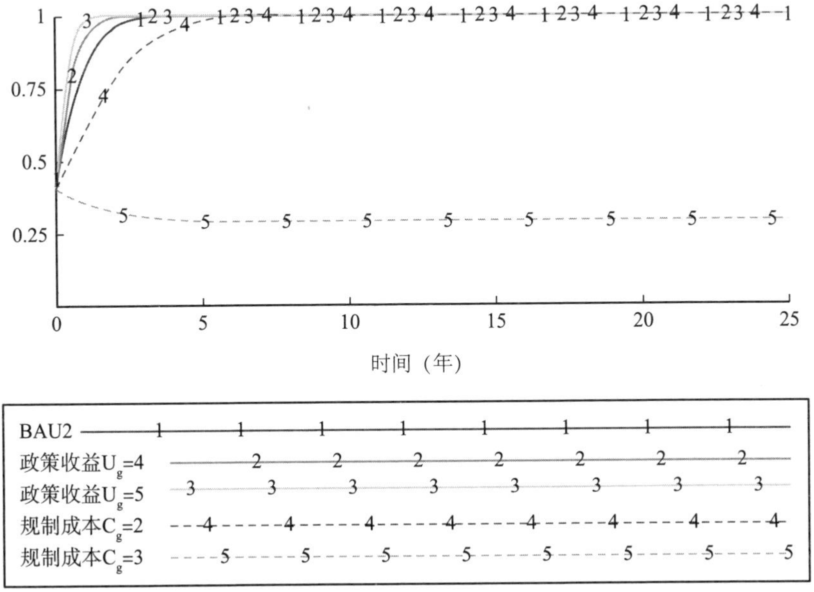

图 4－11　政策支持收益 U_g 和市场规制成本 C_g 对地方政府策略选择的影响

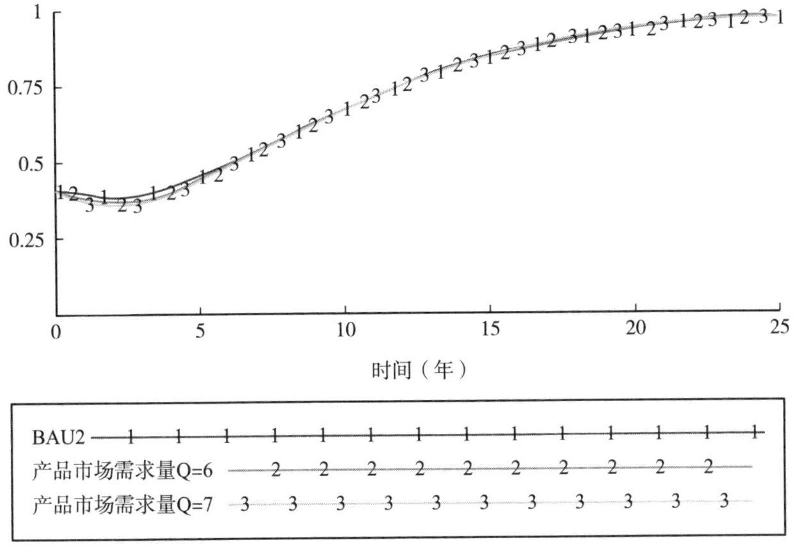

图 4－12　产品市场需求量 Q 对地方政府策略选择的影响

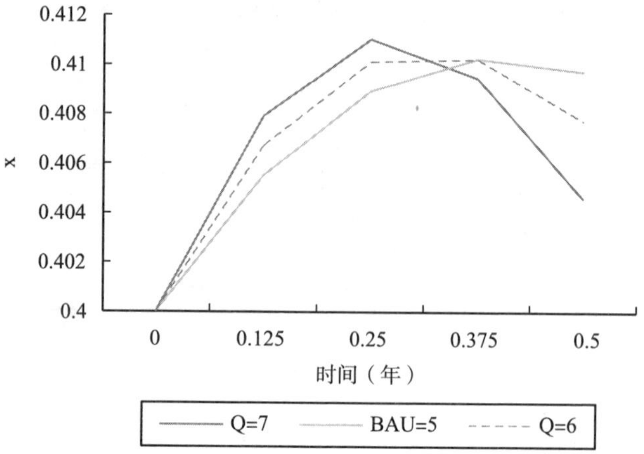

图 4-13　图 4-12 的局部放大图

由图 4-11 可知，总体而言，地方政府获得的政策收益与其采取市场规制策略的概率呈正相关关系，规制成本与其采取市场规制策略的概率呈负相关关系。较于 BAU 情景，市场规制成本的边际影响更为显著（线条 4 和线条 5），而政策收益的边际影响相对而言要小（线条 2 和线条 3）。为此，在 BAU2 情景下，相对于对地方直接给予一定的政策收益而言，支持或鼓励地方政府借助大数据、物联网和互联网等现代化手段来降低规制成本，更能提高其采取市场规制策略的概率。

从图 4-12 和图 4-13 可以发现，产品市场需求量 Q 对地方政府策略选择的影响呈阶段性特征。在 t = [0, 0.375] 范围内，企业选择绿色技术创新的概率和消费者选择购买绿色产品的概率之和小于 1（$y+z<1$），随着产品市场需求量 Q 的增加，地方政府选择市场规制的概率上升（图 4-13 是图 4-12 的局部放大图）；在 t = [0.375, 25] 时，企业选择绿色技术创新的概率和消费者选择购买绿色产品的概率之和大于 1（$y+z>1$），随着产品市场需求量 Q 的增加，地方政府选择市场规制的概率反而下降。上述结论表明，在 BAU2 情景下，伴随着企业和消费者采取正向策略概率的增加，地方政府采取市场规制策略的概率将不断下降。

（三）BAU1 情景下相关外生变量对企业策略选择的影响

影响企业策略选择的外生变量主要包括，绿色产品价格 p_1、传统产品价格 p_2、创新成本补贴系数 β、绿色技术创新的成本 c、规制强度 T、品牌收益 b。将博弈演化系统初始状态设置为（0.4，0.4，0.4），即企业以 40% 的概率选择绿色技术创新策略，地方政府以 40% 的概率选择市场规制策略，消费者初始状态为 40% 的概率选择购买绿色产品，策略选择的变化步长为 0.01，策略选择演化过程如图 4－14 和图 4－15 所示。

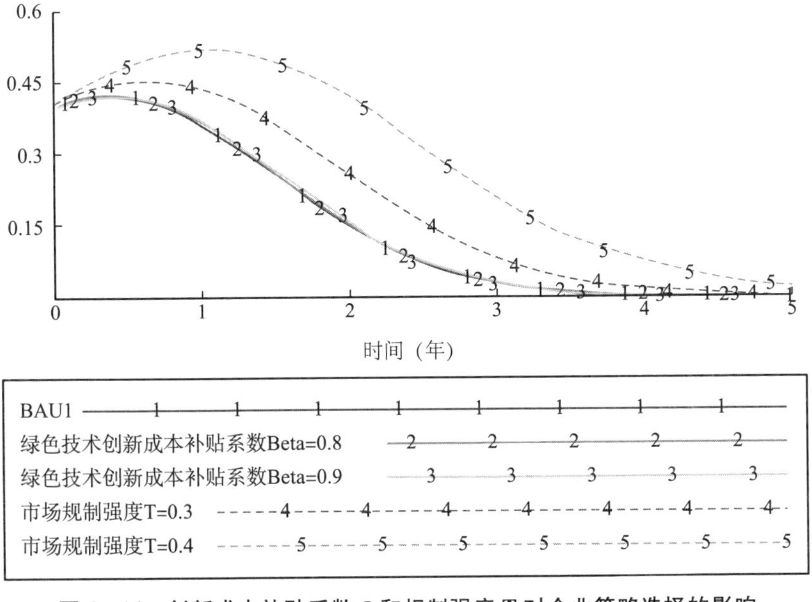

图 4－14　创新成本补贴系数 β 和规制强度 T 对企业策略选择的影响

由图 4－14 可知，总体而言，地方政府对企业绿色技术创新的补贴系数和市场规制强度对企业采取绿色技术创新策略的概率呈正相关关系，即随着创新补贴系数和市场规制强度的增大，企业采取绿色技术创新策略的概率越大。较于 BAU 情景，市场规制强度的边际影响更为显著（线条 4 和线条 5），而地方政府对企业绿色技术创新的补贴力度的

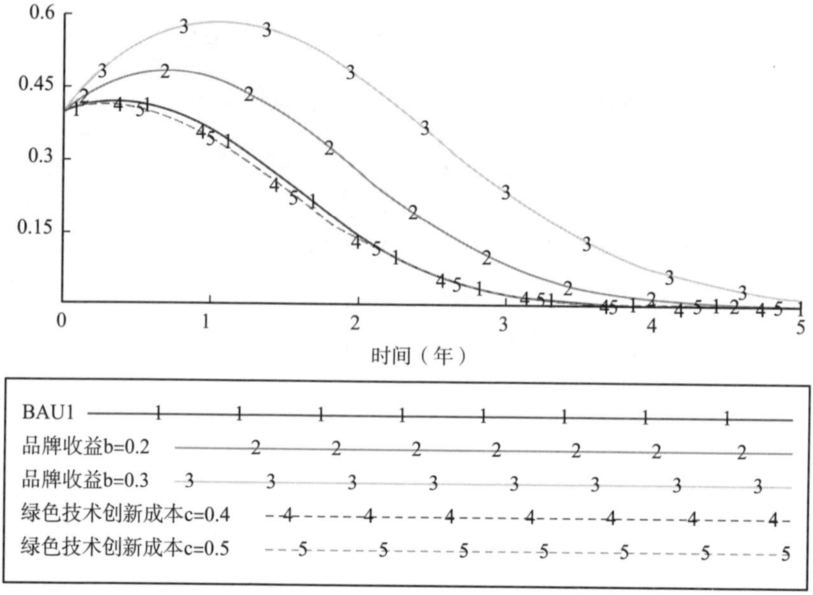

图 4－15　品牌收益 b 和绿色技术创新的成本 c 对企业策略选择的影响

边际影响相对而言要小（线条 2 和线条 3）。为此，在 BAU3 情景下，相较于不断提高对企业创新的补贴比例而言，借助市场化规制措施更能提高企业采取创新策略的概率，同时，也降低了地方政府的财政压力，转而寻求科学可行的市场规制手段。

从图 4－15 可以发现，企业绿色技术创新的品牌收益能促进企业采取绿色技术创新策略，而创新成本恰好起到负向作用。同时，对比图 4－11 和图 4－12 可以发现，提高企业绿色技术创新的品牌收益的边际影响比市场规制强度的作用还要明显。为此，要支持企业借助相应的平台宣传自己的绿色技术创新实践，提高企业的社会声誉，增强企业产品的市场认可度，进而改善企业品牌收益。

图 4－16 给出了绿色产品价格和传统产品价格对企业策略选择的影响，总体而言传统产品的价格越高越能促进企业进行绿色创新，相反，绿色产品的价格越高越会抑制企业绿色技术创新的积极性。同时，可以发现传统产品价格的边际影响（线条 4 和线条 5）要远大于绿色产品价格的边际影响（线条 2 和线条 3）。在 t =［0，0. 75］范围内的情形与 t =［0. 75，5］范围内的情形完全相反，主要是因为 BAU 情形下，企业

选择绿色技术创新策略的概率是先上升，然后下降趋于0，为此会有一段反弹的过程。所以，在BAU3情景下，政府通过不断优化市场价格机制来倒逼企业绿色技术创新更为有效。

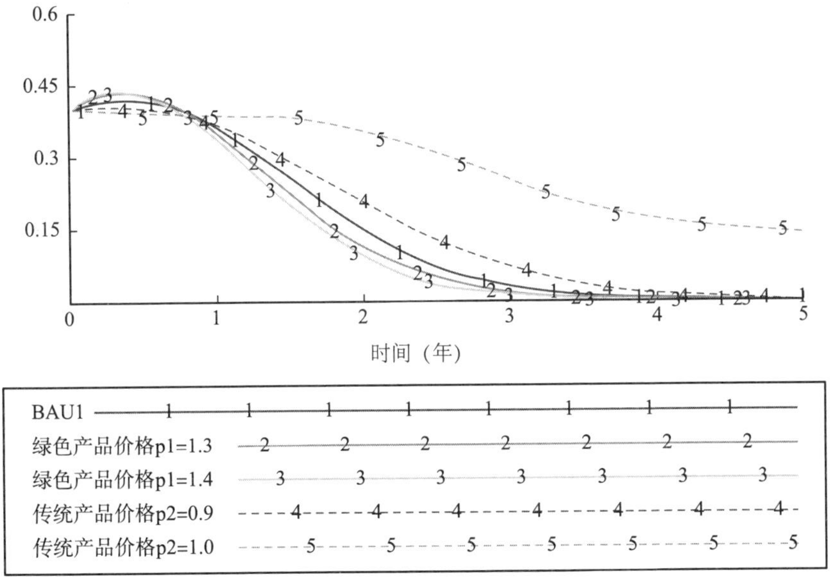

图4－16　产品价格P对企业策略选择的影响

第四节　研究结论与启示

由地方政府、企业和消费者组成的绿色技术创新系统演化博弈模型，分析不同情形下系统均衡策略的演化过程，并借助系统动力学实验方法进一步研究了相关因素对系统均衡影响的敏感性。通过上述研究发现：

（1）绿色技术创新演化博弈系统存在三个可能的稳定均衡点，当企业采取绿色技术创新策略获得的品牌收益较小时，系统稳定策略为（1，0，0），即企业偏向于采取传统生产技术，消费者偏向于购买传统产品，而政府偏向于采取市场规制策略；当企业采取绿色技术创新策略获得的品牌收益较大，而消费者单位绿色产品消费获得的经济收益较小时，系统稳定策略为（1，1，0），即企业偏向于采取绿色技术创新策略，政府偏向于采取市场规制策略，而消费者偏向于购买传统产品；当消费者单位绿色产品消费获得的经济收益较大时，系统稳定策略为（1，1，1），政府偏向于采取市场规制策略，企业偏向于采取绿色技术创新策略，消费者偏向于购买绿色产品。

（2）BAU1 情景下，地方政府对企业绿色技术创新的补贴系数和市场规制强度对企业采取绿色技术创新策略的概率呈正相关关系，且市场规制强度的边际影响更为显著，而地方政府对企业绿色技术创新的补贴力度的边际影响相对而言要小；企业绿色技术创新的品牌收益能促进企业采取绿色技术创新策略，而创新成本恰好起到负向作用，同时提高企业绿色技术创新的品牌收益的边际影响比市场规制强度的作用还要明显；传统产品的价格越高越能促进企业进行绿色创新，相反，绿色产品的价格越高越会抑制企业绿色技术创新的积极性。同时传统产品价格的边际影响要远大于绿色产品价格的边际影响。

（3）BAU2 情景下，地方政府获得的政策收益与其采取市场规制策略的概率呈正相关关系，规制成本与其采取市场规制策略的概率呈负相关关系，且市场规制成本的边际影响更为显著，而政策收益的边际影响相对而言要小；产品市场需求量 Q 对地方政府策略选择的影响呈阶段性特征，在企业选择绿色技术创新的概率和消费者选择购买绿色产品的概率之和小于 1 的范围内，随着产品市场需求量 Q 的增加，地方政府选择市场规制的概率上升，在企业选择绿色技术创新的概率和消费者选择购买绿色产品的概率之和大于 1 的范围内，随着产品市场需求量 Q 的增加，地方政府选择市场规制的概率反而下降。

（4）BAU3 情景下，产品的基础价值 U 对消费者绿色产品购买意愿的影响不是绝对的单调增或减，而是与企业策略选择有关；绿色产品的价格对消费者绿色消费策略选择有负向影响，而传统产品价格有正向影响，且绿色产品的价格的边际影响更为显著；绿色偏好收益 γ 和绿色消费意识 w 对消费者绿色消费策略选择均有正向影响，且绿色消费意识的边际影响更为显著。

上述给出的是三种稳定的均衡策略，看似没有什么内在关联，但是，仔细思考后发现，这三种稳定的均衡策略对应了现实中三种不同的均衡状态，即稳定策略 1（市场规制，不绿色技术创新，购买传统产品）对应着促进绿色技术创新发展的初级阶段，此时政府是主体，企业绿色技术创新和消费者购买绿色产品意愿均不是很明显；稳定策略 2（市场规制，绿色技术创新，购买传统产品）对应着促进绿色技术创新发展的过渡阶段，此时政府和企业是主体，消费者购买绿色产品的意愿不是很明显，主要是因为绿色产品消费给消费者带来的个人效用偏低，需要通过绿色技术创新进一步提高产品绿色价值，同时不断提高消费者绿色消费意识；稳定策略 3（市场规制，绿色技术创新，购买绿色产品）对应着促进绿色技术创新发展的成熟阶段，此时，企业和消费者作为市场主体，通过市场机制就可以达到整个系统的有序平衡，而政府需要借助规制措施保证市场的有序运行。对应地，上述敏感性分析得出的结论可以有效地服务于政府政策优化。

本章小结

本章在构建由政府市场规制、消费者产品消费选择和企业绿色技术创新的系统演化博弈模型的基础上，首先，进行绿色技术创新参与主体策略选择稳定性分析；其次，进行绿色技术创新系统稳定均衡分析；最后，借助系统动力仿真实验方法对系统均衡策略和相关影响因素的敏感性进行验证。研究结论既回答了绿色技术创新系统可能存在的稳定均衡策略，也对比了不同因素的影响弹性，为政策优化的顺序提供建议。

本章研究的创新之处体现为将政府价格规制、竞争规制嵌入多主体参与的演化博弈模型之中，识别了绿色技术创新系统稳定均衡策略，也即识别出了绿色技术创新发展的阶段性特征。通过模型推导和敏感性分析，确定了不同稳定策略下政府市场规制及其他相关因素的影响程度。本书的研究结论相对于已有研究而言，对比分析了绿色技术创新发展不同阶段影响因素的相对重要程度。

本章研究仍然存在一定的局限性，首先，在模型构建中，博弈主体的支付函数还有待进一步完善，例如，地方政府的收益函数应该从社会福利的角度来考虑，企业产品市场需求应该与绿色产品价格和传统产品的替代效果建立关系；其次，企业特质在模型构建和分析过程中未加以考虑；最后，考虑创新收益的不确定性对于分析系统策略均衡的影响也是未来研究的一个重要方向。

第五章

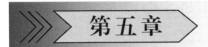

市场规制对企业绿色技术创新绩效影响的仿真分析

绩效分析是对行为的解释，即对政府市场影响企业绿色技术创新的深层次剖析。已有的文献很少系统研究在政府市场规制下企业绿色技术创新水平、参与市场运营决策、经济绩效、环境绩效和社会绩效，对实现不同类型绩效最优化的规制类型和强度的分析也不系统。为此，本章基于经典博弈论模型，分析了无市场规制 + 集中决策、无市场规制 + 独立决策、市场规制 + 集中决策、市场规制 + 独立决策、命令型规制情景下企业最优决策及创新绩效[①]。在市场规制研究中，尽管存在较多类型，如价格型、供给型、竞争型等类型的市场规制，但价格型市场规制是最为重要的市场规制，供给型和需求型的市场规则也可以通过价格型规则进行体现。因此，本章节主要采用价格型市场规制来表征市场规制展开相关研究。针对其他不同类型市场规制对绿色技术创新绩效的影响，将在下一章重点展开。

① 正如第三章中关于政府市场规制对企业绿色技术创新驱动机理分析，价格型规制和竞争型规制是主要的规制手段，供求规制是调节型的规制手段，这也是本书研究设计的基础。

第一节 问题描述及假设

绿色技术创新有利于实现对环境库兹涅茨曲线的“隧穿”，实现经济发展与自然消耗之间的绝对“脱钩”。由于研发具有多重外部性，单纯依靠市场作用并不能使社会投入达到最优水平，政府市场化的规制手段是克服市场失灵和推动经济长期增长的有效政策工具之一。根据上述研究问题描述和后续研究比较的要求，提出以下几个假设：

（1）参考刘等（Liu et al.，2012）、熊中楷等（2014）及周等（Zhou et al.，2018）的做法，认为绿色技术创新企业（M_1）的产品市场需求量（D_1）是其产品价格（p_1）、非绿色产品价格（p_2）、绿色技术创新水平（θ）的线性函数，具体如式（5－1）所示。同理，传统生产企业（M_2）的产品市场需求量（D_2）是其产品价格（p_2）、绿色产品价格（p_1）的线性函数，出于一般性考虑，假定 $p_1 > p_2$，具体如式（5－2）所示。

$$D_1 = \varepsilon\alpha - \beta p_1 + \gamma p_2 + \lambda\theta \tag{5-1}$$

$$D_2 = (1-\varepsilon)\alpha - \beta p_2 + \gamma p_1 \tag{5-2}$$

式（5－1）和式（5－2）中，α 表示市场的潜在需求量；β、γ 分别表示对自身产品和替代产品的价格需求弹性，且满足条件 $\beta > \gamma > 0$，即自身价格变动对需求的影响要大于替代产品对自身产品需求的影响；$\lambda(\lambda \geqslant 1)$ 为绿色产品需求扩张效应系数（demand expansion effectiveness coefficient）；$\varepsilon(0 \leqslant \varepsilon \leqslant 1)$ 表示社会公众对绿色产品的偏好程度，与消费者的低碳环保意识正相关，$1-\varepsilon$ 表示社会公众对非绿色产品的偏好程度。

（2）绿色技术创新的多重外部性和不确定性等性质降低了企业进行绿色技术创新和应用的积极性，需要政府采取适当的机制进行驱动。正如曼丘等（Mankiw et al.，2012）、瑞森哈芬等（2016）等的研究发现，政府可以通过征税或实施补贴等手段来支持企业进行绿色技术创新，进而改善全社会福利。为此，在参考在瑞森哈芬等（Ingmar，2016）、马达尼等（Madani et al.，2017）、思那义等（Sinayi et al.，2018）等学者的做法的基础上，假定政府对进行绿色技术创新的企业进行补贴 t_1，同理，政府也将对传统生产企业（高于政府规定的排放标准）征收一定的税收 t_2。为此，在政府规制情形下，产品的需求函数被调整为如式（5-3）和式（5-4）所示。

$$D_1 = \varepsilon\alpha - \beta(p_1 - t_1) + \gamma(p_2 + t_2) + \lambda\theta \tag{5-3}$$

$$D_2 = (1-\varepsilon)\alpha - \beta(p_2 + t_2) + \gamma(p_1 - t_1) \tag{5-4}$$

（3）企业在选择生产传统产品或者绿色产品除了是一个经济活动外，也会对生态环境产生一定的外部影响。相较于生产传统产品而言，由于企业采取绿色技术创新策略直接或间接降低了废弃物排放，例如，火电行业由于采用脱硫脱硝等设备，降低了 SO_2 的排放等。假定不进行任何程度绿色技术创新下，即企业生产一单位传统产品所排放的废弃物为 Q_0，随着企业绿色技术创新水平的提高，单位产品废弃物排放量也随之降低。为此，$Q_1 = Q_0 - \phi\theta$，其中，ϕ 表示绿色技术创新对降低企业生产废弃物排放的影响系数，由于企业生产的废弃物排放量 Q_1 是一个非负数，为此要满足条件 $\theta \leqslant Q_0/\phi$。为此，我们可以计算出政府市场规制前后废弃物排放的减少量如式（5-5）所示。

$$E = \underbrace{Q_0(D_1 - D_1')}_{\text{减少传统产品生产量}} + \underbrace{D_2'(Q_0 - \phi\theta_1') - D_2(Q_0 - \phi\theta_1)}_{\text{增加绿色产量，且降低单位产品排放}} \tag{5-5}$$

式（5-5）中，D_1'表示市场规制下传统产品的市场需求量；D_2'表示市场规制下绿色产品的市场需求量；θ_1'表示市场规制下企业的绿色技术创新水平。

（4）关于企业绿色生产成本的刻画，主流学术观点普遍认为，绿色技术创新（生产）不会影响企业传统生产的边际成本，绿色技术创新（生产）需要企业在传统生产的基础上，投入额外的创新成本。已有的研究均认为绿色技术创新成本是其绿色技术创新水平（θ）的二次函数关系，即 $C(\theta) = \eta\theta^2$。为此，借鉴哈菲扎科托布（Hafezalkotob，2018）的做法，假定企业的生产成本包括传统生产成本、固定成本和绿色技术创新成本，传统生产成本只包括前面两部分，具体如式（5-6）所示。

$$C_i = v_i D_i + f_i + \eta\theta_i^2 \tag{5-6}$$

式（5-6）中，v_i 表示单位传统产品的生产成本，f_i 表示固定生产成本，η 表示企业绿色技术创新成本系数。

（5）产品消费给消费者带来一定的社会福利，许多以往的研究中，消费者剩余被认为用来衡量企业可持续性和企业社会责任的社会指标，也是用来测度消费者利益的经济指标。参考思那义等（Sinayi et al.，2018）的做法，将消费者剩余作为产品消费给其带来的社会福利的表征变量，即通过计算消费者对某一产品或服务所愿意和能够支付的最大费用与其实际支付之间的差值来计算获得。根据上述理论，在没有政府规制的情况下，绿色产品生产企业和传统产品生产企业给消费者带来的社会福利可以通过式（5-7）和式（5-8）来计算获得。

$$CS_1 = \int_{p_{market}}^{p_{max}} D_1 dp_1 = \int_{p_1}^{\frac{\gamma p_2 + \lambda\theta + \varepsilon\alpha}{\beta}} (\varepsilon\alpha - \beta p_1 + \gamma p_2 + \lambda\theta) dp_1$$

$$= \frac{(\varepsilon\alpha - \beta p_1 + \gamma p_2 + \lambda\theta)^2}{2\beta} \tag{5-7}$$

$$CS_2 = \int_{p_{market}}^{p_{max}} D_2 dp_2 = \int_{p_2}^{\frac{(1-\varepsilon)\alpha + \gamma p_1}{\beta}} [(1-\varepsilon)\alpha - \beta p_2 + \gamma p_1] dp_2$$

$$= \frac{[(1-\varepsilon)\alpha - \beta p_2 + \gamma p_1]^2}{2\beta} \tag{5-8}$$

第二节　模型构建与求解

为了研究政府市场规制措施和市场决策情形对决策主体的影响，下面将设置无市场规制+集中决策情景、无市场规制+独立决策情景、市场规制+集中决策情景、市场规制+独立决策情景及命令型规制下的决策情景，对比分析每种情景下的市场均衡条件和生产绩效（经济绩效、社会绩效和环境绩效），以此为设计最优的规制强度提供借鉴。

一、“无市场规制+集中决策”情景

“无市场规制+集中决策”情景下，传统产品生产企业和绿色产品生产企业组成一个合作系统，主体决策的目标是实现系统利益最大化。根据上述问题描述和基本假设，可以确定系统收益如式（5-9）所示。

$$\begin{aligned}\prod\nolimits_{SC1} &= (p_1 - v_1)D_1 + (p_2 - v_2)D_2 - f_1 - f_2 - \eta\theta^2 \\ &= (p_1 - v_1)(\varepsilon\alpha - \beta p_1 + \gamma p_2 + \lambda\theta) + \\ &\quad (p_2 - v_2)[(1-\varepsilon)\alpha - \beta p_2 + \gamma p_1] - f_1 - f_2 - \eta\theta^2 \end{aligned} \quad (5-9)$$

命题1：在“无市场规制+集中决策”情景下，存在唯一的传统产品定价水平、绿色产品的定价水平和企业绿色技术创新水平使得产品生产系统经济利益最大化，如下所示：

$$p_1^{1*} = \frac{2\alpha\eta[\gamma + \varepsilon(\beta - \gamma)] + v_1[2\eta(\beta^2 - \gamma^2) - \beta\lambda^2]}{4\eta(\beta^2 - \gamma^2) - \beta\lambda^2}$$

$$p_2^{1*} = \frac{v_2[4\eta(\beta^2 - \gamma^2) - \beta\lambda^2] + \alpha[(1-\varepsilon)(4\beta\eta - \lambda^2) + 4\gamma\varepsilon\eta] - v_1\gamma\lambda^2}{2[4\eta(\beta^2 - \gamma^2) - \beta\lambda^2]}$$

$$\theta^{1*} = \frac{\lambda[\alpha\gamma + (\beta - \gamma)(v_1\beta + v_1\gamma - \alpha\varepsilon)]}{4\eta(\beta^2 - \gamma^2) - \beta\lambda^2}$$

证明：由式（5-9）可以知道，其关于企业决策变量 p_1、p_2 和 θ_1 的一阶条件如式（5-10）、式（5-11）和式（5-12）所示。

$$\frac{\partial \prod_{SC1}}{\partial p_1} = (\varepsilon\alpha - \beta p_1 + \gamma p_2 + \lambda\theta_1) - \beta(p_1 - v_1) + \gamma(p_2 - v_2) = 0 \quad (5-10)$$

$$\frac{\partial \prod_{SC1}}{\partial p_2} = \gamma(p_1 - v_1) - \beta(p_2 - v_2) + (1-\varepsilon)\alpha - \beta p_2 + \gamma p_1 = 0 \quad (5-11)$$

$$\frac{\partial \prod_{SC1}}{\partial \theta_1} = \lambda(p_1 - v_1) - 2\eta\theta = 0 \quad (5-12)$$

同理，我们也可以确定 $\partial \prod_{SC1}$ 的海塞矩阵，如式（5-13）所示。

$$H(p_1, p_2, \theta_1) = \begin{pmatrix} \frac{\partial^2 \prod_{SC1}}{\partial p_1^2} & \frac{\partial^2 \prod_{SC1}}{\partial p_1 p_2} & \frac{\partial^2 \prod_{SC1}}{\partial p_1 \theta_1} \\ \frac{\partial^2 \prod_{SC1}}{\partial p_2 p_1} & \frac{\partial^2 \prod_{SC1}}{\partial p_2^2} & \frac{\partial^2 \prod_{SC1}}{\partial p_2 \theta_1} \\ \frac{\partial^2 \prod_{SC1}}{\partial \theta_1 p_1} & \frac{\partial^2 \prod_{SC1}}{\partial \theta_1 p_2} & \frac{\partial^2 \prod_{SC1}}{\partial \theta_1^2} \end{pmatrix}$$

$$= \begin{pmatrix} -2\beta & 2\gamma & \lambda \\ 2\gamma & -2\beta & 0 \\ \lambda & 0 & -2\eta \end{pmatrix} \quad (5-13)$$

由式（5－13）可以知道，当满足前提条件 $4\eta(\beta^2-\gamma^2)-\beta\lambda^2>0$ 时，该矩阵是关于 p_1、p_2 和 θ 的一个负定矩阵，即可以确定出传统产品价格、绿色产品价格和绿色技术创新水平的最优值。通过求解由式（5－10）、式（5－11）和式（5－12）组成的方程组，可以确定三个决策变量的最优值，如式（5－14）、式（5－15）和式（5－16）所示。

$$p_1^{1*} = \frac{2\alpha\eta[\gamma+\varepsilon(\beta-\gamma)]+v_1[2\eta(\beta^2-\gamma^2)-\beta\lambda^2]}{4\eta(\beta^2-\gamma^2)-\beta\lambda^2} \quad (5-14)$$

$$p_2^{1*} = \frac{v_2[4\eta(\beta^2-\gamma^2)-\beta\lambda^2]+\alpha[(1-\varepsilon)(4\beta\eta-\lambda^2)+4\gamma\varepsilon\eta]-v_1\gamma\lambda^2}{2[4\eta(\beta^2-\gamma^2)-\beta\lambda^2]} \quad (5-15)$$

$$\theta^{1*} = \frac{\lambda[\alpha\gamma+(\beta-\gamma)(v_1\beta+v_1\gamma-\alpha\varepsilon)]}{4\eta(\beta^2-\gamma^2)-\beta\lambda^2} \quad (5-16)$$

将上述结果分别代入式（5－1）和式（5－2），可以确定“无市场规制＋集中决策”情景下传统产品的市场需求量、绿色产品的市场需求量，如式（5－17）和式（5－18）所示。

$$D_1 = \varepsilon\alpha-\beta p_1^{1*}+\gamma p_2^{1*}+\lambda\theta^{1*}$$
$$=\frac{v_2\gamma}{2}+\frac{v_1(-4\beta^3\eta+4\beta\gamma^2\eta+\gamma^2\lambda^2)+\alpha[4\beta^2\varepsilon\eta+\gamma(-4\gamma\varepsilon\eta+\lambda^2-\varepsilon\lambda^2)]}{2[\eta(4\beta^2-4\gamma^2)-\beta\lambda^2]} \quad (5-17)$$

$$D_2^{1*} = (1-\varepsilon)\alpha-\beta p_2^{1*}+\gamma p_1^{1*} = \frac{\alpha(1-\varepsilon)+v_1\gamma-v_2\beta}{2} \quad (5-18)$$

根据式（5－17）和式（5－18）可以计算获得，“无市场规制＋集中决策”情景下消费者的总剩余（社会福利）和企业总收益，如式（5－19）和式（5－20）所示。

$$CS = CS_1 + CS_2 = \frac{[\alpha(1-\varepsilon) - v_2\beta + v_1\gamma]^2}{8\beta} + \frac{\{v_2(-4\beta^2\gamma\eta + 4\gamma^3\eta + \beta\gamma\lambda^2) + v_1(4\beta^3\eta - 4\beta\gamma^2\eta - \gamma^2\lambda^2) + \alpha[-4\beta^2\varepsilon\eta + \gamma(4\gamma\varepsilon\eta - (1-\varepsilon)\lambda^2)]\}^2}{8\beta[4\eta(\beta^2 - \gamma^2) - \beta\lambda^2]^2} \tag{5-19}$$

$$\prod_{SC1} = \frac{v_1^2(4\beta^3\eta - 4\beta\gamma^2\eta - \gamma^2\lambda^2) + \alpha^2\{4\beta(1 - 2\varepsilon + 2\varepsilon^2)\eta - (-1+\varepsilon)[8\gamma\varepsilon\eta + (-1+\varepsilon)\lambda^2]\}}{4(4\beta^2\eta - 4\gamma^2\eta - \beta\lambda^2)} - f_1 - f_2 + \frac{2\alpha\{v2(-1+\varepsilon)(4\beta^2\eta - 4\gamma^2\eta - \beta\lambda^2) + v_1\{-4\beta^2\varepsilon\eta + \gamma[4\gamma\varepsilon\eta + (-1+\varepsilon)\lambda^2]\}\}}{4(4\beta^2\eta - 4\gamma^2\eta - \beta\lambda^2)} + \frac{v_2^2\beta - 2v_1v_2\gamma}{4} \tag{5-20}$$

命题2：在“无市场规制＋集中决策”情景下，产品市场的潜在需求量 α、替代产品的价格需求弹性 γ、绿色产品需求扩张效应系数 λ、社会公众对绿色产品的偏好程度 ε 都将对企业绿色技术水平的提升有着正向的影响。同时，自身产品的价格需求弹性 β、绿色产品的生产成本 v_1、企业绿色技术创新成本系数 η 与企业绿色技术创新水平呈负相关关系，传统产品生产成本 v_2 对企业绿色技术创新没有影响。

证明：由基础假设的条件 $\beta > \gamma > 0$、ε（$0 \leqslant \varepsilon \leqslant 1$）及 $4\eta(\beta^2 - \gamma^2) - \beta\lambda^2 > 0$ 可以知道，以下几个方程成立：$\frac{\partial\theta^{1*}}{\partial v_1} = -\frac{(\beta^2 - \gamma^2)\lambda}{4\beta^2\eta - 4\gamma^2\eta - \beta\lambda^2} < 0$、$\frac{\partial\theta^{1*}}{\partial\alpha} = \frac{[\gamma(1-\varepsilon) + \beta\varepsilon]\lambda}{4\beta^2\eta - 4\gamma^2\eta - \beta\lambda^2} > 0$、$\frac{\partial\theta^{1*}}{\partial\beta} = \frac{\lambda(8\beta\eta - \lambda^2)[v_1(\beta^2 - \gamma^2) - \alpha\gamma(1-\varepsilon) - \alpha\beta\varepsilon]}{(4\beta^2\eta - 4\gamma^2\eta - \beta\lambda^2)^2} - \frac{(2v_1\beta - \alpha\varepsilon)\lambda}{4\beta^2\eta - 4\gamma^2\eta - \beta\lambda^2} < 0$、$\frac{\partial\theta^{1*}}{\partial\varepsilon} = \frac{(\gamma - \beta)\alpha\lambda}{4\beta^2\eta - 4\gamma^2\eta - \beta\lambda^2} > 0$、$\frac{\partial\theta^{1*}}{\partial v_2} = 0$、$\frac{\partial\theta^{1*}}{\partial\eta} < 0$、$\frac{\partial\theta^{1*}}{\partial\gamma} = -\frac{8\gamma[v_1(\beta^2 - \gamma^2) - \alpha\gamma(1-\varepsilon) - \alpha\beta\varepsilon]\eta\lambda}{(4\beta^2\eta - 4\gamma^2\eta - \beta\lambda^2)^2} + \frac{[\alpha(1-\varepsilon) + 2v_1\gamma]\lambda}{(4\beta^2\eta - 4\gamma^2\eta - \beta\lambda^2)} > 0$、

$$\frac{\partial\theta^{1*}}{\partial\lambda}=-\frac{[v_1(\beta^2-\gamma^2)-\alpha\gamma(1-\varepsilon)-\alpha\beta\varepsilon]}{4\beta^2\eta-4\gamma^2\eta-\beta\lambda^2}\left(\frac{2\beta}{4\beta^2\eta-4\gamma^2\eta-\beta\lambda^2}+1\right)>0。$$

上述结论表明，产品的潜在市场需求量、产品的直接和间接替代弹性、绿色产品需求扩张效应、社会公众对绿色产品的偏好程度都将对企业绿色技术创新水平的提高有正向促进作用。绿色产品的生产成本和绿色技术创新成本过高，将不利于企业进行绿色技术创新，即一定的成本补偿机制能够促进企业绿色技术创新升级。

二、“无市场规制+独立决策”情景

在“无市场规制+独立决策”情景下，传统产品生产企业和绿色产品生产企业进行独立决策，以此实现自身利益最大化。为此，我们可以确定传统产品生产企业和绿色产品生产企业的收益函数，如式（5-21）和式（5-22）所示。

$$\begin{aligned}\prod\nolimits_{M_1}&=(p_1-v_1)D_1-f_1-\eta\theta^2\\&=(p_1-v_1)(\varepsilon\alpha-\beta p_1+\gamma p_2+\lambda\theta)-f_1-\eta\theta^2\end{aligned}\qquad(5-21)$$

$$\prod\nolimits_{M_2}=(p_2-v_2)D_2-f_2=(p_2-v_2)[(1-\varepsilon)\alpha-\beta p_2+\gamma p_1]-f_2\qquad(5-22)$$

式中，$\prod_{M1}$ 和 $\prod_{M2}$ 分别表示绿色产品生产企业和传统产品生产企业的收益。

当两个产品生产企业的决策顺序存在先后顺序时，考虑到绿色技术创新及产品扩散的阶段性特征，假设传统产品生产企业 M_2 作为市场的领导者，绿色产品生产企业 M_1 作为市场决策的跟随者。M_2 首先通过决定传统产品的价格，以此实现其收益利益最大化。绿色产品生产企业 M_1 在接收到 M_2 的决策信息后，通过设计最优的绿色产品价格和绿色技术创新水平，以此满足最大化自身收益。

命题3：在“无市场规制+独立决策”情景下，存在唯一的传统产品定价水平、绿色产品的定价水平和企业绿色技术创新水平使得各自经济利益最大化，如下所示：

$$p_1^{2*}=\frac{v_1(2\beta\eta-\lambda^2)+2\alpha\varepsilon\eta+\gamma\eta v_2}{4\beta\eta-\lambda^2}-\frac{\gamma\eta\{v_1\gamma(\lambda^2-2\beta\eta)+\alpha[(1-\varepsilon)(\lambda^2-4\beta\eta)-2\gamma\varepsilon\eta]\}}{(4\beta\eta-\lambda^2)(4\beta^2\eta+2\gamma^2\eta-\beta\lambda^2)}$$

$$p_2^{2*}=\frac{v_2}{2}+\frac{v_1\gamma(2\beta\eta-\lambda^2)+\alpha[4\beta\eta(1-\varepsilon)+\varepsilon(2\gamma\eta+\lambda^2)-\lambda^2]}{2(4\beta^2\eta+2\gamma^2\eta-\beta\lambda^2)}$$

$$\theta^{2*}=\frac{v_2\gamma\lambda}{2(4\beta\eta-\lambda^2)}+\frac{\lambda v_1[2\beta^2(\lambda^2-4\beta\eta)+\gamma^2(6\beta\eta-\lambda^2)]}{2(4\beta\eta-\lambda^2)(4\beta^2\eta+2\gamma^2\eta-\beta\lambda^2)}+\frac{\alpha\lambda\{2\varepsilon\eta(4\beta^2-\gamma^2)+\gamma(1-\varepsilon)(4\beta\eta-\lambda^2)-2\beta\varepsilon\lambda^2\}}{2(4\beta\eta-\lambda^2)(4\beta^2\eta+2\gamma^2\eta-\beta\lambda^2)}$$

证明：在“无市场规制 + 独立决策”情景下，绿色产品生产企业 M_1 利益最大化的决策变量为绿色产品价格和绿色技术创新水平，传统产品生产企业 M_2 利益最大化的决策变量为传统产品价格。为此，从式（5－21）和式（5－22）可以确定最优的传统产品价格、绿色产品价格和绿色技术创新水平，如式（5－23）、式（5－24）和式（5－25）所示。

$$\frac{\partial\prod_{M_1}}{\partial p_1}=-2p_1\beta+v_1\beta+p_2\gamma+\alpha\varepsilon+\lambda\theta=0 \qquad (5-23)$$

$$\frac{\partial\prod_{M_1}}{\partial\theta}=-2\eta\theta+(p_1-v_1)\lambda=0 \qquad (5-24)$$

$$\frac{\partial\prod_{M_2}}{\partial p_2}=\alpha-2p_2\beta+v_2\beta+p_1\gamma-\alpha\varepsilon=0 \qquad (5-25)$$

为此，我们可以确定 $\partial\prod_{M_1}$ 关于 p_1 和 θ 的海塞矩阵，如式（5－26）所示。

$$H(p_1,\theta)=\begin{pmatrix}\frac{\partial^2\prod_{M_1}}{\partial p_1^2} & \frac{\partial^2\prod_{M_1}}{\partial p_1\theta}\\ \frac{\partial^2\prod_{M_1}}{\partial\theta p_1} & \frac{\partial^2\prod_{M_1}}{\partial\theta^2}\end{pmatrix}=\begin{pmatrix}-2\beta & \lambda\\ \lambda & -2\eta\end{pmatrix} \qquad (5-26)$$

由式（5－26）可以知道，当满足前提条件 $4\beta\eta>\lambda^2$ 时，该矩阵是关于 p_1 和 θ 的一个负定矩阵，即可以确定实现 M_1 收益最大化的绿色产品价格和绿色技术创新水平，即求解式（5－23）和式（5－24），其结果如下所示。

$$p_1^{2*}=\frac{v_1(2\beta\eta-\lambda^2)+2\eta(p_2\gamma+\alpha\varepsilon)}{4\beta\eta-\lambda^2} \tag{5-27}$$

$$\theta^{2*}=-\frac{(v_1\beta-p_2\gamma-\alpha\varepsilon)\lambda}{4\beta\eta-\lambda^2} \tag{5-28}$$

将式（5-27）式代入式（5-22）中，传统产品生产企业的收益函数变换成如式（5-29）所示。通过对 p_2 求一阶导数和二阶导数 $\left(\frac{\partial\prod_{M_2}^2}{\partial p_2^2}=-2\beta<0\right)$，并令其一阶导数等于 0，就可以确定这类情景下传统产品最优价格，如式（5-30）所示。

$$\prod_{M_2}=(p_2-v_2)\left\{(1-\varepsilon)\alpha-\beta p_2+\frac{\gamma[v_1(2\beta\eta-\lambda^2)+2\eta(p_2\gamma+\alpha\varepsilon)]}{2\beta(4\beta\eta-\lambda^2)}\right\}-f_2 \tag{5-29}$$

$$\frac{\partial\prod_{M_2}}{\partial p_2}=0\Rightarrow p_2^{2*}=\frac{v_2}{2}+\frac{v_1\gamma(2\beta\eta-\lambda^2)+\alpha[4\beta\eta(1-\varepsilon)+\varepsilon(2\gamma\eta+\lambda^2)-\lambda^2]}{2(4\beta^2\eta+2\gamma^2\eta-\beta\lambda^2)} \tag{5-30}$$

将式（5-30）分别代入式（5-27）和式（5-28）中，以此就可以确定绿色产品生产企业的最优价格和最优绿色技术创新水平，如式（5-31）和式（5-32）所示。

$$p_1^{2*}=\frac{v_1(2\beta\eta-\lambda^2)+2\alpha\varepsilon\eta+\gamma\eta v_2}{4\beta\eta-\lambda^2}-\frac{\gamma\eta\{v_1\gamma(\lambda^2-2\beta\eta)+\alpha[(1-\varepsilon)(\lambda^2-4\beta\eta)-2\gamma\varepsilon\eta]\}}{(4\beta\eta-\lambda^2)(4\beta^2\eta+2\gamma^2\eta-\beta\lambda^2)} \tag{5-31}$$

$$\theta^{2*}=\frac{v_2\gamma\lambda}{2(4\beta\eta-\lambda^2)}+\frac{\lambda v_1[2\beta^2(\lambda^2-4\beta\eta)+\gamma^2(6\beta\eta-\lambda^2)]}{2(4\beta\eta-\lambda^2)(4\beta^2\eta+2\gamma^2\eta-\beta\lambda^2)}+\frac{\alpha\lambda\{2\varepsilon\eta(4\beta^2-\gamma^2)+\gamma(1-\varepsilon)(4\beta\eta-\lambda^2)-2\beta\varepsilon\lambda^2\}}{2(4\beta\eta-\lambda^2)(4\beta^2\eta+2\gamma^2\eta-\beta\lambda^2)} \tag{5-32}$$

命题4：在“无市场规制+独立决策”情景下，产品市场的潜在需求量 α、替代产品的价格需求弹性 γ、绿色产品需求扩张效应系数 λ、表示社会公众对绿色产品的偏好程度 ε 都将对企业绿色技术水平的提升有着正向的影响。同时，自身产品的价格需求弹性 β、绿色产品的生产成本 v_1 对企业绿色技术创新水平呈负相关关系。

证明：由基础假设的条件 $\beta>\gamma>0$、ε（$0\leqslant\varepsilon\leqslant1$）、$\lambda^2<2\beta\eta$ 可以知道，以下几个方程成立：$\frac{\delta\theta^{2*}}{\delta\alpha}=\frac{\lambda\{(4\beta\eta-\lambda^2)[2\beta\varepsilon+\gamma(1-\varepsilon)]+2\gamma^2\varepsilon\eta\}}{2(4\beta\eta-\lambda^2)(4\beta^2\eta+2\gamma^2\eta-\beta\lambda^2)}>0$、$\frac{\partial\theta^{2*}}{\partial\beta}=-\frac{\lambda[4v_1\beta^3\gamma^2+v_2\gamma(-2\beta^2+\gamma^2)^2+8\alpha\beta^3\gamma(1-\varepsilon)+(\varepsilon\alpha+\lambda\theta)(8\beta^4-2\beta^2\gamma^2+\gamma^4)]}{8\eta\beta^2(-2\beta^2+\gamma^2)^2}<0$、$\frac{\partial\theta^{2*}}{\partial\gamma}=\frac{\lambda v_2}{8\beta\eta}+\frac{\alpha\lambda(1-\varepsilon)}{4\eta(2\beta^2-\gamma^2)}+\frac{\lambda[\gamma\varepsilon+2\beta\gamma(v_1\beta+\lambda\theta)]}{4\eta(-2\beta^2+\gamma^2)^2}>0$、$\frac{\partial\theta^{2*}}{\partial v_1}=\frac{\lambda[\gamma^2(6\beta\eta-\lambda^2)+2\beta^2(\lambda^2-4\beta\eta)]}{2(4\beta\eta-\lambda^2)(4\beta^2\eta+2\gamma^2\eta-\beta\lambda^2)}<0$、$\frac{\delta\theta^{2*}}{\delta v_2}=\frac{\gamma\lambda[2\eta(\beta^2-\gamma^2)+\beta(\lambda^2-2\eta\beta)]}{2(4\beta\eta-\lambda^2)(4\beta^2\eta+2\gamma^2\eta-\beta\lambda^2)}>0$、$\frac{\partial\theta^{2*}}{\partial\varepsilon}=\frac{\alpha\lambda[2\eta(\beta^2-\gamma^2)+4\beta\eta(\beta-\gamma)+(\gamma-2\beta)\lambda^2+2\eta\beta^2]}{2(4\beta\eta-\lambda^2)(4\beta^2\eta+2\gamma^2\eta-\beta\lambda^2)}>0$。

上述结论表明，在“无市场规制 + 独立决策”情景下，产品的潜在市场需求量、产品的间接替代弹性、绿色产品需求扩张效应、社会公众对绿色产品的偏好程度都将对企业绿色技术创新水平的提高有正向促进作用。绿色产品的价格需求弹性和生产成本与企业绿色技术创新水平呈负相关关系。

将式（5 -30）、式（5 -31）和式（5 -32）分别代入式（5 -1）和式（5 -2）中，可以确定该情景下传统产品和绿色产品的市场需求量；同理，将式（5 -30）、式（5 -31）和式（5 -32）分别代入式（5 -21）和式（5 -22）中，可以确定该情景下传统生产企业和绿色产品生产企业的经济收益；将上述结果分别代入式（5 -5）、式（5 -7）和式（5 -8）可以确定产品生产过程中的废弃物排放量和消费者剩余。

三、“市场规制 + 集中决策”情景

在市场规制下，政府首先确定绿色技术创新市场规制的强度 t_1 和 t_2，以此实现经济社会福利最大化和环境污染最小化。企业在接收到政

府规制信息后采取相应的决策，以此实现自身利益最大化。在“市场规制+集中决策”情景下，传统产品生产企业和绿色产品生产企业组成一个合作系统，产品生产企业的系统收益，如下所示：

$$\begin{aligned}\prod_{SC3} &= (p_1 - v_1)D_1 + (p_2 - v_2)D_2 - f_1 - f_2 - \eta\theta^2 \\ &= (p_1 - v_1)[\varepsilon\alpha - \beta(p_1 - t_1) + \gamma(p_2 + t_2) + \lambda\theta] + \\ &\quad (p_2 - v_2)[(1-\varepsilon)\alpha - \beta(p_2 + t_2) + \gamma(p_1 - t_1)] - \\ &\quad f_1 - f_2 - \eta\theta^2 \end{aligned} \quad (5-33)$$

命题5：在“市场规制+集中决策”情景下，可以确定传统产品的最优定价水平、绿色产品的最优定价水平和企业绿色技术创新最优水平使得产品生产系统经济利益最大化，具体如下所示：

$$p_1^{3*} = \frac{2\eta t_1(\beta^2 - \gamma^2) + 2\eta\alpha[\gamma(1-\varepsilon) + \beta\varepsilon] + v_1[2\eta(\beta^2 - \gamma^2) - \beta\lambda^2]}{4\beta^2\eta - 4\gamma^2\eta - \beta\lambda^2}$$

$$p_2^{3*} = \frac{v_2 - t_2}{2} + \frac{\gamma\lambda^2(t_1 - v_1) + \alpha[4\gamma\varepsilon\eta - (1-\varepsilon)(\lambda^2 - 4\beta\eta)]}{2(4\beta^2\eta - 4\gamma^2\eta - \beta\lambda^2)}$$

$$\theta^{3*} = \frac{\lambda[(t_1 - v_1)(\beta^2 - \gamma^2) + \alpha(\gamma + \beta\varepsilon - \gamma\varepsilon)]}{4\beta^2\eta - 4\gamma^2\eta - \beta\lambda^2}$$

证明：由式（5－33）可以知道，其关于企业决策变量 p_1、p_2 和 θ_1 的一阶临界条件如式（5－34）、式（5－35）和式（5－36）所示。

$$\frac{\partial \prod_{SC1}}{\partial p_1} = -\beta(2p_1 - t_1 - v_1) + (2p_2 + t_2 - v_2)\gamma + \varepsilon\alpha + \theta\lambda = 0 \quad (5-34)$$

$$\frac{\partial \prod_{SC1}}{\partial p_2} = \gamma(2p_1 - v_1 - t_1) - \beta(2p_2 - v_2 + t_2) + (1-\varepsilon)\alpha = 0 \quad (5-35)$$

$$\frac{\partial \prod_{SC1}}{\partial \theta} = (p_1 - v_1)\lambda - 2\eta\theta = 0 \quad (5-36)$$

同理，我们也可以确定 $\partial \prod_{SC3}$ 的海塞矩阵，如式（5－37）所示。

$$H(p_1, p_2, \theta) = \begin{pmatrix} \frac{\partial^2 \prod_{SC3}}{\partial p_1^2} & \frac{\partial^2 \prod_{SC3}}{\partial p_1 p_2} & \frac{\partial^2 \prod_{SC3}}{\partial p_1 \theta} \\ \frac{\partial^2 \prod_{SC3}}{\partial p_2 p_1} & \frac{\partial^2 \prod_{SC3}}{\partial p_2^2} & \frac{\partial^2 \prod_{SC3}}{\partial p_2 \theta} \\ \frac{\partial^2 \prod_{SC3}}{\partial \theta p_1} & \frac{\partial^2 \prod_{SC3}}{\partial \theta p_2} & \frac{\partial^2 \prod_{SC3}}{\partial \theta_1^2} \end{pmatrix}$$

$$= \begin{pmatrix} -2\beta & 2\gamma & \lambda \\ 2\gamma & -2\beta & 0 \\ \lambda & 0 & -2\eta \end{pmatrix} \quad (5-37)$$

由式（5－37）可以知道，当满足条件 $4\eta(\beta^2-\gamma^2)-\beta\lambda^2>0$ 时，该矩阵是关于 p_1、p_2 和 θ 的一个负定矩阵，即通过求解由式（5－34）、式（5－35）和式（5－36）组成的方程组，可以确定出传统产品价格、绿色产品价格和企业绿色技术创新水平的最优值，如式（5－38）、式（5－39）和式（5－40）所示。

$$p_1^{3*} = \frac{2\eta t_1(\beta^2-\gamma^2)+2\eta\alpha[\gamma(1-\varepsilon)+\beta\varepsilon]+v_1[2\eta(\beta^2-\gamma^2)-\beta\lambda^2]}{4\beta^2\eta-4\gamma^2\eta-\beta\lambda^2} \quad (5-38)$$

$$p_2^{3*} = \frac{v_2-t_2}{2}+\frac{\gamma\lambda^2(t_1-v_1)+\alpha[4\gamma\varepsilon\eta-(1-\varepsilon)(\lambda^2-4\beta\eta)]}{2(4\beta^2\eta-4\gamma^2\eta-\beta\lambda^2)} \quad (5-39)$$

$$\theta^{3*} = \frac{\lambda[(t_1-v_1)(\beta^2-\gamma^2)+\alpha(\gamma+\beta\varepsilon-\gamma\varepsilon)]}{4\beta^2\eta-4\gamma^2\eta-\beta\lambda^2} \quad (5-40)$$

命题6：在“市场规制＋集中决策”情景下，产品市场的潜在需求量 α、绿色产品需求扩张效应系数 λ、表示社会公众对绿色产品的偏好程度 ε 及政府对绿色技术创新企业的补贴强度 t_1 都将对企业绿色技术水平的提升有着正向的影响。同时，自身产品的价格需求弹性 β、绿色产品的生产成本 v_1 和企业绿色技术创新成本系数 η 对企业绿色技术创新水平呈负相关关系。

证明：由假设条件 $\beta>\gamma>0$、ε（$0\leqslant\varepsilon\leqslant1$）、$x=4\eta(\beta^2-\gamma^2)-\beta\lambda^2>0$ 及 $\beta v_1>\varepsilon\alpha$ 可以知道，以下几个式子成立：$\frac{\partial\theta^{3*}}{\partial\alpha}=$

$\frac{\lambda[\gamma+\varepsilon(\beta-\gamma)]}{4\beta^2\eta-4\gamma^2\eta-\beta\lambda^2}>0$、$\frac{\partial\theta^{3*}}{\partial v_2}=0$、$\frac{\partial\theta^{3*}}{\partial v_1}=\frac{(-\beta^2+\gamma^2)\lambda}{4\beta^2\eta-4\gamma^2\eta-\beta\lambda^2}<0$、$\frac{\partial\theta^{3*}}{\partial t_1}=\frac{(\beta^2-\gamma^2)\lambda}{4\beta^2\eta-4\gamma^2\eta-\beta\lambda^2}>0$、$\frac{\partial\theta^{3*}}{\partial\varepsilon}=\frac{\alpha\lambda(\beta-\gamma)}{4\beta^2\eta-4\gamma^2\eta-\beta\lambda^2}>0$、$\frac{\partial\theta^{3*}}{\partial\eta}=-\frac{4\lambda(\beta^2-\gamma^2)x}{(4\beta^2\eta-4\gamma^2\eta-\beta\lambda^2)^2}<0$、$\frac{\partial\theta^{3*}}{\partial\lambda}=\frac{2\beta\lambda^2 x}{(4\beta^2\eta-4\gamma^2\eta-\beta\lambda^2)^2}+\frac{t_1 x}{4\beta^2\eta-4\gamma^2\eta-\beta\lambda^2}>0$。

上述结论表明，在“市场规制＋集中决策”情景下，政府对绿色技术创新企业的补贴强度、产品潜在市场需求量、产品的直接替代弹性、绿色产品需求扩张效应、社会公众对绿色产品的偏好程度都将对企业绿色技术创新水平的提高有促进作用。产品的价格需求弹性、绿色产品生产成本及企业绿色技术创新成本均对绿色技术创新水平起负向作用。

将式（5－38）、式（5－39）和式（5－40）分别代入式（5－3）和式（5－4）中，可以确定该情景下传统产品和绿色产品的市场需求量；同理，将式（5－38）、式（5－39）和式（5－40）代入式（5－33）中，可以确定该情景下传统生产企业和绿色产品生产企业的系统经济收益；将上述结果分别代入式（5－5）、式（5－7）和式（5－8）可以确定产品生产过程中的废弃物排放量和消费者剩余。

四、“市场规制＋独立决策”情景

在“市场规制＋独立决策”情景下，传统产品生产企业和绿色产品生产企业进行独立决策，以此实现自身利益最大化。为此，我们可以确定传统产品生产企业和绿色产品生产企业的收益函数，如式（5－41）和式（5－42）所示。

$$\prod_{M_1}=(p_1-v_1)D_1-f_1-\eta\theta^2$$
$$=(p_1-v_1)[\varepsilon\alpha-\beta(p_1-t_1)+\gamma(p_2+t_2)+\lambda\theta]-f_1-\eta\theta^2 \quad (5-41)$$

$$\prod_{M_2} = (p_2 - v_2)D_2 - f_2$$
$$= (p_2 - v_2)[(1-\varepsilon)\alpha - \beta(p_2 + t_2) + \gamma(p_1 - t_1)] - f_2 \tag{5-42}$$

式中，$\prod_{M1}$ 和 $\prod_{M2}$ 分别表示绿色产品生产企业和传统产品生产企业的收益。

命题7：在“市场规制+独立决策”情景下，可以确定传统产品的最优定价水平、绿色产品的最优定价水平和企业绿色技术创新最优水平使得传统产品生产企业和绿色产品生产企业经济利益最大化，具体如下所示：

$$p_1^{4*} = \frac{\gamma\eta(t_2 + v_2)}{4\beta\eta - \lambda^2} + \frac{x_1 t_1 \eta + x_2 v_1 + \alpha\eta x_3}{(4\beta^2\eta - 2\gamma^2\eta - \beta\lambda^2)(4\beta\eta - \lambda^2)}$$

$$p_2^{4*} = \frac{v_2 - t_2}{2} + \frac{(v_1 - t_1)(2\beta\gamma\eta - \gamma\lambda^2) + \alpha[(1-\varepsilon)(4\beta\eta - \lambda^2) + 2\gamma\varepsilon\eta]}{2(4\beta^2\eta - 2\gamma^2\eta - \beta\lambda^2)}$$

$$\theta^{4*} = \frac{2\lambda(t_1\beta - v_1\beta + t_2\gamma - \alpha\varepsilon) - \gamma\lambda t_2 + v_2\gamma\lambda}{2(4\beta\eta - \lambda^2)} + \frac{\gamma\lambda[(2\beta\gamma\eta + \gamma\lambda^2)(t_1 - v_1) + \alpha(1-\varepsilon)(4\beta\eta - \lambda^2) + 2\alpha\gamma\varepsilon\eta]}{2(4\beta^2\eta - 2\gamma^2\eta - \beta\lambda^2)(4\beta\eta - \lambda^2)}$$

其中，$x_1 = 8\beta^3\eta - 6\beta\gamma^2\eta - 2\beta^2\lambda^2 + \gamma^2\lambda^2$、$x_2 = 8\beta^3\eta^2 - 6\beta^2\eta\lambda^2 + \gamma^2\eta\lambda^2 + \beta(-2\gamma^2\eta^2 + \lambda^4)$、$x_3 = 8\beta^2\varepsilon\eta - \gamma[2\gamma\varepsilon\eta + (1-\varepsilon)\lambda^2] + 2\beta[2\gamma(1-\varepsilon)\eta - \varepsilon\lambda^2]$。

证明：在“市场规制+独立决策”决策情景下，两个产品生产企业先后决策，以此实现各自利益最大化。绿色产品生产企业 M_1 利益最大化的决策变量为绿色产品价格和绿色技术创新水平，传统产品生产企业 M_2 利益最大化的决策变量为传统产品价格。为此，由式（5-41）和式（5-42）可以确定最优的传统产品价格、绿色产品价格和绿色技术创新水平，如式（5-43）、式（5-44）和式（5-45）所示。

$$\frac{\partial \prod_{M_1}}{\partial p_1} = -\beta(2p_1 - v_1 - t_1) + (p_2 + t_2)\gamma + \alpha\varepsilon + \theta\lambda = 0 \tag{5-43}$$

$$\frac{\partial \prod_{M_1}}{\partial \theta} = -2\eta\theta + (p_1 - v_1)\lambda = 0 \tag{5-44}$$

$$\frac{\partial \prod_{M_2}}{\partial p_2} = \alpha(1-\varepsilon) - \beta(2p_2 + t_2 - v_2) + \gamma(p_1 - t_1) = 0 \tag{5-45}$$

“市场规制＋独立决策”情景下，绿色产品生产企业 M_1 在接收到 M_2 的决策信息后，通过设计最优的绿色产品价格和绿色技术创新水平，以此实现自身收益最大化。为此，我们可以确定 $\partial \prod_{M_1}$ 关于 p_1 和 θ 的海塞矩阵，如式（5－46）所示。

$$H(p_1, \theta) = \begin{pmatrix} \frac{\partial^2 \prod_{M_1}}{\partial p_1^2} & \frac{\partial^2 \prod_{M_1}}{\partial p_1 \theta} \\ \frac{\partial^2 \prod_{M_1}}{\partial \theta p_1} & \frac{\partial^2 \prod_{M_1}}{\partial \theta^2} \end{pmatrix} = \begin{pmatrix} -2\beta & \lambda \\ \lambda & -2\eta \end{pmatrix} \tag{5-46}$$

由式（5－46）可以知道，当满足条件 $4\beta\eta > \lambda^2$ 时，该矩阵是关于 p_1 和 θ 的一个负定矩阵，可以确定绿色产品价格和企业绿色技术创新水平的最优解，即联立求解方程（5－43）和式（5－44），其结果如下所示。

$$p_1^{4*} = \frac{2t_1\beta\eta + 2\eta[(p_2 + t_2)\gamma + \alpha\varepsilon] + v_1(2\beta\eta - \lambda^2)}{4\beta\eta - \lambda^2} \tag{5-47}$$

$$\theta^{4*} = \frac{[(t_1 - v_1)\beta + (p_2 + t_2)\gamma + \alpha\varepsilon]\lambda}{4\beta\eta - \lambda^2} \tag{5-48}$$

将式（5－47）和式（5－48）代入式（5－42）中，将传统产品生产企业的收益函数变换成如式（5－49）所示。通过对 p_2 求一阶导数和二阶导数$\left(\frac{\partial \prod_{M_2}^2}{\partial p_2^2} = -2\beta < 0\right)$，令其一阶导数等于 0，就可以确定这类情景下传统产品最优的价格，如式（5－50）所示。

$$\prod_{M_2} = (p_2 - v_2)\Bigg[(1-\varepsilon)\alpha - \beta(p_2 + t_2) + \gamma\left(\frac{2t_1\beta\eta + 2\eta[(p_2 + t_2)\gamma + \alpha\varepsilon] + v_1(2\beta\eta - \lambda^2)}{4\beta\eta - \lambda^2} - t_1\right)\Bigg] - f_2 \tag{5-49}$$

$$\frac{\partial \prod_{M_2}}{\partial p_2} = 0 \Rightarrow p_2^{4*}$$

$$= \frac{v_2 - t_2}{2} + \frac{(v_1 - t_1)(2\beta\gamma\eta - \gamma\lambda^2) + \alpha[(1-\varepsilon)(4\beta\eta - \lambda^2) + 2\gamma\varepsilon\eta]}{2(4\beta^2\eta - 2\gamma^2\eta - \beta\lambda^2)} \tag{5-50}$$

将式（5－50）分别代入式（5－47）和式（5－48）中化简，就可以确定绿色产品生产企业的最优价格和绿色技术创新水平，如式（5－51）和式（5－52）所示。

$$p_1^{4*} = \frac{\gamma\eta(t_2 + v_2)}{4\beta\eta - \lambda^2} + \frac{x_1 t_1 \eta + x_2 v_1 + \alpha\eta x_3}{(4\beta^2\eta - 2\gamma^2\eta - \beta\lambda^2)(4\beta\eta - \lambda^2)} \tag{5-51}$$

$$\theta^{4*} = \frac{2\lambda(t_1\beta - v_1\beta + t_2\gamma - \alpha\varepsilon) - \gamma\lambda t_2 + v_2\gamma\lambda}{2(4\beta\eta - \lambda^2)} + \frac{\gamma\lambda[(2\beta\gamma\eta + \gamma\lambda^2)(t_1 - v_1) + \alpha(1-\varepsilon)(4\beta\eta - \lambda^2) + 2\alpha\gamma\varepsilon\eta]}{2(4\beta^2\eta - 2\gamma^2\eta - \beta\lambda^2)(4\beta\eta - \lambda^2)} \tag{5-52}$$

命题8：在“市场规制＋独立决策”情景下，产品市场的潜在需求量 α、传统产品的生产成本 v_2、政府对绿色技术创新企业的补贴强度 t_1、政府对传统企业的惩罚强度 t_2 能够正向促进企业绿色技术创新，相反，绿色产品的生产成本 v_1 对企业绿色技术创新有负向抑制作用。

证明：由基础假设的条件 $\beta > \gamma > 0$、$\varepsilon(0 \leqslant \varepsilon \leqslant 1)$ 及 $4\beta\eta > \lambda^2$ 可以知道，以下几个方程成立：$\frac{\delta\theta^{4*}}{\delta\alpha} = \frac{\lambda}{4\beta\eta - \lambda^2}\left[\varepsilon + \frac{\gamma[(1-\varepsilon)(4\beta\eta - \lambda^2) + 2\gamma\varepsilon\eta]}{8\beta^2\eta - 4\gamma^2\eta - 2\beta\lambda^2}\right] > 0$、$\frac{\partial\theta^{4*}}{\partial v_1} = -\frac{\lambda}{4\beta\eta - \lambda^2}\left[\beta - \frac{\gamma^2(2\beta\eta - \lambda^2)}{8\beta^2\eta - 4\gamma^2\eta - 2\beta\lambda^2}\right] < 0$、$\frac{\delta\theta^{4*}}{\delta v_2} = \frac{\gamma\lambda}{2(4\beta\eta - \lambda^2)} > 0$、$\frac{\partial\theta^{4*}}{\partial t_2} = \frac{\gamma\lambda}{2(4\beta\eta - \lambda^2)} > 0$、$\frac{\partial\theta^{4*}}{\partial t_1} = \frac{2\beta\lambda}{2(4\beta\eta - \lambda^2)} + \frac{\gamma\lambda(2\beta\gamma\eta + \gamma\lambda^2)}{2(4\beta^2\eta - 2\gamma^2\eta - \beta\lambda^2)(4\beta\eta - \lambda^2)} > 0$。

上述结论表明，在“市场规制＋独立决策”情景下，政府规制能够有效提高企业技术创新水平，绿色产品生产成本与企业绿色技术创新水平之间呈负相关关系。

将式（5－50）、式（5－51）和式（5－52）分别代入式（5－3）和式（5－4）中，可以确定该情景下传统产品和绿色产品的市场需求量；同理，将式（5－50）、式（5－51）和式（5－52）代入式（5－49）和式（5－50）中，可以确定该情景下传统生产企业和绿色产品生产企业的经济收益；将上述结果分别代入式（5－5）、式（5－7）和式（5－8）可以确定产品生产过程中的废弃物排放量和消费者剩余。

五、“命令型规制决策”情景

在“命令型规制决策”情景下，政府设置单位产品最高废弃物排放量门槛，只有单位产品的排放量低于这个阈值时，才能进行产品生产，否则将退出市场。我们假定政府规定的门槛值低于单位传统产品生产的废弃物排放量，为此，在这类情景下传统产品被迫退出市场，绿色产品布局整个市场。绿色产品生产企业在政府规制下，通过设定产品价格和绿色技术创新水平来实现利益最大化，如式（5－53）所示。

$$\max \prod\nolimits_{M_1} = (p_1 - v_1)D_1 - f_1 - \eta\theta^2$$
$$= (p_1 - v_1)(\alpha - \beta p_1 + \lambda\theta) - f_1 - \eta\theta^2$$
$$\text{st. } Q_1 = Q_0 - \pi\theta \leqslant Q_g \Rightarrow \theta \geqslant \frac{Q_0 - Q_g}{\pi} \quad (5-53)$$

命题9：在“命令型规制决策”情景下，可以确定绿色产品的最优定价水平和企业绿色技术创新最优水平使得绿色产品生产企业经济利益最大化，具体如下所示：

$$p_1^{5*} = \frac{\phi(v_1\beta + \alpha) + Q_0\lambda - Q_g\lambda}{2p\beta},\ \theta^{5*} = \frac{Q_0 - Q_g}{\phi}$$

证明：绿色产品生产企业要实现收益最大化，可以通过构造拉格朗日函数进行求解，如式（5－54）所示：

$$L(p_1,\ \theta,\ \mu) = (p_1 - v_1)(\alpha - \beta p_1 + \lambda\theta) - f_1 - \eta\theta^2 + \mu(Q_0 - \phi\theta - Q_g) \quad (5-54)$$

分别对函数中的 p_1、θ 和 μ 进行求导可以得到如下方程组，如式（5－55）所示：

$$\begin{cases}\dfrac{\partial L}{\partial p_1}=\alpha-\beta p_1+\lambda\theta-\beta(p_1-v_1)=0\\ \dfrac{\partial L}{\partial \theta}=\lambda(p_1-v_1)-2\eta\theta-\mu\phi=0\\ \dfrac{\partial L}{\partial \mu}=Q_0-\phi\theta-Q_g=0\end{cases}\Rightarrow\begin{cases}p_1^{5*}=\dfrac{\phi(v_1\beta+\alpha)+Q_0\lambda-Q_g\lambda}{2p\beta}\\ \theta^{5*}=\dfrac{Q_0-Q_g}{\phi}\\ \mu=-\dfrac{4\beta\eta(Q_0-Q_g)+\phi\lambda(v_1\beta-\alpha)-\lambda^2(Q_0-Q_g)}{2p^2\beta}\end{cases}\tag{5-55}$$

上述命题表明，在“命令型规制决策”情景下，企业绿色技术创新水平的最优值，只与传统产品的排放量、政府规制的最高排放量和企业绿色技术创新对减少废弃物排放的影响系数有关，且政府市场规制越严格，企业创新努力水平越高。

第三节　数值模拟分析

本节将通过数值模拟来验证上述研究结论的正确性，同时也为后续的相关因素敏感性分析提供基础，主要参考马等（2018）的参数设计做法，各模型参数值具体设置如表 5－1 所示。

表 5－1　　参数设计

参数名称	参数值	参数名称	参数值
α	800	v_2	15
β	6	γ	4
ε	0.6	λ	3
v_1	16	η	3
f_1	6000	f_2	4000
Q_0	10	π	0.05

将上述参数分别代入命题 1、命题 3、命题 5、命题 7 和命题 9 中，可以确定 5 种不同决策情景下的绿色产品价格、绿色技术创新水

平、传统产品价格、绿色产品市场需求量和传统产品市场需求量，具体如表5－2所示。表5－2的结果表明，相对于集中决策而言，独立决策情形下，两类产品的市场价格都会有较大的下降趋势，两类产品的市场需求量都得到了一定程度上的扩大，但是企业绿色技术创新水平也会有较大幅度下降；相对于无市场规制情景，在市场规制下，企业绿色技术创新水平、绿色产品市场需求量和绿色产品价格都会得到提升，传统产品价格和其市场需求量会有一定程度的下降；命令型规制情景下，绿色产品的市场需求量最大，绿色技术创新水平中等偏上，但是价格中等偏下。

表5－2　　　　不同决策情景下的市场均衡指标

决策情景	绿色产品价格 P_1	绿色技术创新水平 θ	传统产品价格 P_2	绿色产品市场需求量 Q_1	传统产品市场需求量 Q_2
无市场规制＋集中决策	139.871	61.935	122.081	314.903	147.000
无市场规制＋独立决策	77.9939	30.997	66.7340	371.964	231.571
市场规制＋集中决策	149.548	66.774	120.032	381.161	96.000
市场规制＋独立决策	86.805	35.402	60.3617	424.827	203.048
命令型规制决策	88.002	53.340	—	432.010	—

将上述参数分别代入对应的公式中，可以确定5种不同决策情景下的废弃物排放量、系统经济收益、M_1的经济收益、M_2的经济收益、消费者剩余和单位产品废弃物排放量，具体如表5－3所示。结果表明，相对于独立决策而言，集中决策情形下，系统废弃物排放量和消费者会降低，系统经济收益增多；相对于无市场规制情景，在市场规制下，系统经济收益和消费者剩余将会升高；市场规制对系统废弃物排放量的影响取决于决策类型，即在集中决策下，市场规制会降低废弃物排放量，在独立决策下，市场规制会增加系统废弃物排放量，但是无论什么决策类型下，随着市场规制的引入，废弃物排放强度都是处于下降趋势；在命令型规制决策情景下，系统废弃物排放量和系统经济效益均实现了最小化，但是社会福利达到了最大化。

表 5－3 不同决策情景下的绩效指标

决策情景	废弃物排放量 E	系统经济收益 $\prod_{SC}$	M1 经济收益 $\prod_{M1}$	M2 经济收益 $\prod_{M2}$	消费者剩余 CS	单位产品排放量
无市场规制＋集中决策	3643.834	33240.200	—	—	10064.400	7.889
无市场规制＋独立决策	5458.864	22157.157	14177.032	7980.130	15998.527	9.045
市场规制＋集中决策	3499.034	37610.194	31527.122	6083.072	12875.039	7.333
市场规制＋独立决策	5526.747	25530.358	20319.674	5210.684	18475.303	8.802
命令型规制决策情景	3167.930	16570.000	16570.000	—	15552.720	7.333

政府为了通过设定一定的市场规制强度，以此实现其追求的经济效益、环境效益和社会效益目标，为此，通过求解非线性规划来确定最优的规制强度。对于系统经济收益和消费者剩余而言，要实现最大化，对于废弃物排放而言，要实现最小化，但每类情形都要在一定的限定条件下进行。主要考虑的限定条件：两类产品价格、两类产品市场需求量、绿色技术创新水平和废弃物排放量都要大于0。具体如表 5－4 所示。

表 5－4 不同决策情景下的最优市场规制强度

决策情景	废弃物排放量最小（环境效益）		系统经济收益最大（经济效益）		消费者剩余最大（社会效益）	
市场规制＋集中决策	$t_1=0$，$t_2=49$	2850	$t_1=73.5$，$t_2=0$	65796	$t_1=73.5$，$t_2=0$	27167
市场规制＋独立决策	$t_1=0$，$t_2=44$	4803	$t_1=105$，$t_2=25$	65796	$t_1=103$，$t_2=31$	43074
命令型规制决策情景	$Q_g=4.23$	2221	$Q_g=8.624$	17600	$Q_g=4.23$	22978

通过求解发现：（1）在“市场规制＋集中决策”情景下，系统废弃物排放量最小的规制决策为 $t_1=0$，$t_2=49$，对应的税率分别为 0 和 41%，对应的排放量为 2850 个单位；系统经济收益最大化的规制决策为 $t_1=73.5$，$t_2=0$，对应的税率分别为 49% 和 0，对应的系统经济收益为 65796 单位；系统消费者剩余最大化的规制决策为 $t_1=73.5$，$t_2=0$，对应的税率分别为 49% 和 0，对应的消费者剩余为 27167 单位。

（2）在“市场规制 + 独立决策”情景下，系统废弃物排放量最小的规制决策为 $t_1=0$，$t_2=44$，对应的税率分别为 0 和 73%，对应的排放量为 4803 个单位；系统经济收益最大化的规制决策 $t_1=105$，$t_2=25$，对应的税率分别为 120% 和 41%，对应的系统经济收益为 65796 单位；系统消费者剩余最大化的规制决策为 $t_1=103$，$t_2=31$，对应的税率分别为 119% 和 51%，对应的消费者剩余为 43074 单位。

（3）在“命令型规制决策”情景下，系统废弃物排放量最小的规制决策为 $Q_g=4.23$，对应的排放量为 2221 个单位；系统经济收益最大化的规制决策 $Q_g=8.624$，对应的系统经济收益为 17600 单位；系统消费者剩余最大化的规制决策为 $Q_g=4.23$，对应的消费者剩余为 22978 单位。

一、影响企业绿色技术创新努力水平的敏感性分析

1. “无市场规制 + 集中决策”情景

图 5-1 展示了在“无市场规制 + 集中决策”情景下，不同外生变量对企业绿色技术创新努力程度的影响，与命题 2 的结论是一致的。同时，可以发现绿色产品需求扩张效应系数、替代产品的价格需求弹性的影响呈边际递增的规律；产品自身的价格需求弹性系数和企业绿色技术创新成本系数的影响呈边际递减的规律；传统产品价格对努力水平没有影响。

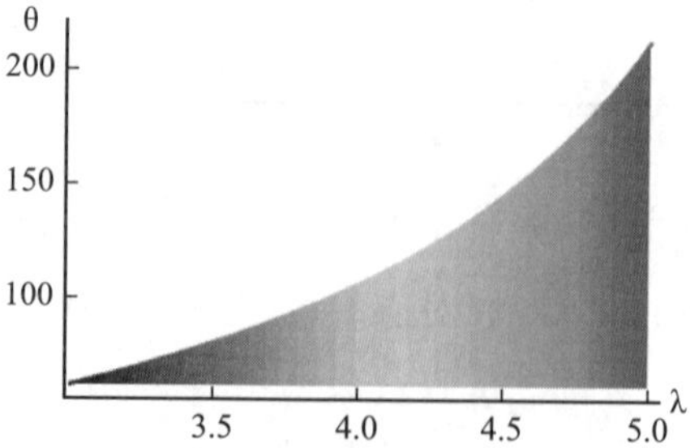

5-1-1

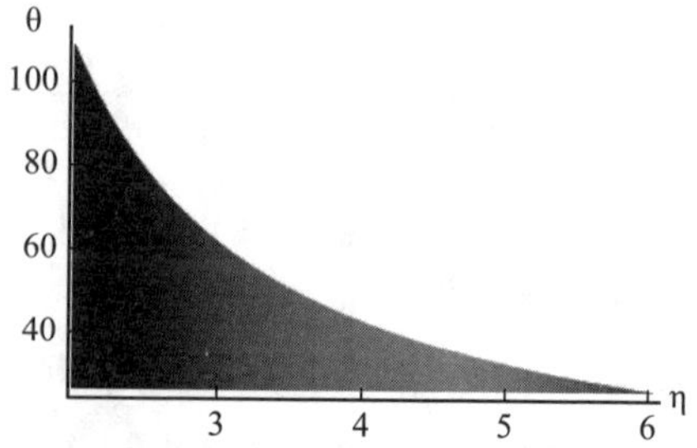

5-1-2

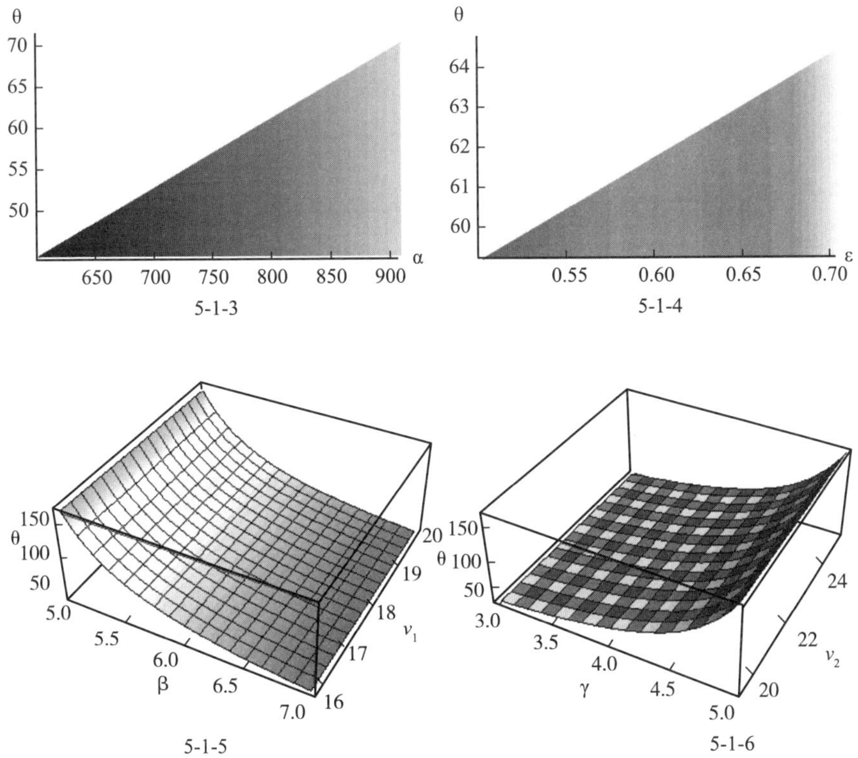

图 5－1　“无市场规制＋集中决策”情景下各因素对企业绿色技术创新水平的影响

2. “无市场规制＋独立决策”情景

图 5－2 展示了在“无市场规制＋独立决策”情景下，不同外生变量对企业绿色技术创新努力程度的影响。可以发现产品市场的潜在需求量、替代产品的价格需求弹性、绿色产品需求扩张效应系数、传统产品价格、社会公众对绿色产品的偏好程度都将对企业绿色技术水平的提升有着正向的影响，与命题 4 的结论是一致的。同时，可以发现绿色产品需求扩张效应系数、替代产品的价格需求弹性的影响呈边际递增的规律；产品自身的价格需求弹性系数和企业绿色技术创新成本系数的影响呈边际递减的规律。

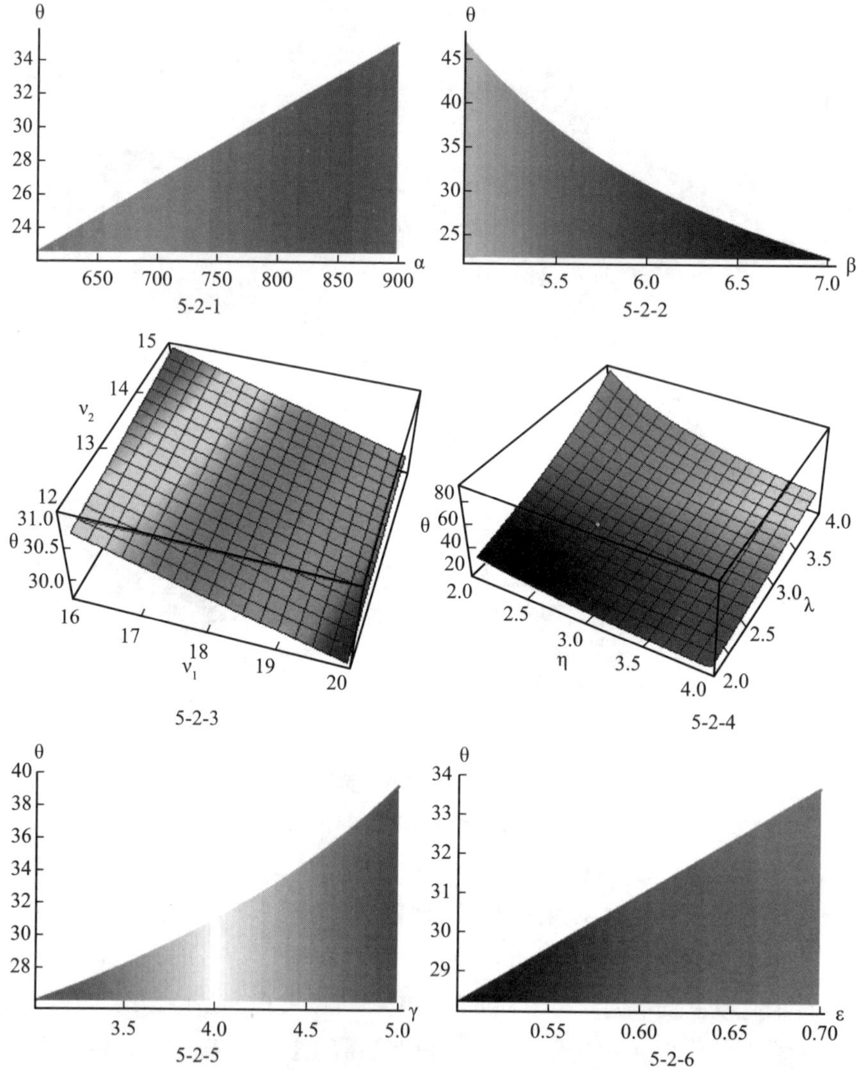

图 5－2 “无市场规制＋独立决策”情景下各因素对企业绿色技术创新水平的影响

3. “市场规制＋集中决策”情景

图 5－3 展示了在“市场规制＋集中决策”情景下，不同外生变量对企业绿色技术创新努力程度的影响，与命题 6 的结论是一致的。同时，可以发现绿色产品需求扩张效应系数、替代产品的价格需求弹性的

影响呈边际递增的规律；产品自身的价格需求弹性系数和企业绿色技术创新成本系数的影响呈边际递减的规律；政府对绿色技术创新企业的补贴强度对企业绿色技术水平的提升有着正向的影响，且边际影响是固定值。

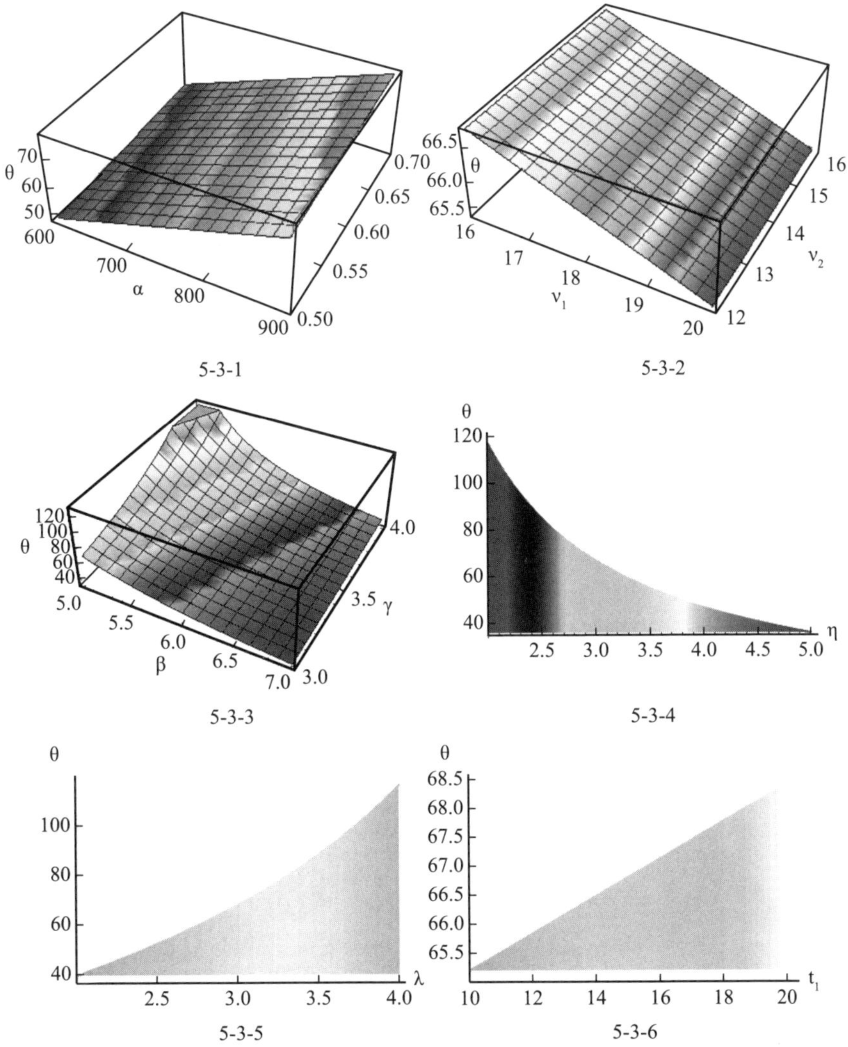

图 5－3　“市场规制＋集中决策”情景下各因素对企业绿色技术创新水平的影响

4. “市场规制＋独立决策”情景

图5－4展示了在“市场规制＋独立决策”情景下，不同外生变量对企业绿色技术创新努力程度的影响，与命题8的结论是一致的。同时，可以发现绿色产品需求扩张效应系数、替代产品的价格需求弹性的影响呈边际递增的规律；产品自身的价格需求弹性系数和企业绿色技术

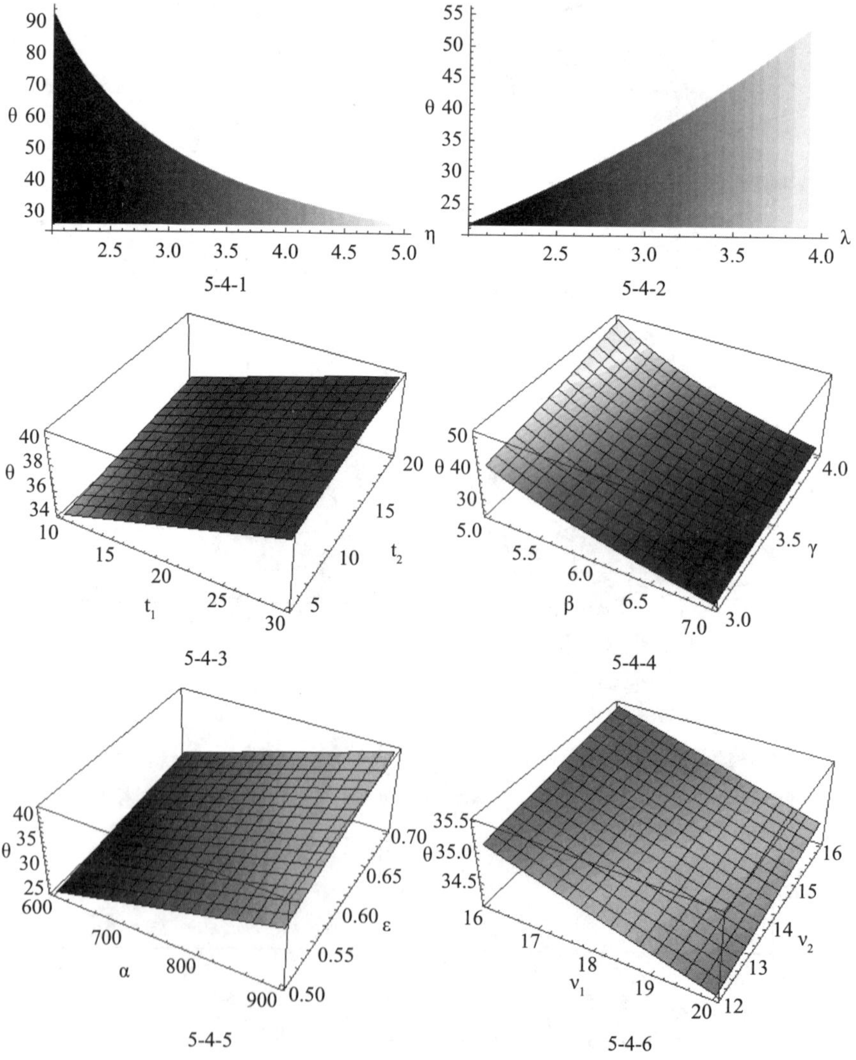

图5－4 “市场规制＋独立决策”情景下各因素对企业绿色技术创新水平的影响

创新成本系数的影响呈边际递减的规律；政府对传统产品生产企业和绿色产品生产企业的规制强度对企业绿色技术水平的提升有着正向的影响；绿色产品价格和传统产品价格的影响分别为负向和正向。

二、不同情景下系统经济收益的敏感性分析

图 5 – 5 展示了在 5 种不同情景下，不同外生变量对系统经济收益的影响。可以得到如下几个结论：（1）集中决策情形下的系统经济收益要大于独立决策情形，市场规制情形下的系统经济收益要大于无市场规制的情形，命令型规制下系统经济收益最小。（2）产品市场的潜在需求量、替代产品的价格需求弹性系数、社会公众对绿色产品的偏好程度、绿色产品需求扩张效应系数对系统经济收益起到正向促进作用，且促进作用效果边际递增，如图 5 – 5 – 1、图 5 – 5 – 3、图 5 – 5 – 4、图 5 – 5 – 5 所示。（3）产品自身的价格需求弹性系数和企业绿色技术创新成本系数对系统经济收益起到负向抑制作用，且边际影响呈递减的规律，如图 5 – 5 – 2、图 5 – 5 – 6 所示。（4）绿色产品生产成本和传统产品生产成本对系统经济收益呈负向的影响，且前者的影响更为显著，如图 5 – 5 – 7、图 5 – 5 – 8 所示；（5）政府对绿色技术创新企业的补贴强度对系统经济收益有促进作用，对传统产品生产企业的规制强度对系统经济收益有负向作用，且前者要大于后者。

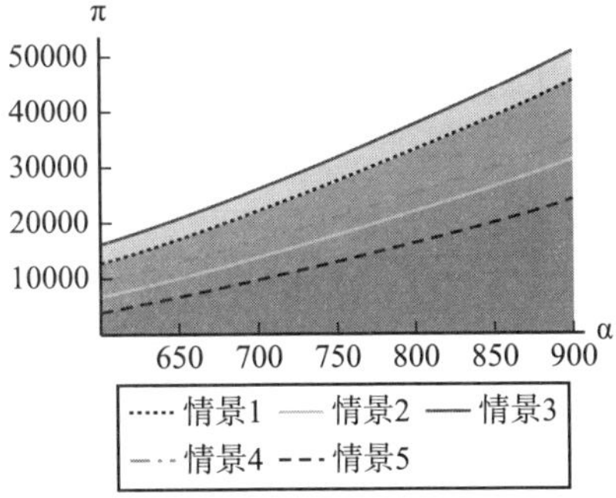

5-5-1

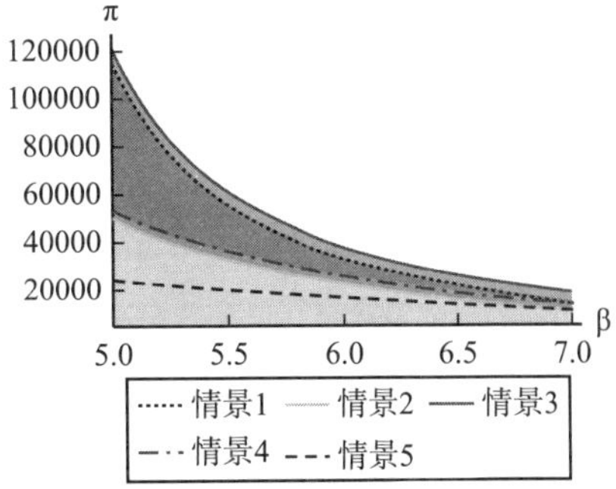

5-5-2

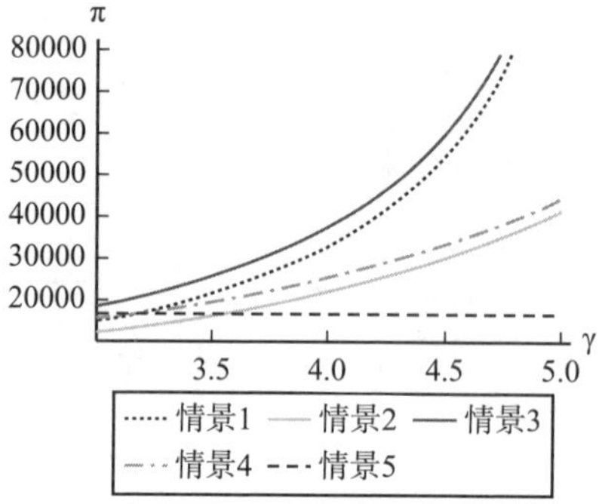

5-5-3

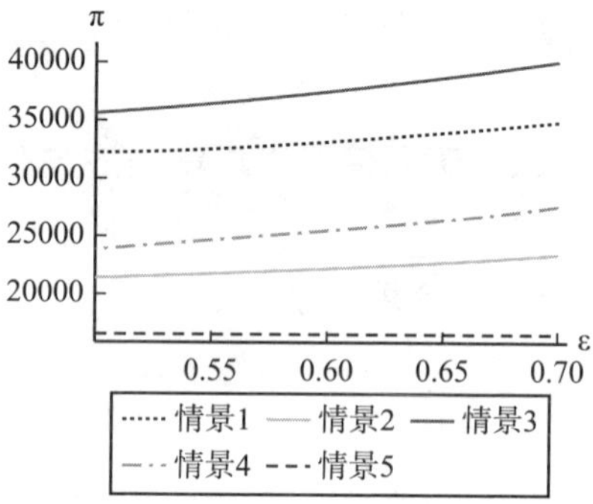

5-5-4

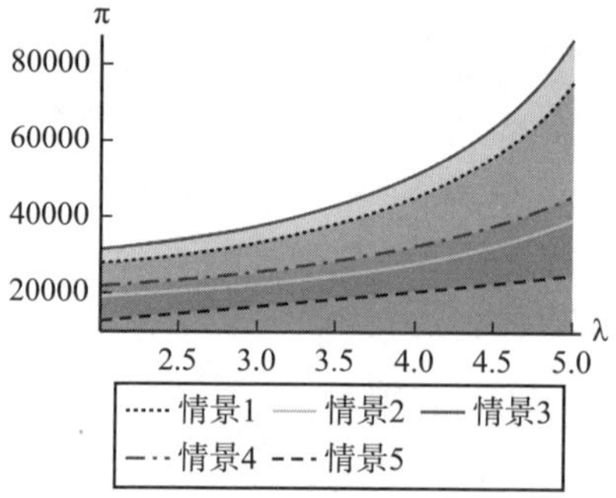

5-5-5

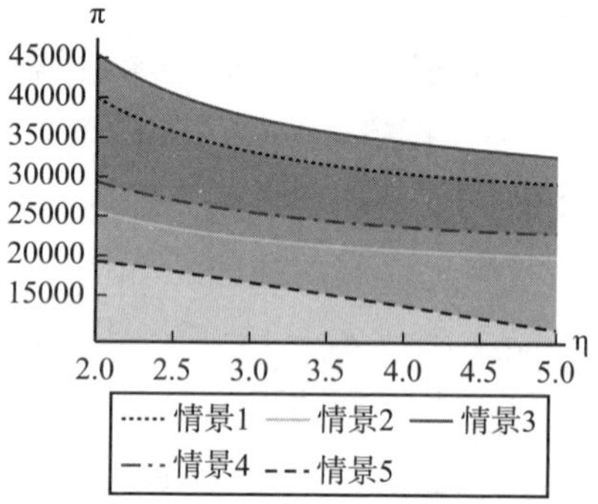

5-5-6

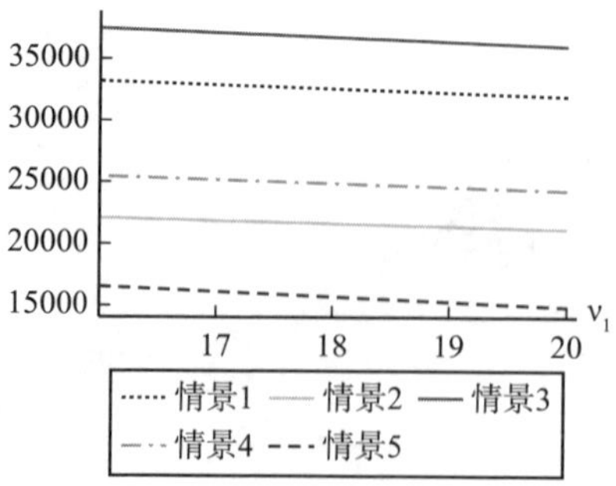

5-5-7

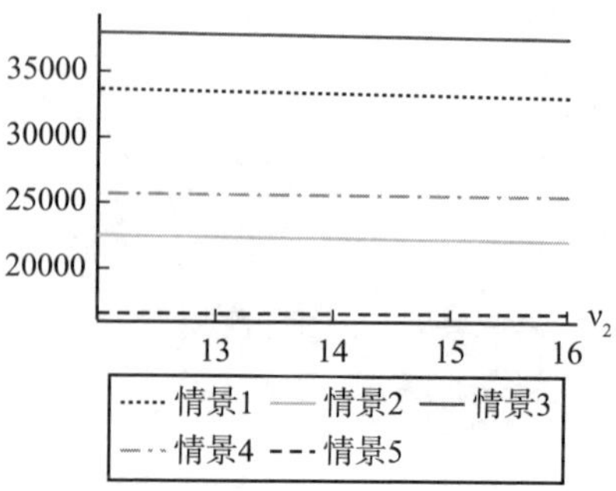

5-5-8

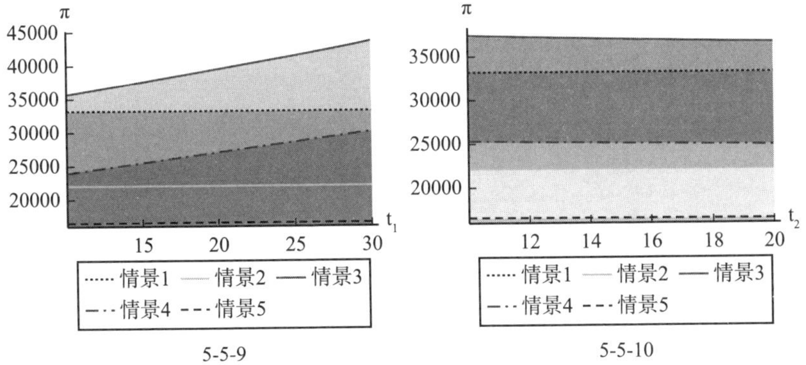

图5－5　不同情景下各因素对系统经济收益的影响

三、不同情景下系统废弃物排放量的敏感性分析

图5－6展示了在5种不同情景下，不同外生变量对系统废弃物排放量的影响。可得如下几个结论：（1）集中决策情形下的系统废弃物排放量要远小于独立决策情形，市场规制情形下的系统废弃物排放量要小于无市场规制的情形，命令型规制下系统废弃物排放量相对较小。（2）产品市场的潜在需求量和企业绿色技术创新成本系数均会增加系统废弃物排放量，如图5－6－1、图5－6－5所示；社会公众对绿色产品的偏好程度、绿色产品价格和传统产品价格对系统废弃物排放量有抑制作用，如图5－6－4、图5－6－7、图5－6－8所示。（3）在集中决策情形下，产品自身的价格需求弹性系数对系统废弃物排放量有增长的作用；在独立决策情形下，产品自身的价格需求弹性系数对系统废弃物排放量有减少的作用，如图5－6－2所示。（4）在集中决策情形下，替代产品的价格需求弹性系数和绿色产品需求扩张效应系数对系统废弃物排放量有促进作用，如图5－6－3所示；在独立决策情形下，产品自身的价格需求弹性系数对系统废弃物排放量有抑制作用，如图5－6－6所示。（5）在集中决策情形下，政府对绿色技术创新企业的补贴强度对系统废弃物排放量有抑制作用；在独立决策情形下，政府对绿色技术创新企业的补贴强度对系统废弃物排放量有促进作用，如图5－6－9所示。（6）无论什么决策情形，府对传统产品生产企业的规制对系统废弃物排放量均有抑制作用，如图5－6－10所示。

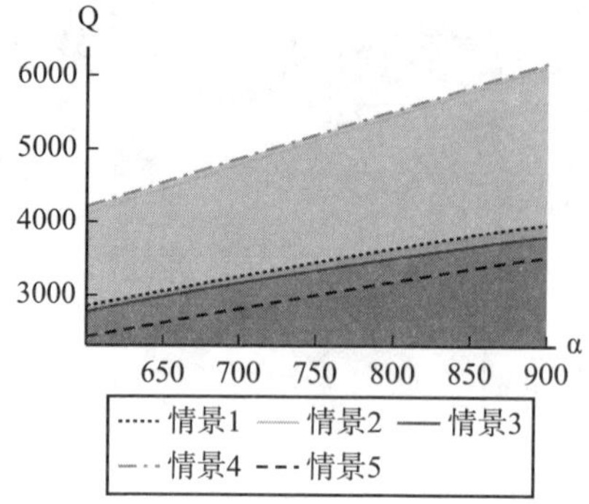

5-6-1

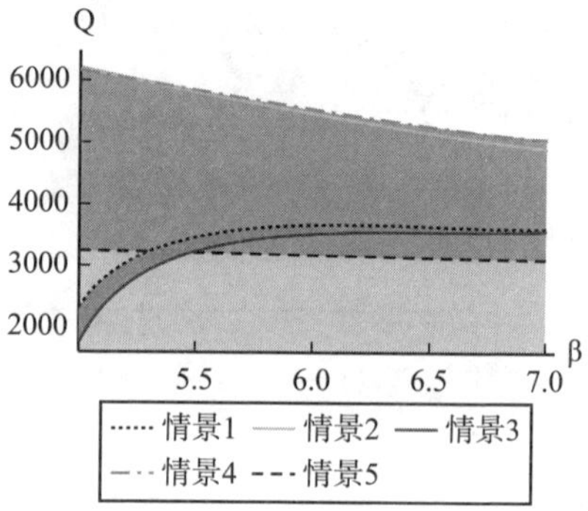

5-6-2

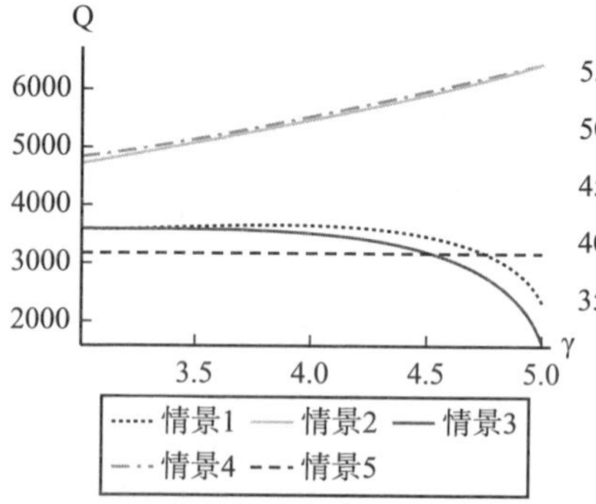

5-6-3

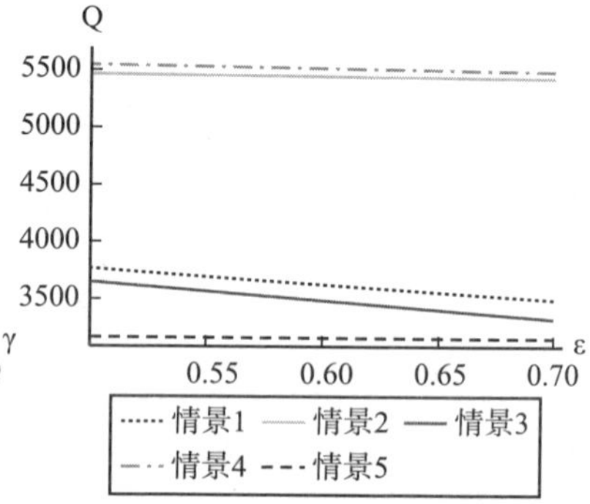

5-6-4

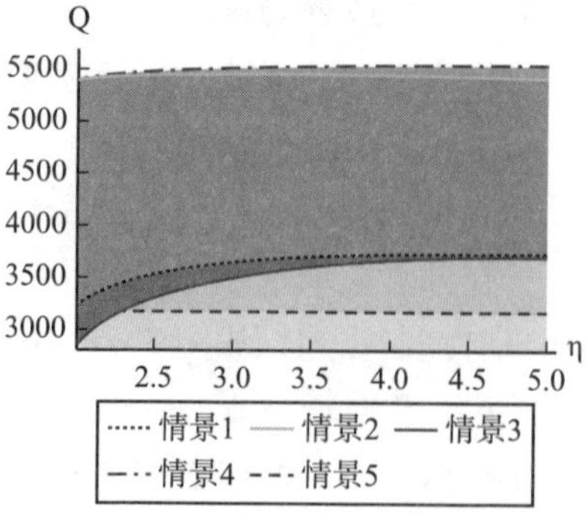

5-6-5

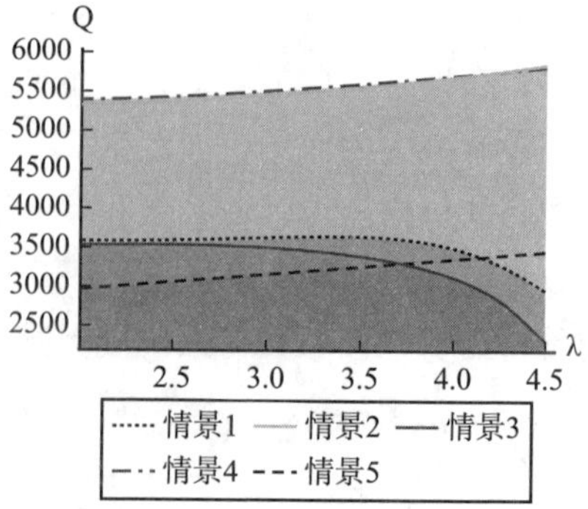

5-6-6

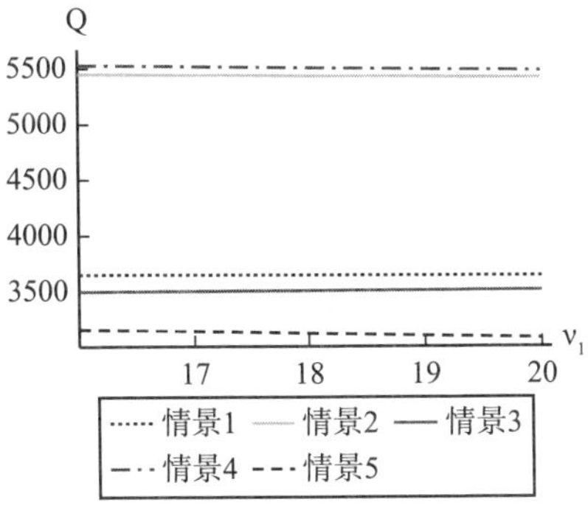

5-6-7

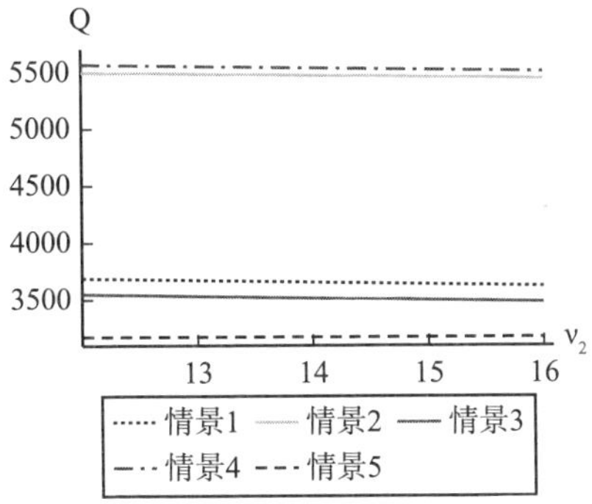

5-6-8

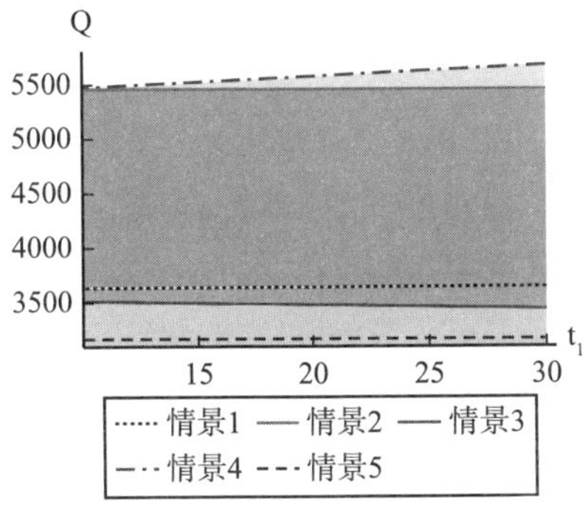

5-6-9

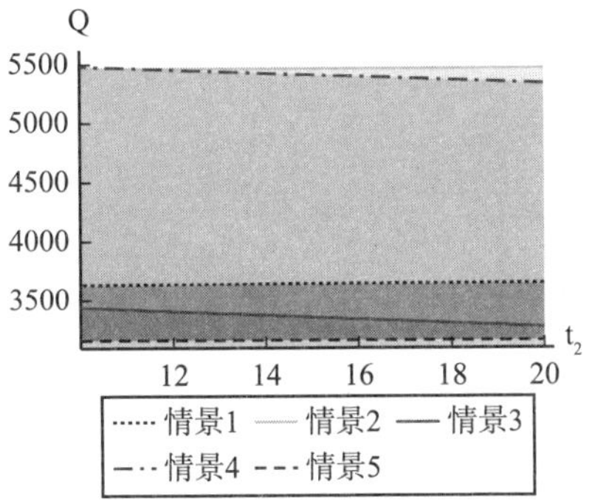

5-6-10

图5－6　不同情景下各因素对系统废弃物排放量的影响

四、不同情景下系统消费者剩余的敏感性分析

图5－7展示了在5种不同情景下，不同外生变量对系统消费者剩余的影响。可得如下几个结论：（1）独立决策情形下的系统消费者剩余要大于集中决策情形，市场规制情形下的系统消费者剩余要大于无市场规制的情形，命令型规制下的系统消费者剩余处于中间大小。（2）产品市场的潜在需求量、替代产品的价格需求弹性的影响、社会公众对绿色产品的偏好程度、绿色产品需求扩张效应系数对系统消费者剩余起到正向促进作用，且促进作用效果边际递增，如图5－7－1、图5－7－3、图5－7－4、图5－7－5所示。（3）随着相关参数的增大，

市场规制+集中决策情形下的系统消费者剩余会快速增大，成为消费者剩余最大的一类情景。（4）产品自身的价格需求弹性系数和企业绿色技术创新成本系数对系统消费者剩余起到负向抑制作用，且边际影响呈递减的规律，如图5－7－2、图5－7－6所示。（5）绿色产品生产成本对系统消费者剩余起负向抑制作用，传统产品生产成本对系统消费者剩余起正向促进作用，且前者的影响更为显著，如图5－7－7、图5－7－8所示。（6）政府的市场规制对系统消费者剩余均有促进作用，且奖励型市场规制工具的影响效果要大于惩罚型规制工具，如图5－7－9、图5－7－10所示。

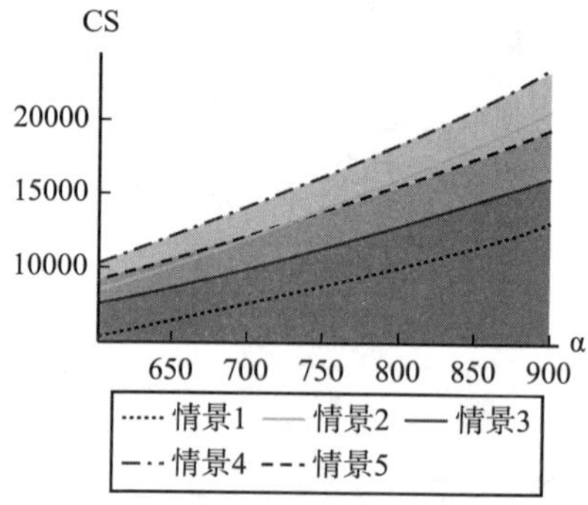

5-7-1

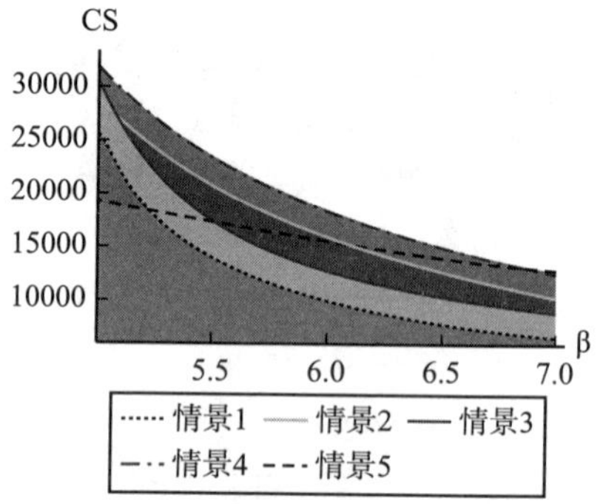

5-7-2

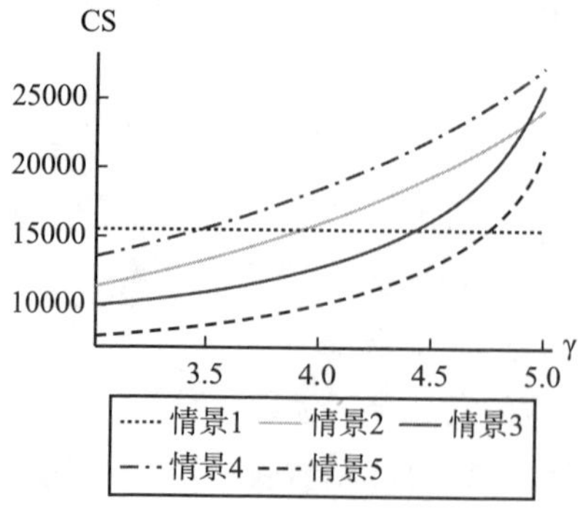

5-7-3

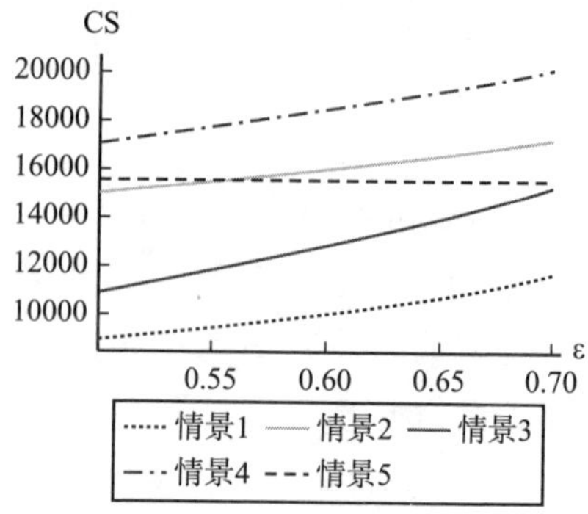

5-7-4

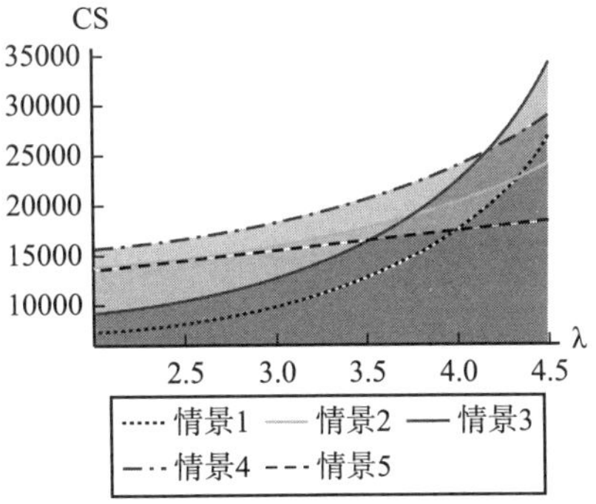

5-7-5

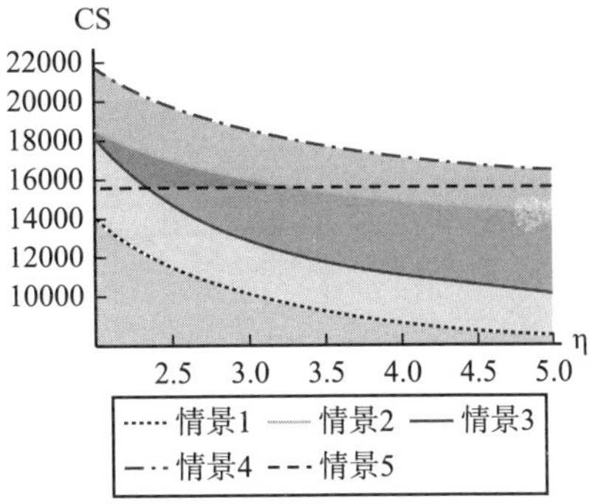

5-7-6

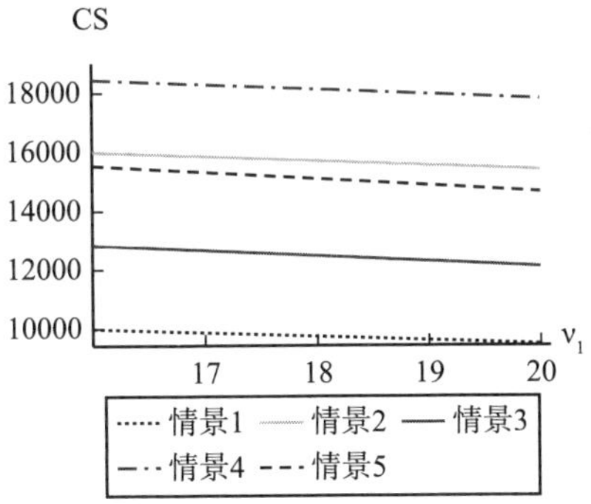

5-7-7

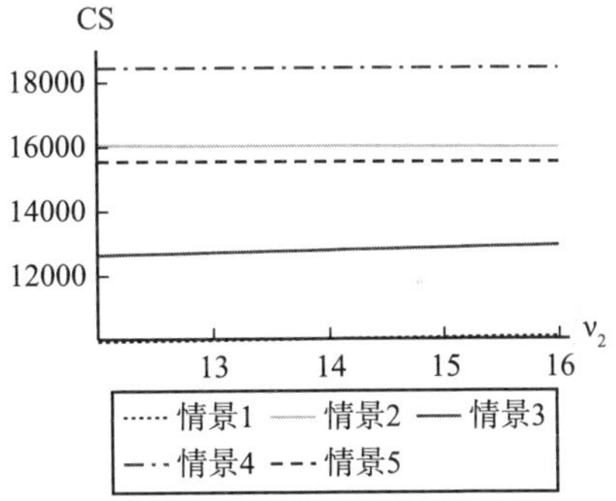

5-7-8

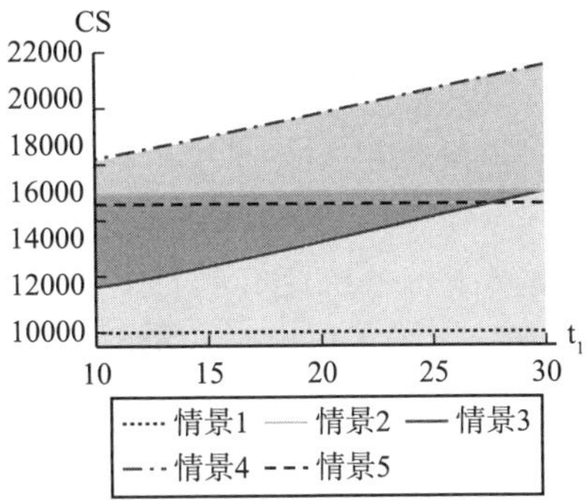

5-7-9

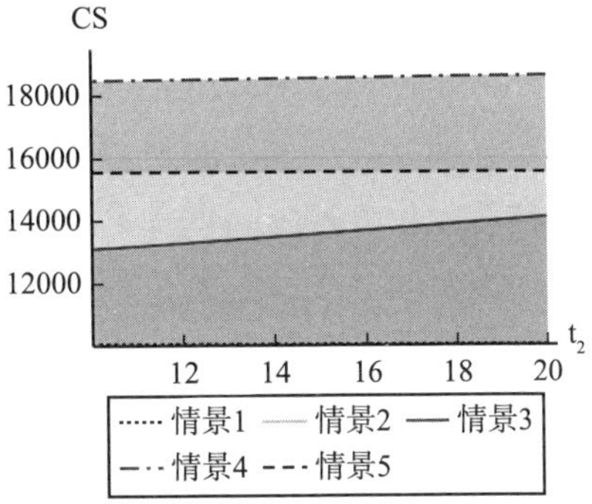

5-7-10

图5－7　不同情景下各因素对系统消费者剩余的影响

第四节 研究结论与启示

本章基于经典博弈论模型和非线性规划求解理论，测算了不同决策和市场规制情形下企业绿色技术创新水平及绩效，及实现不同绩效最优化的规制强度和类型。通过上述分析，可以得出如下几个结论：

（1）产品市场的潜在需求量、替代产品的价格需求弹性、绿色产品需求扩张效应系数、传统产品价格、社会公众对绿色产品的偏好程度都将对企业绿色技术水平的提升有着正向的影响；绿色产品需求扩张效应系数、替代产品的价格需求弹性的影响呈边际递增的规律，产品自身的价格需求弹性系数和企业绿色技术创新成本系数的影响呈边际递减的规律；政府对绿色技术创新企业的补贴强度对企业绿色技术水平的提升有着正向的影响，政府对传统产品规制强度对企业绿色技术水平的影响在集中决策情形下影响为0，在独立决策的情形下为正向影响；绿色产品价格对企业绿色技术水平的影响在集中决策情形下影响为0，在独立决策的情形下为正向影响。

（2）相对于集中决策，独立决策情形下，两类产品的市场价格都会有较大的下降趋势，两类产品的市场需求量都得到了一定程度上的扩大，但企业绿色技术创新水平也会有较大幅度下降；相对于无市场规制，在市场规制下，企业绿色技术创新水平、绿色产品市场需求量和绿色产品价格都会得到提升，传统产品价格和其市场需求量会有一定程度的下降；命令型市场规制情景下，绿色产品的市场需求量最大，绿色技术创新水平中等偏上，但是价格中等偏下。

（3）相对于独立决策，集中决策情形下，系统废弃物排放量和消费者剩余会降低，系统经济收益增多；相对于无市场规制，在市场规制下，系统经济收益和消费者剩余将会升高；市场规制对系统废弃物排放量的影响取决于决策类型，即在集中决策下，市场规制会降低废弃物排放量，独立决策下，市场规制会增加系统废弃物排放量，但是无论什么决策类型，随着市场规制的引入，废弃物排放强度都是处于下降趋势；命令型市场规制决策情景下，系统废弃物排放量和系统经济效益均实现了最小化，但是社会福利达到了最大化。

（4）在“市场规制+集中决策”情景，实现系统废弃物排放量最小的规制决策为对传统产品征收一定程度的税收，实现系统经济收益和消费者剩余最大化的规制决策为对绿色技术创新企业实施一定程度的补贴；在“市场规制+独立决策”情景下，实现系统废弃物排放量最小的规制决策为对传统产品征收更为严格的税收，实现系统经济收益最大化和消费者剩余最大化的规制决策为同时对两类企业进行市场规制；在“命令型市场规制决策”情景下，实现系统废弃物排放量最小和系统消费者剩余最大化的规制决策为设置较高的排放标准，实现系统经济收益最大化的规制决策为设置较低的排放标准。

（5）集中决策下的系统经济收益要大于独立决策情形，市场规制下的系统经济收益要大于无市场规制的情形，命令型市场规制下系统经济收益最小；产品市场的潜在需求量、替代产品的价格需求弹性系数、社会公众对绿色产品的偏好程度、绿色产品需求扩张效应系数对系统经济收益起到促进作用，且促进作用效果边际递增；产品自身的价格需求弹性系数和企业绿色技术创新成本系数对系统经济收益起到抑制作用，且边际影响呈递减的规律；绿色产品生产成本和传统产品生产成本对系统经济收益呈负向的影响，且前者的影响更为显著；政府对绿色技术创新企业的补贴强度对系统经济收益有促进作用，对传统产品生产企业的规制强度对系统经济收益有负向作用，且前者要大于后者。

（6）集中决策情形下的系统废弃物排放量要远小于独立决策情形，市场规制情形下的系统废弃物排放量要小于无市场规制的情形，命令型市场规制下系统废弃物排放量相对较小；产品市场的潜在需求量和企业绿色技术创新成本系数均会增加系统废弃物排放量，社会公众对绿色产品的偏好程度、绿色产品价格和传统产品价格对系统废弃物排放量有抑制作用；在集中决策情形下，产品自身的价格需求弹性系数对系统废弃物排放量有增长的作用，在独立决策情形下，产品自身的价格需求弹性系数对系统废弃物排放量有减少的作用；在集中决策情形下，替代产品的价格需求弹性系数和绿色产品需求扩张效应系数对系统废弃物排放量有促进作用，在独立决策情形下，产品自身的价格需求弹性系数对系统废弃物排放量有抑制作用；在集中决策情形下，政府对绿色技术创新企业的补贴强度对系统废弃物排放量有抑制作用，在独立决策情形下，政府对绿色技术创新企业的补贴强度对系统废弃物排放量有促进作用；无论什么决策情形，政府对传统产品生产企业的规制对系统废弃物排放量均有抑制作用。

（7）独立决策情形下的系统消费者剩余要大于集中决策情形，市场规制情形下的系统消费者剩余要大于无市场规制的情形，竞争型市场规制下的系统消费者剩余处于中间大小；产品市场的潜在需求量、替代产品的价格需求弹性、社会公众对绿色产品的偏好程度、绿色产品需求扩张效应系数对系统消费者剩余起到正向促进作用，且促进作用效果边际递增；随着相关参数的增大，市场规制 + 集中决策情形下的系统消费者剩余会快速增大，成为消费者剩余最大的一类情景；产品自身的价格需求弹性系数和企业绿色技术创新成本系数对系统消费者剩余起到负向抑制作用，且边际影响呈递减的规律；绿色产品生产成本对系统消费者剩余起负向抑制作用，传统产品生产成本对系统消费者剩余起正向促进作用，且前者的影响更为显著；政府的市场规制对系统消费者剩余均有促进作用，且正向市场规制工具的影响效果要大于负向规制工具。

本章小结

本章研究了无市场规制 + 集中决策、无市场规制 + 独立决策、市场规制 + 集中决策、价格型规制 + 独立决策、竞争型市场规制决策情景下的产品市场均衡价格、产量及企业绿色技术创新水平，并计算出了每种情形下的系统废弃物排放量、经济效益和消费者剩余。通过构造非线性规划问题，求解出实现系统废弃物排放量最小化，经济效益和消费者剩余最大化的市场规制强度。最后，借助数值模拟方法，分析了不同决策情景下，各参数对企业绿色技术创新努力水平、系统废弃物排放量、系统经济效益和系统消费者剩余影响的敏感性。

本章研究的创新点体现为将不同类型市场规制嵌入博弈决策模型

中，系统分析了不同决策类型、规制类型下企业最优绿色技术创新水平，以及对应创新水平下的经济绩效、环境绩效和社会绩效。同时，也给出了实现不同绩效最大化的规制强度及相关影响因素。相对于以往研究而言，本书在分析不同决策情景下的市场均衡基础上，进一步测算了企业绿色技术创新的不同绩效，以及规制强度的最优化设计，具有较大的政策意义。

第六章

市场规制对企业绿色技术创新影响的实证分析

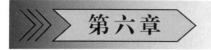

本书的第四章中借助演化博弈理论分析了政府市场规制对企业绿色技术创新策略选择的影响。本章将在此基础上通过实证研究，进一步完善政府市场规制对企业绿色技术创新行为的影响，重点分析政府市场规制对不同类型绿色技术创新的影响，包括政府市场规制对末端治理型技术创新、降低排放强度型绿色技术创新和降低能源强度型绿色技术创新的影响。

第一节　数据来源与处理

本书所采用的基础数据来源于由国家统计局维护的中国工业企业数据库（以下简称工业企业数据库）和中国工业企业污染排放数据库（以下简称工业企业污染排放数据库），以上数据库包含了所有国有企业以及规模以上（年主营业务收入500万元及以上）的非国有企业，是目前国内最为全面的企业微观层面的数据库。鉴于工业企业污染排放数据库的可获取性、可靠性，主要采用2007年和2012年的数据。工业企业数据库主要包括企业基本信息及其主要财务统计指标，工业企业污染排放数据库主要包含企业基本信息、各类能源资源消耗量数据及各类污染物排放信息等。中国工业企业数据库中，2007 年包含 336767 家企业的信息，2012 年包含 311314 家企业的信息；工业企业污染排放数据库中，2007 年包含 104058 家企业的信息，2012 年包含 147928 家企业的信息。首先，通过组织机构代码和企业名称分别将对应年份的工业企业数据库与工业污染排放数据库进行逐一匹配，然后，将以组织机构代码匹配获得的数据与通过以企业名称匹配获得的数据进行整合，以此获得对应年份的原始分析数据。匹配成功的原始数据库中，2007 年包含 47172 家企业的信息，2012 年包含 51385 家企业的信息。正如聂辉华等（2012）、张豪等（2018）所指出的那样，作为由中国国家统计局收集的数据库，并非由专业的学术机构发布，因此，在很多方面还不太符合学术研究的严格要求，存在诸多严重问题。

考虑到所采用的两个数据库中存在部分企业观察值缺失、遗漏和错误等情况，在进行数据回归分析之前，参考以往文献（谢千里等，2018；勃兰特等，2012；张豪等，2018；鲁晓东等，2012；王永钦等，2018）的做法，对样本数据进行了如下处理：（1）剔除严重缺乏重要财务指标的样本企业，包括，企业固定资产净值、企业年末从业人员数量及企业工业总产值等；（2）剔除从业人数小于 8 人的样本企业，因为从业人数过少的小企业发生数据误报的可能性更大；（3）剔除财务指标与一般公认会计准则不相符的观测样本；（4）剔除 1949 年以前成立的企业，主要是因为 1949 年以前成立的企业主要是中药制造企业，企业年龄很难考究；（5）剔除中间投入、本年度应付职工工资小于 0 的观察样本；（6）剔除固定资产大于总资产、流动资产大于总资产、流动资产大于固定资产、固定资产净值小于 0、本年度折旧大于累计折旧、工业增加值大于总产值的企业样本；（7）剔除资产不等于企业负债与所有者权益的样本；（8）剔除水、各类能源消耗小于 0 的企业样本；（9）剔除废水、二氧化硫、氮氧化物、烟粉尘及工业固体废弃物排放量和去除量为缺漏值的企业样本；（10）剔除年主营业务收入小于 500 万元的规模以上企业样本。此外，鉴于废弃资源和材料回收加工业，采矿业，电力、热力、燃气和水的生产和供应业企业在生产经营模式同普通工业企业存在本质上的区别，参考路等（2009）、文东伟等（2014）的做法，借助企业的行业代码值，删除匹配数据库中废弃资源和材料回收加工业，采矿业，电力、热力、燃气和水的生产和供应业的企业数据。

第二节 变量测度

一、企业绿色技术创新测度指标选取

已有的研究结论表明，企业绿色技术创新可以被划分为三个层面，即末端治理型绿色技术创新、生产工艺改进型绿色技术创新及绿色产品创新（吕燕等，1994；杨发明等，1997；葛晓梅等，2005）。分析环境规制对不同形式绿色技术创新影响具有重要的理论意义和政策意义。杨发明等（1998）和杨朝均等（2016）将末端治理型绿色技术创新界定为在生产终端环节通过改进现有或引入新的污染物治理设备、工艺和技术，以实现减少废弃物污染排放目标的生产制造创新活动。考虑到行业生产的差异性和数据的可获取性，对于企业末端治理型绿色技术创新行为的测度，可以在控制工业总产值的条件下，通过工业废水去除率、二氧化硫去除率、烟粉尘去除率及工业固体废弃物综合处理率来实现（李婉虹等，2013；Mickwitz et al.，2008）。工业废水去除率、二氧化硫去除率、烟粉尘去除率及工业固体废弃物综合处理率可以通过对应废弃物的去除量除以废弃物的产生量计算获得。

工艺改进型绿色技术创新是指在生产过程中改进现有或引入新的产品生产设备、工艺和技术，从而尽可能地减少生产过程中废弃物产生量，提高原材料和能源等的利用率以及产品收益率的生产制造创新活动。对于生产工艺改进型绿色技术创新行为的测度，主要通过能源使用强度、水资源使用强度、工业废水排放强度、二氧化硫排放强度、烟粉尘排放强度及工业固体废弃物排放强度来实现。由于企业生产工艺的内在差异性，同一市场规制对不同绿色技术创新的影响或许会存在较大的不同，识别环境规制的差异性和适用性能够为进一步优化政策设计提供借鉴。因为数据的原因，本书并未涉及绿色产品创新的相关情况。

二、环境规制测度指标选取

市场失灵是抑制企业绿色技术创新的重要因素，政府的价格补贴机制、风险降低机制、标准准入机制、产权界定和保护机制及政府绿色采购等机制是弥补绿色技术创新市场失灵的有效手段。作为污染控制的一项重要环境政策，运用经济手段要求污染物排放主体承担污染对社会损害的责任，即将环境成本外部不经济性内部化，以促进污染主体通过优化技术结构、能源结构、产品结构等来减少生产的环境污染。1978 年，国务院环境保护领导小组按照“谁污染谁治理”的原则，提出“向排污单位实行排放污染物收费制度”的设想，并设置了临时的环境保护机构。我国采取以环境标准为依据，对超过国家（地方）规定的排放污染物标准（按排放污染物的数量和浓度）的企业征收排污费，标准的制定考虑了污染治理成本、企业管理水平、各地区的经济发展水平及能源政策对产品成本的影响。随着 2018 年 1 月 1 日起《中华人民共和国环境保护税法》的施行，征收了 30 多年的排污费被环境保护税取代。尽管如此，环境保护税与排污费在本质上有较多的相似之处，主要体现于：排污费和环境保护税两者的征收对象、征收范围、计税方法、计税标准均没有发生实质变化（卢洪友等，2018）。简而言之，二者都是通过控制排放门槛和收费标准来实现的。在众多的环境规制措施中，排污收费是当前使用较为广泛、灵活的方式，被国内环境保护管理广泛使用，也是将其作为环境规制研究的主要原因。

关于征收排污费对企业绿色技术创新（环境技术创新、生态技术创新）已经有比较详细的研究，主要研究结论：排污费能够促进企业绿色技术创新（Porter et al.，1995a；张成等，2011；李阳等，2014）；排污费将抑制企业绿色技术创新（Nath et al.，2010；杜威剑等，2016）；排污费对企业绿色技术创新的影响是非线性的，针对不同特质的主体，影响也不一样（王国印等，2011；沈能等，2012）。尽管学术界对于这一对关系的研究还未形成统一的结论，但是，有理由相信排污费用对企业绿色技术创新存在一定的影响，且影响的方向和幅度受到企业内在特质的影响。下面主要通过计算各地排污费用占工业总产值比重的对数来测度在绿色技术创新领域环境规制强度。根据各省份排污费征收分布情况可知：（1）在时间维度上排污费用总体上呈上升的趋势；（2）在空间维度上各区域排污费用存在较大的差异，且东部排污费用要大于西部，沿海地区要大于内陆地区。

三、其他变量的选取与说明

为了最大可能获得具有稳健性的估计结果，选取的控制变量包括如下几个：

（1）企业所在区域的产业结构。已有的研究表明，政府规制在一定程度上与区域的产业结构相关，即政府规制与区域产业结构、经济发展之间存在密切的联系（郑加梅，2018；武建新等，2018）。同时，区域产业结构也会反作用于地方政府所采用的规制类型和规制幅度，表现为工业产值越大，规制强度越高，反之也成立。为此，本书将区域工业增加值占总产值的比重作为产业结构的表征变量。

（2）企业所在行业划分。考虑到不同行业绿色技术创新存在较大差异，有必要将企业所在的行业特征考虑在模型中。为此，参考张豪等（2018）的做法，将工业企业所在的行业划分为初级产品生产行业（行业代码包括 13、14、15、16）、劳动和资源密集型行业（行业代码包括 17、18、19、20、21、22、23、24、25）、技术密集型行业（行业代码包括 26、27、28、29、30、31、32、33、34、35、36、37、38、39、40、41、42）。

（3）企业所在区域划分。企业所在区域的不同对应地承受的市场规制强度不同，为此有必要在模型中控制企业所在的区域，即判断企业是否位于东部省份。东西部排污费用相差较大，为此参考邹瑾等（2015）的做法，将天津、北京、上海、河北、黑龙江、吉林、浙江、辽宁、江苏、广东、山东、福建以及海南共 13 个省份作为东部省份，其余为非东部省份。

除了上述所列出的变量外，在 2007 年的估计模型中还控制了应交增值税、资产总计、资产结构、企业从业人数、资本总计、利润总额、中间投入、企业年龄、年正常生产时间、员工结构；由于统计口径的变化，在2012年的估计模型中控制了企业工业总产值、应交增值税、应交所得税、累计折旧、资产总计、资产结构、负债合计、利润总额、企业规模、企业年龄、企业从业人数及年正常生产时间（聂辉华等，2012；张豪等，2018；王永钦等，2018）。

在所有的变量中，废弃物排放强度（二氧化硫、烟粉尘、工业废水、固体废物）= Ln（废弃物排放量/工业总产值）；资源能源消耗强度（水、能源）= Ln（资源能源消耗量/工业总产值）；废弃物去除率为各类废弃物（二氧化硫、烟粉尘、工业废水、固体废物）实际去除率的对数，且在计量模型中控制了工业总产值；中间投入、工业总产值、利息支出、应交增值税、应交所得税、累计折旧、资产总计、负债合计、利润总额、企业年龄、企业从业人数及年正常生产时间均为实际值的对数；企业年龄是指从开业到统计节点的存活时间的对数；员工结构为女员工占所有总员工数量的比重；资产结构 = 固定资产占资产总计的比重。

四、描述性统计分析

2012年各主要变量的均值、标准差、最大值和最小值如表6－1所示，2007年的结果类似，为此没有列示出来。

表6－1　　2012年主要变量描述性统计结果

变量名称	观测值数	平均值	标准差	最小值	最大值
二氧化硫排放强度	10001	-9.311	2.035	-21.379	-1.786
烟粉尘排放强度	10001	-8.356	2.352	-20.700	0.736
固体废物排放强度	10001	-5.894	2.019	-14.851	1.920
工业废水排放强度	10001	-1.232	2.139	-13.226	4.888
二氧化硫去除强度	10001	-9.014	0.599	-9.210	-1.771
烟粉尘去除强度	10001	-7.771	1.505	-9.210	0.735
固体废物去除强度	10001	-5.821	1.790	-9.210	1.272
工业废水去除强度	10001	-1.346	2.597	-9.210	5.420

续表

变量名称	观测值数	平均值	标准差	最小值	最大值
工业总产值	10001	12.327	1.343	9.916	16.778
工业排污费用	10030	-8.051	0.444	-9.270	-6.787
应交增值税	9462	8.418	1.746	2.944	13.352
应交所得税	6602	7.310	2.041	1.386	12.276
累计折旧	9833	9.713	1.895	4.575	15.222
资产总计	10029	11.700	1.563	6.738	18.925
资产结构	9943	0.378	0.219	0.011	0.954
负债合计	10003	10.828	1.811	5.553	16.036
利润总额	9999	9.138	1.940	3.296	13.838
企业规模	10030	2.493	0.647	1.000	4.000
企业年龄	10011	12.872	10.616	1.000	58.000
年正常生产时间	10030	8.363	0.618	5.704	9.078
是技术密集型企业	10030	0.487	0.500	0.000	1.000
是东部省份企业	10030	0.606	0.489	0.000	1.000

通过对2007年排污费用与企业绿色技术创新的相关性分析可以发现：(1) 2007年排污费用与二氧化硫排放强度、烟粉尘排放强度、二氧化硫去除强度和烟粉尘去除强度在1%的置信水平上显著正相关，相关系数分别为0.099、0.240、0.124和0.135；(2) 排污费用与工业废水排放强度和工业废水去除强度在1%的置信水平上显著负相关，相关系数分别为-0.046和-0.049；(3) 排污费用与工业企业用水强度在10%的置信水平上显著相关。上述相关结果表明，排污费用对二氧化硫、烟粉尘末端治理能够起一定的促进作用，但是对二氧化硫、烟粉尘减排的工艺改进起抑制作用；而排污费用对工业废水的作用机制完全相反，即排污费用对工业废水末端治理起抑制作用，但是对工业废水去除的工艺改进起促进作用。

通过对2012年排污费用与企业绿色技术创新的相关性分析可以发现：(1) 2012年排污费用与二氧化硫排放强度、烟粉尘排放强度、二氧化硫去除强度在1%的置信水平上显著正相关，相关系数分别为0.040、0.030和0.073；（2）排污费用与工业废水排放强度和工业废水去除强度在1%的置信水平上显著负相关，相关系数分别为-0.045和-0.054；（3）排污费用与固体废物排放强度负相关，与烟粉尘去除强度正相关，与固体废物去除强度负相关，但是相关系数在10%的置信水平上不显著。上述相关结果表明，除烟粉尘和固体废弃物除外，排污费用对二氧化硫末端治理起到促进作用，但是对二氧化硫减排的工艺改进起到抑制作用；而排污费用对工业废水的作用机制完全相反，即排污费用对工业废水末端治理起到抑制作用，但是对工业废水去除的工艺改进起到促进作用。

总体可以判断：（1）环境规制在一定程度上能够影响企业绿色技术创新；（2）同一市场规制对不同类型绿色技术创新影响的差异性较大，包括影响方向和影响弹性；（3）随着时间的推移，环境规制对企业绿色技术创新的影响也将发生相应的改变。

第三节　实证检验与结果分析

由于当前掌握的数据不足以构造面板数据进行实证研究，为了实现研究目标，本书主要采用普通最小二乘法（ordinary least square，OLS）来分析市场规制对企业不同绿色技术创新的影响。在以往研究的基础上，将环境规制的二次项引入的计量模型中，以此进一步论证市场规制与企业绿色技术创新之间的非线性关系，具体如式（6-1）所示。

$$y_i = \alpha + \beta_1 Mr_i + \beta_2 Mr_i^2 + \sum \gamma_i Cont_i + \varepsilon_i \qquad (6-1)$$

式（6-1）中，y_i 为企业 i 的绿色技术创新能力，包括末端治理型绿色技术创新（用工业废水去除强度、二氧化硫去除强度、烟粉尘去除强度及工业固体废弃物综合利用强度测度）和工艺改进型绿色技术创新（用能源使用强度、水资源使用强度、工业废水排放强度、二氧化硫排放强度、烟粉尘排放强度及工业固体废弃物排放强度测度）；Mr_i、Mr_i^2 分别为企业环境规制强度和市场规制强度的平方项，本书主要用企业所在区域工业排污费用占工业总产值的对数来测度；$Cont_i$ 为控制变量，包括产业结构、所属区域、所属行业、应交增值税、资产总计、资产结构及企业从业人数等，不同模型中所采用的控制变量有部分差异；ε_i 为随机误差项；α 为截距项。

在上述基础上，本书共构建24个计量模型来分析环境规制对企业不同类型绿色技术创新的影响。在所有的计量模型中，模型1～模型4给出了2012年环境规制对企业工艺改进型绿色技术创新的影响结果；模型5～模型8给出了2012年环境规制对企业末端治理型绿色技术创新的影响结果；模型9～模型13给出了2012年环境规制对企业能源节约型绿色技术创新的影响结果；模型14～模型17给出了2007年环境规制对企业工艺改进型绿色技术创新的影响结果；模型18～模型20给出了2007年环境规制对企业末端治理型绿色技术创新的影响结果；模型21～模型24给出了2007年环境规制对企业能源节约型绿色技术创新的影响结果。

一、2012年实证检验结果

表6-2、表6-3和表6-4分别给出了2012年环境规制（企业生产排污收费）对不同类型绿色技术创新影响的回归结果。

表6-2　2012年市场规制对企业工艺改进型技术创新影响的回归结果

变量名称	（模型1） 二氧化硫排放强度	（模型2） 烟粉尘排放强度	（模型3） 废水排放强度	（模型4） 用水强度
工业排污费用	0.357*** (6.67)	0.293 (4.43)	0.162* (2.99)	-0.481 (-2.15)
排污费用平方				0.196* (1.85)
产业结构	-1.561*** (-2.01)	-0.665 (-0.69)	-3.529*** (-4.49)	1.811*** (-2.26)
应交增值税	0.0511** (2.56)	0.0789*** (3.20)	0.0305 (1.51)	0.06113*** (3.05)

续表

变量名称	（模型1）二氧化硫排放强度	（模型2）烟粉尘排放强度	（模型3）废水排放强度	（模型4）用水强度
应交所得税	-0.0222 (-1.09)	-0.0377 (-1.51)	-0.0374* (-1.82)	-0.0446** (-2.18)
累计折旧	0.0947*** (4.52)	0.143*** (5.52)	0.178*** (8.40)	0.116*** (5.51)
工业总产值	-0.959*** (-26.27)	-1.006*** (-22.32)	-0.909*** (-24.58)	-0.965*** (-26.22)
资产结构	0.985*** (8.65)	1.233*** (8.78)	0.908*** (7.88)	0.520*** (4.53)
负债合计	0.141*** (6.44)	0.210*** (7.79)	0.185*** (8.35)	0.131*** (5.95)
利润总额	-0.0344 (-1.37)	-0.0294 (-0.95)	-0.0275 (-1.08)	0.00257 (0.10)
企业规模	-0.207 (-0.99)	-1.202*** (-4.64)	-1.379*** (-6.48)	-0.585** (-2.76)
企业规模平方	0.00466 (0.10)	0.188*** (3.39)	0.224*** (4.91)	0.0388 (0.85)
企业年龄	-0.00465 (-0.77)	-0.0106 (-1.42)	-0.00147 (-0.24)	0.0283*** (4.63)
企业年龄平方	0.000182 (1.63)	0.000338*** (2.46)	0.000173 (1.53)	-0.000203* (-1.80)
企业从业人数	0.0662*** (2.65)	0.0699** (2.27)	0.0875*** (3.46)	0.0695*** (2.76)
年正常生产时间	1.199*** (31.91)	1.272*** (27.41)	1.076*** (28.25)	0.956*** (25.22)
是否是技术密集企业	-0.388*** (-8.83)	-0.304*** (-5.61)	-0.323*** (-7.27)	-1.457*** (-32.92)
是否是东部省份	-0.0692 (-1.45)	-0.352*** (-5.98)	-0.284*** (-5.86)	-0.0532 (-1.10)
N	3115	3119	3680	3963
R^2	0.265	0.250	0.225	0.189

注：括号内为t统计量值，$*p<0.1$，$**p<0.05$，$***p<0.01$。

表6-3　2012年市场规制对企业末端治理型技术创新影响的回归结果

变量名称	（模型5）二氧化硫去除强度	（模型6）烟粉尘去除强度	（模型7）固体废物去除强度	（模型8）工业废水去除强度
工业排污费用	0.0991*** (5.51)	0.0658 (1.52)	0.0852* (1.76)	-0.304*** (-4.13)
产业结构	-1.024*** (-3.93)	-0.0156 (-0.02)	-2.917*** (-4.15)	5.449*** (5.11)
应交增值税	-0.00235 (-0.35)	0.0531** (3.28)	0.0381** (2.11)	0.0716*** (2.61)
应交所得税	-0.00354 (-0.52)	-0.0124 (-0.75)	-0.0390** (-2.12)	0.0281 (1.01)
累计折旧	0.0364*** (5.19)	0.131*** (7.71)	0.146*** (7.69)	0.156*** (5.42)
工业总产值	-0.0460*** (-3.75)	-0.565*** (-19.11)	-0.797*** (-24.10)	-0.882*** (-17.59)
资产结构	0.188*** (4.92)	0.921*** (10.00)	0.950*** (9.22)	0.784*** (5.02)
负债合计	0.0421*** (5.74)	0.141*** (7.96)	0.173*** (8.76)	0.125*** (4.17)
利润总额	-0.0149* (-1.76)	-0.0143 (-0.70)	-0.0193 (-0.85)	0.0824** (-2.38)
企业规模	-0.207*** (-2.94)	-1.016*** (-5.97)	-1.262*** (-6.63)	-0.342 (-1.19)
企业规模平方	0.0328 (2.17)	0.160*** (4.39)	0.214*** (5.23)	-0.0241 (-0.39)
企业年龄	-0.000678 (-0.77)	-0.0106 (-1.42)	-0.00147 (-0.24)	0.0283*** (4.63)
企业年龄平方	0.000182 (0.33)	-0.00508 (-1.04)	-0.00369 (-0.67)	0.0357*** (4.30)
企业从业人数	0.00303 (0.36)	0.0475** (2.35)	0.0905*** (4.00)	0.143*** (4.17)
年正常生产时间	0.145*** (11.50)	0.754*** (24.77)	0.946*** (27.79)	1.090*** (21.11)

续表

变量名称	（模型5）二氧化硫去除强度	（模型6）烟粉尘去除强度	（模型7）固体废物去除强度	（模型8）工业废水去除强度
是否是技术密集企业	-0.0358** (-2.43)	-0.147*** (-4.13)	-0.305*** (-7.68)	-1.387*** (-22.99)
是否是东部省份	-0.0358** (-2.24)	-0.227*** (-5.86)	-0.279*** (-6.45)	-0.208*** (-3.17)
N	6283	6283	6283	6283
R^2	0.282	0.197	0.262	0.232

注：括号内为t统计量值，* $p<0.1$，** $p<0.05$，*** $p<0.01$。

表6-4　2012年市场规制对企业能源节约型技术创新影响的回归结果

变量名称	（模型9）能源总强度	（模型10）用电强度	（模型11）煤炭消耗强度	（模型12）燃料油消耗强度	（模型13）天然气消耗强度
工业排污费用	-2.222*** (-3.06)	-0.428*** (-3.72)	0.555*** (5.57)	-0.339** (-2.07)	0.378*** (3.46)
排污费用平方	1.198*** (3.40)	0.235*** (4.22)			
产业结构	-1.558 (-1.36)	-2.621*** (-6.18)	-1.692 (-1.59)	2.650 (1.48)	-1.798 (-1.58)
应交增值税	0.0507 (1.32)	0.0137 (1.24)	0.0506 (1.35)	0.0539 (1.02)	0.0913* (2.48)
应交所得税	-0.332* (-1.80)	-0.122* (-1.93)	-0.356** (-2.06)	0.567 (1.42)	-0.0444 (-0.16)
累计折旧	0.193*** (4.99)	0.220*** (18.80)	0.220*** (6.13)	0.161** (2.40)	0.0409 (0.86)
工业总产值	-0.909*** (-12.91)	-0.947*** (-45.71)	-0.692*** (-10.51)	-0.666*** (-5.89)	-0.861*** (-11.57)
资产结构	1.318*** (6.38)	0.521*** (8.14)	0.895*** (4.69)	-0.231 (-0.59)	1.152*** (4.37)
负债合计	0.191*** (4.50)	0.258*** (21.14)	0.195*** (4.98)	-0.0578 (-0.76)	0.0873* (1.73)

续表

变量名称	(模型9)能源总强度	(模型10)用电强度	(模型11)煤炭消耗强度	(模型12)燃料油消耗强度	(模型13)天然气消耗强度
利润总额	-0.101*** (-2.41)	-0.0556*** (-3.97)	-0.157*** (-4.12)	-0.0666 (-0.85)	-0.0613 (-1.18)
企业规模	-1.623*** (-4.14)	-0.350*** (-3.01)	-1.261*** (-3.57)	0.109 (-0.21)	-0.319 (-0.90)
企业规模平方	0.269 (3.20)	-0.0502*** (-2.05)	0.174* (2.30)	-0.0304 (-0.25)	0.0435 (0.53)
企业年龄	-0.0246** (-2.18)	-0.00845** (-2.35)	-0.0212* (1.99)	-0.0361* (-1.93)	0.00258 (0.21)
企业年龄平方	0.000455** (2.21)	0.000136** (2.00)	0.000280 (1.47)	0.000542* (1.70)	-0.0000377 (-0.18)
企业从业人数	0.0681 (1.41)	0.116*** (7.88)	0.120** (2.70)	-0.0331 (-0.51)	0.0233 (0.56)
年正常生产时间	1.186*** (17.10)	0.984*** (47.48)	1.187*** (17.88)	0.708*** (6.00)	1.328*** (17.26)
是否是技术密集企业	-0.00822 (-0.10)	0.330*** (12.64)	0.234** (2.95)	0.173 (1.11)	0.337*** (2.96)
是否是东部省份	-0.327*** (-3.78)	0.295*** (10.76)	-0.210** (-2.62)	0.336** (2.01)	-0.110 (-1.11)
N	1674	18334	1739	870	1720
R^2	0.310	0.304	0.315	0.170	0.314

注：①括号内为t统计量值，$*p<0.1$，$**p<0.05$，$***p<0.01$。
②表中的估计结果略去了截距项的报告结果。

通过表6-2、表6-3、表6-4的分析，可以得出如下结论：

统计时点内环境规制对企业不同类型绿色技术创新均能产生一定影响。（1）从表6-2可以发现，工业排污费用与二氧化硫排放强度、废水排放强度分别在1%和10%的置信水平上显著正相关，回归系数分别为0.357和0.162，即工业排污费占工业总产值的比重每提高1个百分点，二氧化硫排放强度和废水排放强度分别提高0.357和0.162个百分点；工业排污费用与烟粉尘排放强度和用水强度之间呈现不显著的负相关关系。（2）从表6－3可以看出，工业排污费用与二氧化硫去除强度、固体废物去除强度分别在1%、10%的置信水平上显著正相关，回归系数分别为0.0991和0.0852，即工业排污费占工业总产值的比重每提高1个百分点，二氧化硫去除强度、固体废物去除强度将分别提高0.0991和0.0852个百分点；工业排污费用与工业废水去除强度在1%的置信水平上显著负相关，回归系数为－0.304，即工业排污费占工业总产值的比重每提高1个百分点，工业废水去除强度降低0.304个百分点；工业排污费用与烟粉尘去除强度的回归系数不显著。（3）表6－4给出的计量结果表明，工业排污费用与能源总强度、用电强度、燃料油消耗强度分别在1%、1%和5%的置信水平上显著负相关，回归系数分别为－2.222、－0.428和－0.339，即工业排污费占工业总产值的比重每提高1个百分点，能源总强度、用电强度、燃料油消耗强度分别降低2.222、0.428和0.339个百分点；工业排污费用与煤炭消耗强度、天然气消耗强度均在1%的置信水平上显著正相关，回归系数分别为0.555、0.378，即工业排污费占工业总产值的比重每提高1个百分点，煤炭消耗强度、天然气消耗强度分别增加0.555、0.378个百分点。

统计时点内环境规制对不同类型绿色技术创新的影响不一致。（1）工业排污费用对二氧化硫排放强度、烟粉尘排放强度、固体废物排放强度有提高作用，然而却降了工业废水的排放强度；工业排污费用对二氧化硫去除强度、固体废物排放强度有促进作用，但是却降了工业废水的去除强度；工业排污费用对能源总强度、用电强度、燃料油消耗强度均产生抑制作用，然而却显著地提高了煤炭消耗强度、天然气消耗强度。（2）工业排污费用对企业末端治理型绿色技术创新的影响表现为线性的（排污费用平方项不显著，故没有列出来）；工业排污费用对工业废水排放强度、能源总强度、用电强度的影响是非线性的，二者之间呈“U”形关系（排污费用平方项系数为正，且排污费用的系数为负），即在一定范围内，随着工业排污费用的提高，工业废水排放强度、能源总强度、用电强度先降低，但是超过这个门槛后，随着工业排污费用标准的提高，工业废水排放强度、能源总强度、用电强度将呈现出上升趋势；同时，工业排污费用对烟粉尘去除强度的影响还不显著。

(3) 尽管工业排污费用与工业废水排放强度、能源总强度、用电强度之间呈“U”形关系，但是工业排污费用对三类绿色技术创新影响的拐点存在差异，工业废水排放强度［0.481/(2×0.196)=1.227］>能源总强度［2.222/(2×1.198)=0.9273］>用电强度［0.428/(2×0.235)=0.911］，即随着环境规制的增强，最早对降低用电强度产生负向影响，对降低工业废水排放强度产生负向作用最晚，但是总体上差不多（均趋向于1）。

统计时点内环境规制对不同类型绿色技术创新的影响存在一定的共性规律。由表6-2和表6-3可以发现，(1) 环境规制在一定程度上推高了二氧化硫排放强度（工业排污费用与二氧化硫排放强度的回归系数为0.357），同时，环境规制也提高了二氧化硫去除强度（工业排污费用与二氧化硫去除强度的回归系数为0.0991），对前者的影响要大于后者。(2) 环境规制在一定程度上推高了固体废物排放强度（工业排污费用与固体废物放强度的回归系数为0.162），同时，环境规制也提高了固体废物去除强度（工业排污费用与固体废物去除强度的回归系数为0.0658），对前者的影响也要大于后者。(3) 一定范围内，环境规制降低了工业废水排放强度（工业排污费用与工业废水放强度的回归系数为-0.481），同时，环境规制也降低了工业废水去除强度（工业排污费用与工业废水去除强度的回归系数为-0.304），对前者的影响要小于后者。(4) 电和燃料油是统计时点内企业生产的主要能源，也是决定能源强度的主要因素，而煤炭和天然气不是当下企业生产的主要能源。上述结果表明，排污费用对二氧化硫末端治理起到促进作用，但是对二氧化硫减排的工艺改进起到抑制作用；然而，排污费用对工业废水的作用机制完全相反，即排污费用对工业废水末端治理起到抑制作用，但是对工业废水去除的工艺改进起到促进作用。

通过观察控制变量可以发现，在其他变量保持不变的前提下，(1) 企业累计折旧、资产结构（固定资产占总资产的比重）、负债合计、企业从业人数及企业年正常生产时间对企业工艺改进型绿色技术创新存在显著的负向影响，对末端治理型技术创新存在显著的正向影响。(2) 相对于非东部省份的企业而言，东部省份企业在工艺改进型绿色技术创新能力提高方面更为显著；相对于东部省份而言，非东部省份在末端治理型技术创新能力提高方面更为显著。（3）相对于非技术密集型行业的企业而言，技术密集型行业的企业在工艺改进型绿色技术创新能力提高方面更为显著；相对于技术密集型行业的企业而言，非技术密集型行业的企业在末端治理型技术创新能力提高方面更为显著。（4）企业工业总产值对工艺改进型绿色技术创新具有正向促进作用，对末端治理型技术创新具有抑制作用。（5）企业规模对绿色技术创新（除二氧化硫排放强度和工业废水去除强度外）的影响呈“U”形关系；企业年龄对降低废水排放强度和工业废水去除强度呈倒“U”形关系。（6）各控制变量对能源节约型绿色技术创新的影响存在一定的差异性。

二、2007 年实证检验结果

表 6 – 5、表 6 – 6 和表 6 – 7 分别给出了 2007 年环境规制（企业生产排污收费）对不同类型绿色技术创新影响的回归结果。

表 6 – 5　2007 年市场规制对企业工艺改进型技术创新影响的回归结果

变量名称	（模型 14） 二氧化硫排放强度	（模型 15） 烟粉尘排放强度	（模型 16） 废水排放强度	（模型 17） 用水强度
工业排污费用	−3.538*** （−2.60）	1.174 （0.66）	−3.447* （−2.44）	−0.880 （−0.65）
排污费用平方	2.145*** （3.14）	−0.0880 （−0.10）	1.851** （2.61）	0.610 （0.90）
产业结构	−7.649*** （−7.67）	−1.614 （−1.26）	−6.632*** （−6.27）	−4.797*** （−4.88）
应交增值税	0.274*** （8.41）	0.347*** （8.09）	0.130*** （4.08）	0.157*** （5.22）
工业总产值	−1.088*** （−6.34）	−1.297*** （−5.75）	−1.172*** （−6.61）	−1.251*** （−7.62）
资产结构	1.536*** （9.41）	2.525*** （11.94）	0.849*** （5.00）	1.156*** （7.41）

续表

变量名称	（模型 14）二氧化硫排放强度	（模型 15）烟粉尘排放强度	（模型 16）废水排放强度	（模型 17）用水强度
企业从业人数	-1.686** (-2.46)	-3.500*** (-3.93)	-2.235** (-3.17)	-2.232*** (-3.32)
从业人数平方	1.043*** (3.07)	1.964*** (4.45)	1.371*** (3.92)	1.345*** (4.03)
资本总计	-0.0270 (-1.03)	-0.0124 (-0.36)	0.0822** (3.12)	0.119*** (4.84)
利润总额	-0.0267 (-1.63)	-0.00916 (-0.43)	-0.0406* (-2.39)	-0.0349** (-2.21)
中间投入	0.167 (1.02)	0.234 (1.09)	0.361* (2.15)	0.532*** (3.42)
企业年龄	-0.00120 (-0.13)	-0.0102 (-0.82)	-0.0175 (-1.80)	-0.0102 (-1.12)
企业年龄平方	0.0000140 (0.07)	0.000224 (0.89)	0.000527** (2.69)	0.000494*** (2.68)
年正常生产时间	0.675*** (13.08)	0.786*** (11.81)	0.541*** (10.24)	0.583*** (12.16)
员工结构	-1.486*** (-8.50)	-2.114*** (-9.32)	-1.016*** (-5.89)	-1.127*** (-6.96)
是否是技术密集型企业	-0.128* (-1.72)	-0.0694 (-0.71)	-1.317*** (-17.91)	-1.031*** (-14.88)
是否是东部省份	0.731*** (6.97)	-0.0935 (-0.69)	0.830*** (7.38)	0.484*** (4.64)
N	3115	3119	3680	3963
R^2	0.265	0.250	0.225	0.189

注：①括号内为t统计量值，* $p<0.1$，** $p<0.05$，*** $p<0.01$。
②表中估计结果略去了截距项的报告结果。

表 6-6 2007 年市场规制对企业末端治理型技术创新影响的回归结果

变量名称	（模型 18） 二氧化硫去除强度	（模型 19） 烟粉尘去除强度	（模型 20） 工业废水去除强度
工业排污费用	-1.555 (-0.96)	-1.257 (-0.71)	-3.608** (-2.55)
排污费用平方	1.119 (1.37)	0.937 (1.06)	1.889*** (2.65)
产业结构	-4.001** (-2.55)	-2.967** (-2.28)	-5.764*** (-5.25)
应交增值税	0.208*** (3.68)	0.369*** (7.96)	0.133*** (4.00)
工业总产值	-0.948*** (-3.27)	-1.303*** (-5.52)	-1.113*** (-5.73)
资产结构	1.584*** (5.76)	2.211*** (9.91)	1.015*** (5.63)
企业从业人数	-0.914 (-1.13)	-3.406*** (-3.93)	-2.581*** (-3.75)
从业人数平方	0.646 (1.62)	1.914*** (4.46)	1.537*** (4.51)
资本总计	-0.0106 (-0.24)	0.0538 (1.47)	0.0501* (1.84)
利润总额	0.0256 (0.86)	0.0226 (1.04)	-0.0517*** (-2.90)
中间投入	0.0468 (0.17)	0.217 (0.96)	0.277 (1.51)
企业年龄	-0.0142 (-0.93)	-0.00545 (-0.42)	-0.0143 (-1.37)
企业年龄平方	0.000276 (0.91)	0.000102 (0.39)	0.000399* (1.89)
年正常生产时间	0.540*** (6.35)	0.714*** (10.07)	0.500*** (9.07)
员工结构	-1.245*** (-4.25)	-1.620*** (-6.79)	-1.075*** (-5.90)

续表

变量名称	（模型18）二氧化硫去除强度	（模型19）烟粉尘去除强度	（模型20）工业废水去除强度
是否是技术密集型企业	-0.256** (2.10)	0.146 (1.41)	-1.261*** (-16.33)
是否是东部省份	0.308* (1.73)	0.115 (0.83)	0.611*** (4.96)
N	1452	2460	2971
R^2	0.196	0.226	0.259

注：括号内为t统计量值，* p<0.1，** p<0.05，*** p<0.01。

表6-7　2007年市场规制对企业能源节约型技术创新影响的回归结果

变量名称	（模型21）能源消耗总强度	（模型22）煤炭消耗强度	（模型23）燃料油消耗强度	（模型24）天然气消耗强度
工业排污费用	0.416*** (4.85)	0.340*** (14.32)	-0.853*** (-8.05)	0.953*** (6.16)
产业结构	-2.326*** (-2.71)	-1.675*** (-6.99)	-0.760 (-0.83)	-0.934 (-0.81)
应交增值税	0.248*** (8.71)	0.269*** (26.10)	0.124*** (3.91)	0.300*** (5.42)
工业总产值	-0.926*** (-6.45)	-1.106*** (-22.36)	-0.0530 (-0.32)	-1.124*** (-5.00)
资产结构	1.817*** (12.99)	1.362*** (27.00)	0.736*** (3.93)	1.399*** (4.22)
企业从业人数	-1.655*** (-5.51)	-0.504** (-2.97)	0.102 (0.31)	-1.903*** (-5.17)
从业人数平方	1.001*** (6.80)	0.461*** (5.50)	0.0258 (0.16)	1.115*** (6.38)
资本总计	0.00301 (0.13)	0.0867*** (10.09)	-0.0119 (-0.42)	-0.0367 (-0.71)
利润总额	-0.0224 (-1.59)	-0.0246*** (-4.94)	-0.0629*** (-3.32)	-0.0366 (-1.05)

续表

变量名称	（模型21）能源消耗总强度	（模型22）煤炭消耗强度	（模型23）燃料油消耗强度	（模型24）天然气消耗强度
中间投入	0.0425 (0.31)	0.0909* (1.92)	-0.484*** (-3.07)	0.242 (1.17)
企业年龄	0.0119 (1.42)	-0.000373 (-0.13)	-0.00287 (-0.27)	-0.0820*** (-4.45)
企业年龄平方	-0.000251 (-1.44)	-0.0000338 (-0.54)	0.0000553 (0.27)	0.00145*** (4.17)
年正常生产时间	0.736*** (16.33)	0.970*** (60.98)	0.660*** (11.68)	0.837*** (9.06)
员工结构	-1.615*** (-10.91)	-1.263*** (-23.81)	-0.441** (-2.39)	-0.443 (-1.28)
是否是技术密集型企业	-0.0963 (-1.50)	-0.151*** (-6.57)	0.0863 (1.03)	0.210 (1.25)
是否是东部省份	0.348*** (3.84)	-0.0120 (-0.44)	0.861*** (6.88)	0.283* (1.82)
N	3385	22011	3192	1343
R^2	0.296	0.369	0.207	0.238

注：括号内为t统计量值，* $p<0.1$，** $p<0.05$，*** $p<0.01$。

通过分析表6-5、表6-6、表6-7，可以得出如下几个结论：

统计时点内环境规制对企业部分类型绿色技术创新能产生一定影响。(1) 从表6-5可以发现，工业排污费用与二氧化硫排放强度、工业废水排放强度分别在1%、10%的置信水平上显著相关，回归系数分别为-3.538和-3.447，即工业排污费占工业总产值的比重每提高1个百分点，二氧化硫排放强度、废水排放强度分别降低3.538和3.447个百分点；工业排污费用与烟粉尘排放强度、企业用水强度的回归系统并不显著，即此时的市场规制并没有很好地促进烟粉尘减排，也没有促进用水强度的降低。(2) 从表6-6可以看出，工业排污费用与工业废水去除强度在5%的置信水平上显著负相关，回归系数为-3.608，即工业排污费占工业总产值的比重每提高1个百分点，工业废水去除强度将降低3.608个百分点；除此之外，工业排污费用与二氧化硫去除强度、烟粉尘去除强度的回归系数不显著，即在统计时点内工业排污费用并没有显著地影响二氧化硫去除强度和烟粉尘去除强度。（3）表6－7给出的计量结果表明，工业排污费用与能源消耗总强度、煤炭消耗强度、天然气消耗强度均在1%的置信水平上显著正相关，回归系数分别为0.416、0.340和0.953，即工业排污费占工业总产值的比重每提高1个百分点，能源消耗总强度、煤炭消耗强度、天然气消耗强度分别增加0.416、0.340和0.953个百分点；工业排污费用与燃料油消耗强度均1%的置信水平上显著负相关，回归系数为－0.853，即工业排污费占工业总产值的比重每提高1个百分点，燃料油消耗强度将降低0.953个百分点。

统计时点内环境规制对不同类型绿色技术创新的影响不一致。（1）从表6－5、表6－6和表6－7可以看出，总体而言工业排污费用对部分工艺改进型和末端治理型绿色技术创新有促进作用，对大部分能源节约型绿色技术创新产生负向影响。（2）工业排污费用对能源节约型绿色技术创新的影响表现为线性的（排污费用平方项不显著，故没有列出来）；工业排污费用对二氧化硫排放强度、工业废水排放强度、工业废水去除强度的影响是非线性的，二者之间呈“U”形关系（排污费用平方项系数为正，且排污费用的系数为负），即在一定范围内，随着工业排污费用的提高，二氧化硫排放强度、工业废水排放强度、工业废水去除强度先降低，但是超过这个门槛后，随着工业排污费用标准的提高，二氧化硫排放强度、废水排放强度、工业废水去除强度将呈现出上升趋势。（3）尽管工业排污费用与二氧化硫排放强度、工业废水排放强度、工业废水去除强度之间呈“U”形关系，但是工业排污费用对三类绿色技术创新影响的拐点存在差异，二氧化硫排放强［3.538/(2×2.145)=0.825］<工业废水排放强度［3.447/(2×1.851)=0.931］<工业废水去除强度［3.608/(2×1.889)=0.955］，即随着环境规制的增强，最早对降低二氧化硫排放强度产生负向影响，对降低工业废水去除强度产生负向作用最晚，但是总体上相差不大（均趋向于1）。

统计时点内环境规制对不同类型绿色技术创新的影响存在一定的共性规律。由表6－5和表6－6可以发现，（1）一定范围内，环境规制在一定程度上降低了工业废水排放强度（工业排污费用与工业废水放强度的回归系数为 -3.447），同时，环境规制也降低了工业废水去除强度（工业排污费用与工业废水去除强度的回归系数为 -3.608），对前者的影响要小于后者。(2) 环境规制对烟粉尘去除强度和排放强度的影响均不显著，即就烟粉尘而言，征收排污费用并没有显著地促进源头减排技术创新，也没有显著地促进末端减排技术创新。(3) 煤炭和天然气是统计时点内企业生产的主要能源，也是决定能源强度的主要因素，而燃料油不是当下企业生产的主要能源，即环境规制对燃料油消耗强度有降低作用，但是对能源消耗总强度有提升作用，故很有可能是因为煤炭和天然气使用强度拉高的。上述结果表明，排污费用对工业废水末端治理起到抑制作用，但是对工业废水减排的工艺改进起到促进作用。

通过观察控制变量可以发现，在其他变量保持不变的前提下：(1) 应交增值税、资产结构（固定资产占总资产的比重）及企业年正常生产时间对企业工艺改进型绿色技术创新、能源节约型绿色技术创新存在显著的负向影响，对末端治理型技术创新存在显著的正向影响；(2) 除燃料油消耗强度、天然气消耗强度及烟粉尘排放强度外，企业所在区域产业结构对工艺改进型绿色技术创新、能源节约型绿色技术创新存在显著的正向影响，对末端治理型绿色技术创新有负向影响；(3) 除二氧化硫去除强度、燃料油消耗强度外，员工结构、工业总产值对企业工艺改进型绿色技术创新、能源节约型绿色技术创新存在显著的正向影响，对末端治理型技术创新存在显著的负向影响；(4) 除二氧化硫去除强度外，企业从业人数对企业工艺改进型绿色技术创新、能源节约型绿色技术创新的影响呈“U”形影响，对末端治理型技术创新的影响呈倒“U”形；(5) 相对于非技术密集型行业的企业而言，技术密集型行业的企业在工艺改进型绿色技术创新和能源节约型绿色技术创新能力提高方面更为显著；相对于技术密集型行业的企业而言，非技术密集型行业的企业在末端治理型技术创新能力提高方面更为显著。(6) 相对于非东部省份的企业而言，东部省份企业在末端治理型绿色技术创新能力提高方面更为显著；相对于东部省份而言，非东部省份在工艺改进型技术创新、能源节约型绿色技术创新能力提高方面更为显著。

三、结果对比分析

通过对比2007年和2012年实证结果，可以得到以下几个稳健的研究判断，具体如下：

（1）环境规制对各类企业绿色技术创新影响的有效性显著提高。从上述计量结果可以看出，2012年环境规制除对烟粉尘去除强度作用不显著外，对企业其他工艺改进型、末端治理型、能源节约型绿色技术创新均能产生显著作用，即政府通过对企业征收污染排污费用，对企业各类绿色技术创新产生了一定的影响；同时，观察2007年的实证结果可以发现，环境规制除对烟粉尘去除强度作用不显著外，对企业生产用水强度、二氧化硫去除强度、烟粉尘排放强度的影响也不显著。从显著性程度也可以发现类似的规律。为此，我们可以确定随时间的推移，环境规制手段在促进企业绿色技术创新的效率和效度上有一定幅度的提高。同时，随着经济社会发展，东部省份和技术密集型行业对于工艺改进型绿色技术创新的影响也越来越显著。

（2）工业排污收费规制同时降低了工业废水的排放强度和去除强度。从表6-2、表6-3、表6-5、表6-6可以发现，工业排污费用与工业废水排放强度和去除强度的回归系数均为负数，即工业排污费用在一定程度上降低了工业废水排放强度（2007年、2012年工业排污费用与工业废水排放强度的回归系数分别为-0.481和-3.447），同时，环境规制也降低了工业废水去除强度（工业排污费用与工业废水去除强度的回归系数分别为-0.304和-3.608）。上述结果表明，针对工业污水而言，环境规制（征收排污费用）对末端治理型绿色技术创新起到抑制作用，但是对工业废水减排的工艺改进能够起到促进作用。

（3）能源结构能够显著干扰环境规制对能源节约型绿色技术创新的影响。从表6-4和表6-7可以看出，2012年工业排污费用与能源总强度之间的回归系数为-2.222，2007年工业排污费用与能源总强度之间的回归系数为0.416，即2012年工业排污费用促进了能源强度的降低，然而，2007年的工业排污费用却推高了企业生产的能源强度。进一步分析工业排污费用对各类能源强度的影响，可以发现2012年工业排污费用与能源总强度之间的回归系数为负，主要是因为工业排污费用与用电强度、燃料油消耗强度之间的回归系数为负的原因；2007 年工业排污费用与能源总强度之间的回归系数为正，主要是因为工业排污费用与煤炭消耗强度、天然气消耗强度之间的回归系数为正的原因。图 6－1 表明，2007 年煤炭消费占能源生产总量较高，2012 年煤炭消费占能源生产总量有一个较明显幅度的下降；同时 2012 年电力和燃料油消耗量占能源生产总量也有较大幅度提升。可以说，环境规制、能源结构及企业绿色技术创新之间存在紧密的联系，形成一个良性循环。

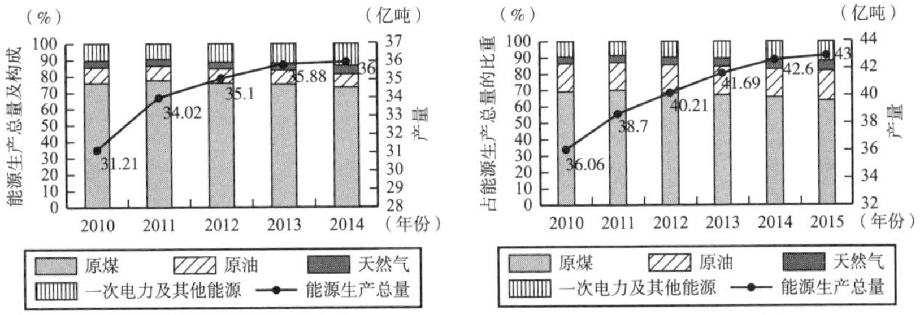

（a）能源生产总量及构成　　　　（b）能源消费总量及构成

图 6－1　中国历年能源生产和消费结构

（4）环境规制与部分企业绿色技术创新之间呈非线性动态关系。由于在 2007 年和 2012 年的计量结果中，环境规制对烟粉尘排放强度的影响均不显著，同时由于统计数据的原因，2007 年没有给出固体废物排放强度，故这两者不作为后续分析的对象。从表 6－2、表 6－3、表 6－4、表 6－5、表 6－6 和表 6－7 可以发现，环境规制对企业绿色技术创新（二氧化硫排放强度、工业废水排放强度、工业废水去除强度）之间呈“U”形关系。具体而言，环境规制与工业废水排放强度、工业废水去除强度一直呈“U”形影响，即针对工业废水去除强度和排放强度而言，当前的规制力度还没有达到拐点，适度提高对废水去除的规制将进一步提高企业这一方面的技术创新能力；环境规制与二氧化硫排放强度在 2007 年成“U”形关系，即在一定范围内提高环境规制强度，二氧化硫排放强度将得到降低，然而，2012 年的回归结果表明，工业排污费用与二氧化硫排放强度之间呈线性增加的关系，即环境规制反而推高了二氧化硫排放强度，很大一部分原因是规制力度超过了拐点（排污费用挤占了企业绿色技术创新的投入），需要适当调整对二氧化硫排放强度的规制力度。

（5）企业资产结构与折旧对不同类型绿色技术创新影响具有较大差异性。尽管2007年和2012年实证模型在控制变量选择上有些差异，然而，可以发现资产结构（固定资产占总资产的比重）与废弃物排放强度（二氧化硫排放强度、烟粉尘排放强度、固体废弃物排放强度、工业废水排放强度）、能源强度（能源总强度、用电强度、煤炭消耗强度、天然气消耗强度）、企业生产用水强度之间呈显著正相关关系，即固定资产占比越高，企业要进行工业改进的成本越高。因为工艺改进涉及对现有生产工艺和生产设备的改装和更换，为此过高的固定资产占比将降低企业工艺型绿色技术创新的积极性，取而代之的是选择末端治理型绿色技术创新，计量结果也得到了很好的验证。累计折旧越大，说明进行设备投入风险越大，故企业对于改进生产工艺和更新生产设备来减排的积极性比较低。相反，折旧越大的企业越倾向于选择使用末端治理型技术创新来满足企业生产的合法性，并降低企业生产的环境成本。可以看出，企业固体资产越大、资产折旧越快将抑制企业采取工艺改进型绿色技术创新策略，相反会促进企业采取末端治理型绿色技术创新策略。

第四节　研究结论与启示

本章通过匹配《中国工业企业数据库》《中国工业企业污染排放数据库》及区域排污征收费等来获得研究的基础数据。在此数据的基础上，构建了24个计量模型，分别对2007年、2012年政府市场规制（征收排污费）对企业不同类似绿色技术创新的影响，包括政府市场规制对末端治理型绿色技术创新、工艺改进型绿色技术创新及能源节约型绿色技术创新的影响。通过上述研究，可以得到以下几个结论：

（1）政府市场规制对企业各类绿色技术创新影响的有效性，随着时间的推移显著提高。同时，随着经济社会发展，东部省份和技术密集型行业对于工艺改进型绿色技术创新的影响也越来越显著。

（2）政府市场规制（征收排污费用）对工业废水末端治理型绿色技术创新起到抑制作用，但是对工业废水减排的工艺改进能够起到促进作用。说明在工业污水处理方面，市场规制的作用产生于工艺改进。

（3）能源结构能够显著干扰政府市场规制对能源节约型绿色技术创新的影响，能源结构越低碳清洁，排污费用作用越显著。政府市场规制、能源结构及企业绿色技术创新之间存在紧密的联系，形成一个良性循环。

（4）政府市场规制与部分企业绿色技术创新之间呈非线性关系，且随着时间的变化而不断调整。政府市场规制对企业绿色技术创新（二氧化硫排放强度、工业废水排放强度、工业废水去除强度）之间呈“U”形关系。

（5）企业固体资产越大、资产折旧越快将抑制企业采取工艺改进型绿色技术创新策略，相反，会促进企业采取末端治理型绿色技术创新策略。意味着企业内在特质对政府市场规制作用具有一定的调节作用。

本章小结

以《中国工业企业数据库》《中国工业企业污染排放数据库》及区域排污征收费为研究的基础数据。通过构建24个计量模型，分别对2007年、2012年政府市场规制（征收排污费）对企业不同类型绿色技术创新的影响，包括政府市场规制对末端治理型绿色技术创新、工艺改进型绿色技术创新及能源节约型绿色技术创新的影响。同时，给出了部分企业内在特质的调节作用，包括企业固体资产、资产折旧、所在省份及所在行业等。

本章研究的创新之处体现为借助工业企业层面的大样本数据，实证分析了政府市场规制（征收排污费）对企业不同类型绿色技术创新的影响，且对企业内在特质的影响加以控制。相较于已有宏观层面或者小样本的企业调查数据而言，本书采用较大样本进行计量检验，对绿色技术创新类型进行了划分，对比分析了市场规制对不同类型绿色技术创新影响的方向、强度和演进规律，并给出了不同特质企业绿色技术创新的偏好，具有较强的政策和理论意义。

尽管上述研究得出了一定的结论，但是由于数据的可获取性，还没有运用面板数据进行再次验证，内生性问题和固定效应还需要进一步完善；另外，政府市场规制类型或范围还需要进一步拓展。

第七章

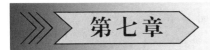

市场规制对企业绿色技术创新绩效影响的实证分析

本书的第五章基于博弈论建模的方法就政府市场规制对企业绿色技术创新绩效的影响进行了分析，然而，由于模型设置的限制，不能对市场规制类型、绿色技术创新类型及企业内在特质等因素的影响进行系统分析。第六章基于企业数据实证分析了排污费对不同类型绿色技术创新的影响，然而，未能解释这一影响的深层次原因。为此，本章将在已有研究的基础上设计研究概念模型，并通过问卷调查数据检验和修正所设计的理论模型，以此完善相关理论，也为设计精准化市场规制政策提供借鉴。

第一节　研究假设与理论框架构建

围绕研究目标，通过对已有文献梳理的方式提出理论假设，进而设计本书的理论框架。

一、企业绿色技术创新行为与其绩效

探究企业技术创新行为与其绩效之间的关系，本质上是在回答“技

术创新对企业绩效产生什么样的影响”的问题。在已有的研究中，普遍认为技术创新是企业绩效提高的关键因素（Mone et al.，1998；Cho et al.，2005；胡保亮，2012；Long et al.，2017）。绿色技术创新作为一般技术创新的范畴，对企业绩效的改善有较为显著的影响。许庆瑞等（1998）根据绿色技术对环境的不同作用，将企业绿色技术分为三个层次，即末端治理技术创新、清洁工艺创新和绿色产品创新，这也是本书对绿色技术创新界定的主要参考。

关于企业绿色技术创新及其经济绩效的关系，国内外研究普遍发现，研发投入会提升企业价值，降低生产经营成本，扩大生产规模，提高市场份额，还有可能获得绿色技术专利转让的收益（曲峰庚等，2013；杨存尧，2013）。除此之外，通过技术创新活动所产生的绿色技术专利，企业可以获得持续的竞争优势，为其纵深发展奠定基础（Long et al.，2017）。具体到不同类型绿色技术创新，企业末端治理型绿色技术创新能够从终端提高污染物减排的治理能力，有效降低生产的环境成本，进而改善企业的经济绩效（杨朝均等，2016）；工艺改进型绿色技术创新将减少不必要的生产运作成本，进而间接增加企业利润，改善企业经济绩效（Marin，2014；乔薇等，2011；任家华，2012）；产品开发领域的绿色技术创新可以帮助企业开拓新的市场领域，增加企业的市场份额和产品销售收入，同时，绿色产品创新对企业整体的竞争优势和企业形象均有正向影响（Ar，2013；Lin et al.，2013；Lee et al.，2015a）。例如，杨存尧（2013）通过对低碳板块的上市公司调研发现，企业绿色技术研发投入会提升企业价值，同时也会给企业带来利润；阿尔（2012）通过对140家土耳其制造企业进行实证研究发现，绿色产品创新会显著提高企业竞争力和绩效。从成本方面看，企业绿色技术创新有助于其获得政府信赖，减少了生产环境成本，并获得政府政策支持、正面宣传等资源；从收益方面看，绿色技术创新使企业赢得更多消费者青睐，形成绿色产品溢价和品牌口碑；同时废料的再利用也为企业创造了额外收益（Dangelico，2013）。

基于此，本书提出如下假设：

H1：企业绿色技术创新对其经济绩效起到正向促进作用。

H1a：企业末端治理型绿色技术创新对其经济绩效起到正向促进

作用。

H1b：企业工艺改进型绿色技术创新对其经济绩效起到正向促进作用。

H1c：企业绿色产品创新对其经济绩效起到正向促进作用。

环境绩效可以从宏观和微观两个维度进行阐述。从微观的角度来看，环境绩效涉及当前环境规制下的各种标准或者直接的管理指标，包括水质量、空气污染物排放、固体废物产生及噪声水平等（Boons et al.，2009），这些环境指标通常是定量和标准化的，可以聚合成单一指标，或者作为衡量各种环境影响的加权指标（Ying et al.，2014）。微观层面的环境绩效在很大程度上反映着企业营运的环境合法性。宏观层面的环境绩效从系统、动态的角度测度了企业在污染控制、自然资源保护和生态恢复等方面的长期努力（Boons et al.，2009）。末端治理型绿色技术创新是直接降低污染物排放的措施；工艺改进型绿色技术创新从源头降低能源、资源的消耗，也间接降低了污染物排放；绿色产品创新是最为高级的绿色技术创新，在满足产品市场需求的前提下，也降低了生产的环境资源压力，如图7－1所示。无论何种类型的绿色技术创新，都在一定程度上提高了企业的环境绩效。正如田翠香等（2017a）所指出的那样，企业开展绿色技术创新活动首先会改进环境绩效，且会改进企业的经济绩效，因为有利于生产环节的节能降耗，进而降低成本和环境规制费用。例如，龙等（2017）通过对韩国在中国投资企业进行调研发现，环境创新行为能够显著改善企业的经济绩效和环境绩效。企业绿色技术创新从微观层面降低了生产的环境合法性投入；宏观层面的绿色技术创新体现了企业在污染控制、自然资源保护和生态恢复等方面的长期性水平。公众环保意识逐渐增强的时代背景下，绿色技术创新行为类似于广告投入，有利于提升企业的社会形象，进而影响企业的绩效（Cellini et al.，2008）。

基于此，本书提出如下假设：

H2：企业绿色技术创新对其环境绩效起到正向促进作用。

H2a：企业末端治理型绿色技术创新对其环境绩效起到正向促进作用。

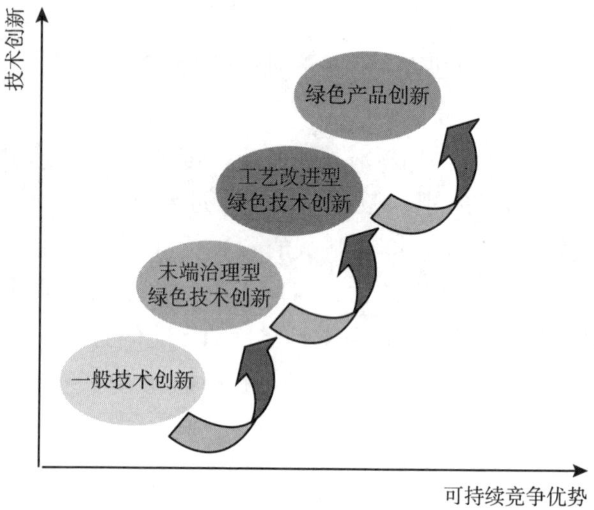

图 7-1　企业技术创新的动态演化轨迹

H2b：企业工艺改进型绿色技术创新对其环境绩效起到正向促进作用。

H2c：企业绿色产品创新能对其环境绩效起到正向促进作用。

企业市场竞争力如同过程创新和产品创新的盈利能力一样，是较高水平的国际优势和资金流的体现。余浩（2010）将竞争力定义为围绕相近行业和竞争对手，基于价格的竞争以及对先进技术的追赶速度。已有的研究中，部分学者以短期市场盈利能力（例如，ROI、净盈利、利润增加等）和长期增长潜力（例如，市场份额、现金流增长等）来衡量企业的市场竞争力（Ying et al.，2014）。阿齐兹等（Aziz et al.，2016）指出，采取技术创新策略能够使企业通过收集知识、培育技能和增长经验的方式，通过创新产品、流程或商业模式来创造长期竞争优势。理论研究与西方国家的发展实践均表明，技术创新是提高企业核心竞争力的关键，也是中国很多企业崛起的有效路径之一（Chesbrough et al.，2010）。绿色技术创新也不例外，正如波特等（Porter et al.，1995a）所指出的那样，致力于环境技术创新的企业不仅可以以更低的成本适应严格的环境保护法规，而且还能为其赢得市场竞争力。实施绿色战略，有利于环境可持续性的创新，可以极大地帮助企业获得持续的竞争优势（Singjai et al. , 2018）。从长远来看，绿色产品创新可以帮助企业降低成本，并使其产品与竞争对手的产品区别开来，绿色技术创新的企业享受先行者的竞争地位，因为可以向市场消费者释放企业对自然环境的承诺的强烈信号（Leonidou et al. , 2013）。尽管一些研究发现绿色技术创新对企业市场竞争力没有影响，甚至有负面影响。最近的研究表明，在发达国家和发展中国家实施绿色技术创新战略具有竞争优势（Mengucet al. , 2010；Chiou et al. , 2011；Leonidou et al. , 2013；Hojnik et al. , 2016a）。可以说，企业关于产品、过程及管理的绿色（生态）创新可以降低生产成本，提高企业的生产效率和生产力，改善产品质量，进而促进企业市场竞争力提高。

基于此，本书提出如下假设：

H3：企业绿色技术创新对其市场竞争力起到正向促进作用。

H3a：企业末端治理型绿色技术创新对其市场竞争力起到正向促进作用。

H3b：企业工艺改进型绿色技术创新对其市场竞争力起到正向促进作用。

H3c：企业绿色产品创新对其市场竞争力起到正向促进作用。

二、绿色技术创新企业市场竞争力与其绩效

关于企业绿色技术创新对其经济绩效、环境绩效的影响，尽管在部分研究中关于这三者之间的关系还存在一定的争议，但是主流观点认为绿色技术创新对其经济绩效和环境绩效存在正向影响。已有的研究中要么将企业市场竞争力同经济绩效、环境绩效等同起来，要么认为企业绿色技术创新对其绩效影响是直接的，关于企业绿色技术创新对其经济绩效和环境绩效影响路径的分析还不够深入（Reinhardt，2010；Ying et al. , 2014；Hojnik et al. , 2016a）。正如霍伊尼克等（Hojnik et al. , 2016a）的研究发现，企业生态技术创新效益可以分为直接效益和间接效益，直接效益与运营优势有关，尤其是在节约成本方面，其根源在于提高资源生产率；间接效益与企业形象、相关者关系、健康和安全效益以及员工满意度有关，同时也提高了整体创新能力。相对于同行业竞争

者而言，绿色技术创新企业拥有一定的市场竞争优势，通常表现为较低的生产成本、较高的产品质量、较低的环境污染及较好的企业形象，这些能力又相应地能够提高企业整体绩效（周湘峰等，2011）。绿色形象不仅是企业特有的资源，而且是一种杠杆性资源，能够将企业同竞争者区分开来，形成基于环境的领导声誉，帮助企业赢得先动优势，能够撬动其他资源，进而提升企业绩效（陈泽文等，2019；李怡娜等，2017）。基于企业市场竞争力、企业绩效及绿色技术创新的关系，可以发现采取绿色技术创新的企业其在生产成本、产品质量、产品环境影响及企业形象等方面具有一定的竞争优势。同时，较低的生产成本、较高的产品质量、较低的环境污染及较好的企业形象均可以给企业带来经济收益和环境收益。结合前面的文献梳理和研究假设，本书有一个初步假设，即企业绿色技术创新、企业市场竞争力及企业绩效之间存在一定的内在关联。

基于此，本书提出如下假设：

H4：绿色技术创新企业环境绩效对其市场竞争力起到正向促进作用。

H5：绿色技术创新企业市场竞争力对其经济绩效起到正向促进作用。

H6：市场竞争力是企业绿色技术创新行为与创新绩效的中介变量。

三、企业绿色技术创新的环境绩效与经济绩效

在过去的30年里，有关企业环境绩效（corporate environment performance，CEP）和经济绩效（corporate financial performance，CFP）的争论一直没有形成统一的结论（Lee et al.，2015b；Yook et al.，2018）。传统的观点认为企业的环境绩效改善将给企业带来额外的生产成本和经济负担，进而影响企业的经济绩效和市场竞争力（Rassier et al.，2010）。例如，拉塞尔等（Rassier et al.，2010）基于东南亚企业的研究并未发现环境绩效同经济绩效、企业竞争力之间显著的相关性；王等（Wang et al.，2012）的研究结论也表明，减少污染物排放并未改善企业的经济绩效。随着时代的进步和研究的深入，越来越多的研

究发现，企业环境绩效与经济绩效之间存在着较为密切的关系，即通过识别和利用环境机会，能够有效改善其经济绩效（Vanchonetal.，2006；Reinhardt，2010）。企业环境绩效的提高有助于其自身形象的改善，进而帮助企业拓展新的商业机遇和竞争优势（Chen，2008）。除此之外，环境策略的才能能够正向影响组织能力，也将影响其环境绩效，最终影响其经济绩效（Yook et al.，2018）。林等（Lin et al.，2013）现环境绩效指标与越南主要国外摩托车公司的财务绩效指标呈正相关。西谷等（Nishitani et al.，2017）发现无论公司对环境管理的立场如何，公司都可以通过改善环境绩效来提高财务绩效。进入生态文明建设的新时代，习近平总书记战略性地提出“绿水青山就是金山银山”，归根到底也就是要实现绿色产品（服务）价值化（杜雯翠等，2017；柯水发等，2018）。可以说在当前的时代，企业绿色技术创新的环境绩效可以有效地转化为经济绩效。正如以往很多研究所指出的那样，环境绩效是企业绿色技术创新产生与经济绩效之间的中介变量。

基于此，本书提出如下假设：

H7：企业绿色技术创新的环境绩效正向促进其经济绩效。

四、政府市场规制与企业绿色技术创新绩效

国内外技术创新理论与实践表明，市场在配置创新资源方面更为有效，决定了市场导向的绿色技术创新活动比技术导向的创新活动的效率更高（贠天一，2017；Cai et al.，2015；Liu et al.，2014）。市场导向下的企业绿色技术创新，就是要借助市场机制来优化企业绿色技术创新要素配置效率，就是要充分发挥市场的供求机制、竞争机制及价格机制来降低绿色技术创新的不确定性和多重外部性，进而提高企业绿色技术创新的投入。然而，由于创新的多重外部性，绿色产品消费的内部性及绿色技术创新进入壁垒等原因，有效的市场一般很难实现，取而代之是市场失灵，需要有效的市场规制进行干预。正如许多学者所指出的那样，在中国，市场导向的管制政策比行政干预管制政策更能促进企业的绿色技术创新（聂爱云等，2012；谢里，2018；王娟茹等，2018）。市场失灵的领域往往是政府可以作为的地方，政府规制手段能够有效地清

除市场运行中的障碍，减少市场主体在参与绿色技术创新活动中的外部效应、信息不对称性和进入壁垒等，规范市场竞争规则与秩序，以弥补市场机制的不足。关于政府市场规制对企业绿色技术创新的影响，同前文一样，主要基于经济学的视角，从价格型市场规制、供求型市场规制和竞争型市场规制三个维度展开。

有效市场内，各种要素的相对价格能够反映每一时点上一国要素禀赋结构中各种要素的相对丰裕程度，意味着通过价格信号和价格体系就能使得资源配置达到帕累托有效。有效市场的核心要义在于市场上各种要素的相对价格能够反映其相对稀缺性，这就要求不存在人为扭曲的要素市场，企业能够观察到真实的相对价格。发挥市场价格规制对绿色技术创新各类要素配置的导向作用，对资源、环境等要素的定价作用，促使企业从依靠过度消耗资源能源、低性能低成本竞争，向依靠创新、实施差别化竞争转变。林等（2019）研究发现，电力价格对可再生能源技术创新具有长期的正向影响，即电价每增加 1% 单位，可再生能源技术创新将增加 0.7825% ~1.0952% 单位，侧面反映了政府价格调控机制对绿色技术创新的影响。李等（Li et al.，2018）通过构建企业、银行和政府之间应用绿色贷款促进技术创新的博弈模型，探讨了绿色贷款和政府补贴对清洁生产的促进作用，发现绿色贷款补贴不仅提高了企业技术创新的意愿，而且降低了创新风险。王等（Wang et al.，2017）研究发现，绿色保险不能提高企业创新能力和期望利润，但能够降低创新风险，同时，绿色保险补贴和政府补贴都正向促进企业绿色技术创新，且绿色保险补贴比直接补贴具有更低的创新风险。王旭等（2018）实证研究发现，政府补贴对蜕变期企业绿色技术创新具有促进作用，却在企业成熟期呈现出显著的抑制效应。李香菊等（2018）指出，环境税对企业绿色技术创新的影响呈倒“U”形，排污费对企业绿色技术创新的影响呈“U”形。来自政府的补助会同时对企业技术创新投入产生挤出效应与激励效应：一方面，政府补助可以缓解企业技术创新研发资金困窘，促进新技术的开发应用；另一方面，政府补助又可能会挤出企业自身的技术创新投入（Wallsten，2000；Feldman et al.，2006）。总体而言，政府可以通过排污费、税收及补贴等直接或间接的价格规制手段影响企业绿色技术创新的“成本—收益”，进而对企业市场竞争力起到正向调节作用，也会促进绿色技术创新的环境绩效向经济绩效转化。只有稳定的经济收益才能保持企业绿色技术创新的积极性。

基于此，本书提出如下假设：

H8：政府价格型市场规制正向调节绿色技术创新企业市场竞争力提升。

H9：政府价格型市场规制正向调节绿色技术创新环境绩效向经济绩效转化。

政府供求型市场规制为企业绿色技术创新指明了研发方向、路线选择，也为政府、高校、科研院所、中介机构提供了努力的方向，以提供市场所需求的绿色技术创新要素，实现多主体共同发力。兰维尔（Rainville et al.，2016）研究发现政府的绿色采购行为也是影响企业绿色技术创新的关键要素之一。绿色采购使企业通过与绿色供应链成员协调及内部各部门协调决策，在采购行为中充分考虑环境因素，使采购的原材料在全生命周期内的环境影响最小化，实现资源的循环利用，保护资源，最终提高包括财务绩效和环境绩效在内企业绩效。曹霞等（2015）、谢雄标等（2015）认为，应通过改进宣传教育内容和形式，使绿色意识植根于地方政府、消费者、企业、供应链合作者心中，并使其各自承担应尽的责任，进而使企业感受到市场的强大压力和该环境中企业绿色技术创新的优越性。中国已有的发展实践表明，科学合理布局一批重点研发项目是推进绿色技术创新供给的关键手段。例如，以新能源汽车技术创新过程为例，我国于2001年启动了“863计划”——电动汽车专项，明确了“三纵三横”的发展格局，为后期的电动汽车企业绿色技术创新提供了基础知识积累（李肆等，2017）。通过强化资源环境生态相关法规标准执行力度，加快淘汰落后技术装备，释放绿色技术市场需求空间，不仅实现了产能的增长，更实现了能耗的下降。正如多兰等（2012）所指出的那样，特定的政府规制政策向生态创新者和污染者传递了明确和标准的内容，引导企业的行为符合规制标准。总体而言，政府可以通过定期发布绿色技术创新目录、引导市场的绿色消费、政府绿色采购、布局绿色技术创新研发项目及强化生产标准等规制手段影响市场绿色技术的“供给—需求”，进而对企业市场竞争力起到正向调节作用，也会促进绿色技术创新的环境绩效向经济绩效转化。

基于此，本书提出如下假设：

H10：政府供求型市场规制正向调节绿色技术创新企业市场竞争力提升。

H11：政府供求型市场规制正向调节绿色技术创新环境绩效向经济绩效转化。

市场竞规制是促进企业绿色技术创新的关键机制之一，因为竞争规制让一部分没有达到绿色生产标准的产品不具备市场需求和竞争力，进而将自动引导企业进行绿色技术创新，以此满足不断提高的绿色需求标准。竞争规制将直接或间接地影响企业产品（服务）的市场竞争力，也将进一步促进企业进行新一轮绿色技术创新。经合组织（OECD）报告指出，绿色技术专利制度是一个运行良好的知识产权保护和执行系统，能够促进绿色技术在国内和国际间进行扩散（OECD，2011）。杨等（Yang et al.，2010）指出，各国为促进企业绿色技术创新，纷纷建立了具体的知识产权激励措施，如延长许可承诺期以及加快环境技术的专利审查等。例如，澳大利亚、加拿大、以色列、日本、韩国、英国和美国等国家通过实施快速跟踪“绿色”专利申请方案，加速绿色技术创新。绿色壁垒主要通过影响产品的环境质量来影响创新产品的差异程度，绿色壁垒严格程度的增加伴随着环境竞争力的提高（尹秀英，2019）。企业通过技术创新不仅能跨越绿色壁垒，还能提高产品质量、提高企业的知名度和品牌形象，增加产品的差异化程度。正如，张学睦等（2019）所证实的那样，生态标签、功能价值、社会价值以及环境价值对绿色产品购买意愿具有积极的正向作用，且生态标签对功能价值、社会价值以及环境价值具有积极的正向影响，功能价值（质量）在生态标签与消费者绿色产品购买意愿之间具有完全中介作用。政府竞争型市场规制能够放大绿色技术创新企业的竞争优势，缩小非绿色技术生产的市场需求和比较优势。总体而言，政府可以通过绿色专利保护制度、绿色壁垒等规制手段来培育绿色技术创新企业的先动优势、竞争优势，进而对企业市场竞争力起到正向调节作用，也将正向影响绿色技术创新环境绩效向经济绩效转化的进度。

基于此，本书提出如下假设：

H12：政府供求型市场规制正向调节绿色技术创新企业市场竞争力

提升。

H13：政府供求型市场规制正向调节绿色技术创新环境绩效向经济绩效转化。

五、企业内在特质对政府市场规制的调节作用

相较于传统技术创新而言，企业绿色技术创新模式更加强调市场导向或者机制的作用。随着市场需求和结构的变化动态调整创新模式，以实现通过市场机制优化创新要素配置的目标，也是未来中国企业绿色技术创新最为主要的模式。主流研究观点表明，政府的价格补贴机制、风险降低机制、标准准入机制、产权界定和保护机制及政府绿色采购等机制是弥补绿色技术创新市场失灵的有效手段（Ren et al.，2018；Wang et al.，2016；Hua et al.，2005；Wang，2002；OECD，2011；Yang et al.，2010）。但是，有部分研究发现政府市场规制对企业绿色技术创新及绩效的影响并不显著，甚至能够起到负向作用。政府市场规制对企业绿色技术创新行为与绩效影响的差异性在很大程度上是因为企业的内在特质，且随着经济社会发展，同一规制措施的影响差异性会愈发显著，这也是要设计精准化政策的重要原因。囿于篇幅，本书主要聚焦于企业规模、所有制结构和行业特征三个维度。

从资源、规模经济、声誉优势、研发成本和风险管控等方面来看，大多数研究表明，企业规模对绿色技术创新及其绩效具有积极影响。小企业可能没有充分的资源配置和组织实践来处理好绿色技术创新的多维性和广泛性（Darnall et al.，2007）。例如，康塞科等（Conceicão et al.，2006）以葡萄牙 1995～1997 年企业生态技术创新实践为对象进行研究，发现生态创新与企业规模之间存在正相关关系；通过对 1990～1998 年英国企业工业污染排放量的分析发现，污染物排放强度与企业规模呈负相关关系；莫塔（Motta，2006）；约克等（Yook et al.，2018）针对其他国家不同年份和规模类型企业的研究也得出了类似的结论。环境政策能够对重污染行业的创新过程产生直接影响，而且影响大小会因企业规模的不同产生差异（孙学敏等，2014）。例如，卡伊内利等（Cainelli et al.，2012）研究发现，在中小型企业中员工受过专业训练的比例越

高，企业开展环境技术创新的可能性相应地也越高。绿色技术创新的技术不确定性、市场不确定性、高投入性及多重外部性进一步让小微企业“望而却步”，也进一步导致大企业成为绿色技术创新投入主体；贺娜等（2018）研究发现狭义环保税对绿色技术创新数量的增加有显著的促进作用，而且对国企以及规模较大、现金流不足的企业的激励作用更为显著，但是征收环保税并无益于技术创新质量的提升。企业规模大小在一定程度上决定了其对政府规制的适应程度。中国的发展实践表明，相对于中小企业而言，大企业和超大型企业所获取的政府资源，对政府规制政策的适应能力也更强。总而言之，企业规模会在一定范围内会影响企业绿色技术创新市场竞争力的形成，也会对绿色技术创新环境绩效向经济绩效转化产生影响。

基于此，本书提出如下假设：

H14：企业规模是绿色技术创新向经济绩效转化中介路径的调节因素。

改革开放初期，国有企业凭借政策优势成为国民经济社会发展的中坚力量；20 世纪 80 年代后期，集体经济开始发展成为经济增长的重要源泉；私营和外资经济在 90 年代后成为经济发展的重要驱动力（贺聪等，2008）。随着国企改革向纵深发展，国有经济在重要行业和关键领域发挥着较为重要的作用。党的十八大后，党中央和国务院高度重视民营力量在经济总盘子中所占的比重①。可以说，在不同时期，不同所有制结构企业在经济社会发展过程中所起的作用也是不同的，也逐步形成了多种所有制结构并存的局面。围绕企业所有制结构与企业技术创新的研究，已有的研究主要从外资企业与内资企业技术创新的关系问题、所有制与技术创新两个维度展开。关于第一个维度，学术界普遍认为外资企业可以通过示范效应、竞争效应及人员流动效应产生技术的溢出，且对内资企业技术创新能力的提升有促进作用（李晓钟等，2008；Liu et al.，2008；李长青等，2014；李春涛等，2010）；关于第二个维度，

① 2019 年 2 月，中共中央办公厅、国务院办公厅印发了《关于加强金融服务民营企业的若干意见》。要求积极支持民营企业融资纾困，着力化解流动性风险并切实维护企业合法权益。

学术界普遍认为国有企业比民营企业更具有创新性，但是由于激励不足，国有企业领导对于高风险、投资期限长的项目热衷度较低，非公有制企业技术创新积极性和效率均比较高（Choi et al.，2011；李春涛等，2010；冯根福等，2008；李长青等，2014）。

中国不同省份经济发展水平、市场环境、制度环境均存在较大差异，要素市场与产品市场的市场化进程的不同步将导致要素市场扭曲。为此，不同所有制企业会因为产权性质的差异性对（绿色）技术创新行为与绩效之间的关系产生较为深刻的影响（Chen et al.，2014）。同时，不同所有制企业的资源准入和管理能力存在很大差异（Liang et al.，2012）。关于企业所有制与绿色技术创新的关系，田翠香等（2018）实证研究发现，国有企业和主板上市的重污染企业更重视绿色技术创新；王等（2018）的研究表明，风电产业政策对不同所有制企业创新质量的影响存在显著差异：综合政策和供给侧政策对民营企业核心技术创新有积极影响，需求侧政策和环境侧政策只对国有企业非核心技术创新有积极影响；张等（Zhang et al.，2019）通过对2000～2010年中国上市制造企业的调查发现，绿色专利与企业绩效之间存在着积极而显著的关系，且绿色增长主要是由绿色实用新型专利驱动的，这种积极的关系只存在于国有企业之间。某一确定性政府市场规制对企业绿色技术创新的影响将因其内在特质产生影响，要在已有研究的基础上，进一步分析某一确定市场规制政策对外资企业、内资企业绿色技术创新影响的差异性；同一市场规制政策对国有企业、民营企业绿色技术创新营销的差异性。企业绿色技术创新行为是创新绩效的本因，企业的所有制结构会对创新决策与创新绩效产生一定的作用。为此，可以说企业所有制对会影响企业绿色技术创新市场竞争力的形成，也会对绿色技术创新环境绩效向经济绩效转化产生影响。

基于此，本书提出如下假设：

H15：企业所有制是绿色技术创新向经济绩效转化中介路径的调节因素。

现代产业发展史表明，不同产业在技术进步速度、频率以及范围等方面存在显著差异，也必然会影响到国民经济中各产业所处创新阶段。产业生命周期理论（life cycle theory）较为详尽地指出，产业内企业的生存风险、现金流量及融资需求等在产业发展的不同阶段均存在较为显著的差异，进而引起相关企业在创新决策、研发投入及自主创新行为等方面产生差异性（张家伟，2007）。不同行业企业在要素投入、期望产出和废弃物排放等方面存在较大差异，也即企业绿色技术创新、政府市场规制的影响效果均会因其所属行业的不同而产生差异。正如，徐乐等（2019）的研究结论所揭示的那样，重点产业政策能够有效促进新能源技术创新，但政策效果因制定层级、实施区域、行业特征等不同而存在明显差异。由于信息不对称，政府通常需要针对某一政策目标和行业采取针对性的激励措施。

田翠香等（2018）实地调研发现，不同行业在绿色技术创新方面的表现存在较大差距，样本企业中，电力行业和采掘业开展绿色技术创新的企业比例较高；制造业企业中，医药制造业、化学纤维制造业、饮品制造业、橡胶和塑料制品业企业在技术创新活动中较少关注绿色环保方向。刘章生等（2017）通过构建两位数制造行业 2003～2014 年的绿色技术创新投入产出面板数据库，采用全域 SBM 方向性距离函数和全域 Malmquist－Luenberger 指数对期间各行业的绿色技术创新能力进行测算，研究表明，行业异质性是导致绿色技术创新能力差异的重要原因。岳鸿飞等（2018）利用基于松弛变量的方向距离函数及 Luenberger 生产率指数测算了中国 36 个工业行业 2006～2015 年的绿色全要素生产率，研究发现高端制造业、清洁能源供应业、轻型制造产业具有较高的绿色发展水平；冶金、电力等行业率先出现了绿色化改造的进步态势，但绝大多数传统高污染行业的绿色发展水平仍然较低。徐建中等（2018）基于核密度函数模型描绘了我国制造业能源强度的动态演变规律和行业异质性，研究发现制造业环境规制对绿色技术创新的影响存在行业异质性，且同一行业不同时期也存在较大差异。

H16：企业所在行业是绿色技术创新向经济绩效转化中介路径的调节因素。

除上述三类特质外，企业绿色技术创新行为与绩效还受到企业年龄和所在省份的影响。已有的发展实践表明，企业规模与企业年龄之间存在较大的相关性，即年龄加大的企业，规模一般不会太小，反之也成立。正如企业生产规模对绿色技术创新与绩效关系的调节作用一样，企业的年龄也会产生较为相似的影响。企业的生产或者绿色技术创新活动在很大程度上受到地方政府干预的影响，正如上述所说的政府市场规制，同时，政府的干预强度和类型在地区上面存在差异性。由于前面对政府市场规制与企业绿色技术创新、经济绩效、环境绩效、市场竞争力之间的关系已经进行了研究，这里就不再赘述。通过分析可以发现，企业的年龄和所在地区也会影响企业绿色技术创新市场竞争力的形成，也会对绿色技术创新环境绩效向经济绩效转化产生影响。

基于此，本书提出如下假设：

H17：企业年龄是绿色技术创新向经济绩效转化中介路径的调节因素。

H18：企业所在区域是绿色技术创新向经济绩效转化中介路径的调节因素。

六、理论框架

基于上述研究假设并结合本章节的研究目标，特提出该研究的理论模型，具体如图 7－2 所示。本书试图回答如下几个问题：（1）企业绿色技术创新与其绩效之间的传导机理是什么，即要回答清楚是否存在以下四条路径：企业绿色技术创新→环境绩效→企业市场竞争力→经济绩效、企业绿色技术创新→环境绩效→经济绩效、企业绿色技术创新→经济绩效、企业绿色技术创新→企业市场竞争力→经济绩效。（2）企业内在特质（规模、所有制、行业特质、年龄及所在省份）是否会干扰绿色技术创新对企业市场竞争的影响；是否会干扰环境绩效对经济绩效的影响；是否会干扰企业市场竞争力对经济绩效的影响。（3）政府市场规制（价格型市场规制、供求型市场规制、竞争型市场规制）是否会干扰绿色技术创新对企业市场竞争的影响；是否会干扰环境绩效对经济绩效的影响；是否会干扰企业市场竞争力对经济绩效的影响。（4）上述绿色技术创新向经济绩效的中介传导路径与政府市场规制、企业内在特质对中介路径的调节作用会不会因绿色技术创新类型的不同而产生差异性。

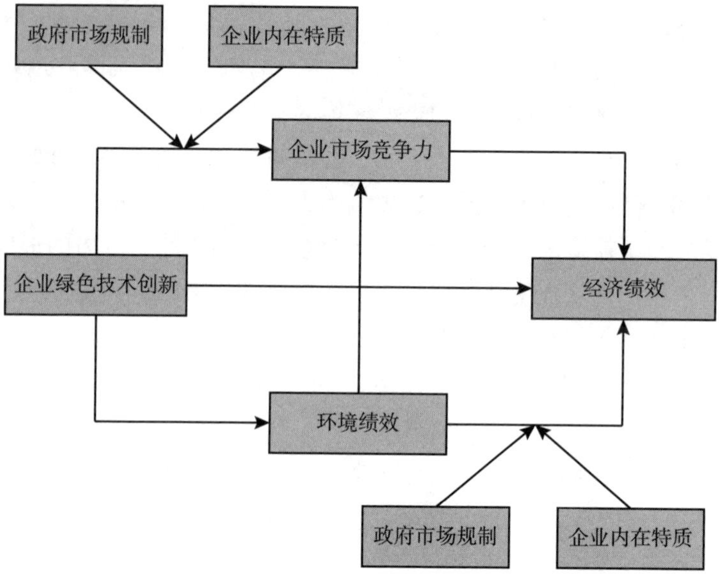

图7-2 理论模型

第二节 研究设计

一、变量测度

在本章节的研究中，共设计了9个潜变量，分别是政府价格型市场规制、政府供求型市场规制、政府竞争型市场规制、末端治理型绿色技术创新、工艺改进型绿色技术创新、绿色产品创新、企业市场竞争力、绿色技术创新环境绩效及绿色技术创新经济绩效。每个构面均设计了多个题项进行测度，测度的方法主要采用7点式的李克特量表，其中"1"代表非常不同意，"7"代表非常同意。

企业绿色技术创新主要从末端治理型绿色技术创新、工艺改进型绿色技术创新与绿色产品创新三个维度进行分析。[①] 关于末端治理型绿色

① 汪明月、李颖明、王子彤：《工业企业绿色技术创新绩效传导及政府市场规制的调节作用研究》，载于《管理学报》2022年第19期，第1026~1037页，第1091页。

技术创新构面的测度，主要参考关洪军等（2017）、李（Li，2014）的做法，采用 EGT1、EGT2、EGT3、EGT4、EGT5 题项进行测度；关于工艺改进型绿色技术创新构面的测度，主要参考陈等（Chen et al.，2006）、陈（Chen，2008）、邱等（Chiou et al.，2011）、霍伊尼克等（Hojnik et al.，2016）、陈泽文等（2019）等的做法，采用 PGT1、PGT2、PGT3、PGT4、PGT5 题项进行测度；关于绿色产品创新构面的测度，主要参考陈等（Chan et al.，2011）、李（Li，2014）等的做法，采用 GPT1、GPT2、GPT3、GPT4 题项进行测度。

政府市场规制主要从政府价格型市场规制、政府供求型市场规制、政府竞争型市场规制三个维度进行分析。关于政府价格型市场规制构面的测度，主要参考王等（Wang et al.，2017）、李等（Li et al.，2018）、王旭等（2018）、李香菊等（2018）的做法，采用 PR1、PR2、PR3、PR4、PR5 题项进行测度；关于政府供求型市场规制构面的测度，主要参考兰维尔（Rainville，2017）、李玮等（2017）、多兰等（Doran et al.，2012）等的做法，采用 SDR1、SDR2、SDR3、SDR4 题项进行测度；关于政府竞争型市场规制构面的测度，主要参考霍伊尼克等（2012）、OECD（2011）、杨等（Yang et al.，2010）等的做法，采用 CR1、CR2、CR3、CR4 题项进行测度。

企业绿色技术创新影响主要从企业市场竞争力、绿色技术创新环境绩效及绿色技术创新经济绩效三个维度进行分析。关于企业市场竞争力构面的测度，主要参考董等（Dong et al.，2014）、黄等（Huang et al.，2016）等的做法，采用 MCP1、MCP2、MCP3、MCP4、MCP5 题项进行测度；关于绿色技术创新环境绩效构面的测度，主要参考关洪军等（2017）、约克等（Yook et al.，2018）、陈等（Chan et al.，2016）、龙等（Long et al.，2017）等的做法，采用 CEP1、CEP2、CEP3、CEP4、CEP5 题项进行测度；关于绿色技术创新经济绩效构面的测度，主要参考董等（2014）、关洪军等（2017）、约克等（2018）、陈泽文等（2019）等的做法，采用 CFP1、CFP2、CFP3、CFP4、CFP5 题项进行测度。

由于验证性因子分析在构面测度的过程中难免出现有些题项不显著的情况，在设计题项时，应尽可能全地加入测量题项，并通过后续的检验办法将不显著的题项删除。如果初始设计的题项较少（少于或者等于

3个），就有可能出现模型不能辨识的情形，影响后续的路径分析。

二、数据收集

利用第三方问卷调查和实地调研相结合的办法收集研究所需要的数据，并借助所搜集的数据开展横断面实证研究。在收集数据之前，分两个阶段对所设计量表的有用性和科学性进行论证：第一阶段，邀请课题组四位经验丰富的研究人员对问卷内容进行分析，并根据研究人员的反馈对量表进行了修改和完善，以提高测量的清晰度和适当性；第二阶段，邀请五位实施绿色技术创新的企业部门经理就问卷内容的可读性、准确性和完整性进行预调研，并对问卷内容进行了两次修改和论证。

为了获取与本书研究主体相关的样本，对北京、上海、广东、江苏、浙江、山东等28个省份的省会城市（直辖市）的工业企业发放调查问卷，宁夏、新疆、西藏、香港、澳门及台湾除外。问卷发放主要通过与各地方企业工业园区联系，并邀请企业的部门经理、运营总监、生产总监、技术总监、企业董事长或者其他相关负责人参与了问卷调研。如果被联系人不是完成调查最合适的人选，则请求该被联系人将调查问卷邮件转发给公司中最合适回答问卷的人，或将其他潜在问卷回答人员介绍给我们，进而以较快的速度完成样本的收集。此次问卷调研时间为2019年1月~2019年4月，共向2000家企业（受访企业员工数量要求大于5人）发送了电子邮件或调查问卷。实地调研问卷数据收集方面，主要面向北京、河北及江西等省份的企业（包括南昌小兰工业园区企业、碧水源、神雾集团等环保企业），通过纸质和电子问卷相结合的办法完成样本收集。本次调研共有832家企业回复了邮件或直接参与了问卷，响应率为41.60%，共收集到了807份问卷，剔除不合格问卷后，有效的问卷数量为642份，有效率为79.55%。

本书主要采用国内外较为成熟并且被广泛运用的测量量表。为了保证所采用的量表在中国情境下的清晰可读性，首先，对英文的量表进行背靠背式的单独翻译，之后围绕翻译的不同之处进行交流讨论，最终达成一致；其次，在问卷发放之前，邀请了10家工业企业相关负责人和来自知名高校的12位同行专家进行了咨询，修改和完善了问卷内容；最后，在江西选择南昌小兰工业园区（国家级工业园）进行了小范围的预调研，并对问卷的可读性和准确性进行了再一次修改，确保问卷与中国企业生产情景的有效融合。

三、样本描述

受访企业的特征包括企业年龄、企业所有制性质、企业规模（员工数量、营业收入）、企业所在行业及企业所在省份等，具体如表7－1所示。在回收的有效调查问卷中，受访对象为董事长或总经理（含副总经理）的达99份，占比15.4%；受访对象为运营总监的达82份，占比12.8%；受访对象为生产总监的达157份，占比24.5%；受访对象为技术总监的达142份，占比22.1%；其他职位共计162份，占比25.2%。从受访企业的所有制来看，国有企业数量为92家，占比14.3%；集体企业数量为22家，占比3.4%；国有控股企业数量为31家，占比4.8%；股份制企业数量为99家，占比15.4%；外资合资企业数量为76家，占比11.8%；外商独资企业数量为36家，占比5.6%；私营企业数量为276家，占比43%；个体经营企业与其他类型企业数量总和为10家，占比1.71%。描述性统计结果表明，样本具有一定的分散性，不存在扎堆的现象。

表7－1　样本企业的特征分布

统计项目	分类	有效回收份数（份）	百分比（%）	累积百分比（%）
调查者职务	董事长（总经理）	42	6.5	6.5
	副总经理	57	8.9	8.9
	运营总监	82	12.8	12.8
	生产总监	157	24.5	24.5
	技术总监	142	22.1	22.1
	其他	162	25.2	25.2

续表

统计项目	分类	有效回收份数（份）	百分比（%）	累积百分比（%）
企业年龄	10 年以下	118	18.4	18.4
	10～20 年	176	27.4	27.4
	20～30 年	274	42.7	42.7
	30 年以上	74	11.5	11.5
企业所有制	国有企业	92	14.3	14.3
	集体企业	22	3.4	3.4
	国有控股企业	31	4.8	4.8
	股份制企业	99	15.4	15.4
	外资合资企业	76	11.8	11.8
	外商独资企业	36	5.6	5.6
	私营企业	276	43	43
	个体经营	7	1.1	1.1
	其他	3	0.5	0.5
员工数量	小于 5	1	0.2	0.2
	5～20 人	32	5	5
	20～300 人	235	36.6	36.6
	300～700 人	163	25.4	25.4
	700～1000 人	77	12	12
	1000～2000 人	69	10.7	10.7
	大于 2000 人	65	10.1	10.1
营业收入	小于 300 万元	39	6.1	6.1
	300 万～1000 万元	44	6.9	6.9
	1000 万～2000 万元	72	11.2	11.2
	2000 万～10000 万元	171	26.6	26.6
	10000 万～40000 万元	157	24.5	24.5
	大于 40000 万元	159	24.8	24.8

第三节　统计检验结果

一、样本共同方法偏差检验

由于本书采取问卷调查的形式对企业中高层管理者采集样本，潜在同源偏差问题可能会影响研究结论的真实可靠性。为了降低调查问卷样本收集的共同源偏差可能对研究产生的影响，参考以往文献徐虹等（2018）、康威等（Conway et al.，2010）及麦肯齐等（Mackenzie et al.，2012）等的做法，检验潜在的共同方法偏差（common method bias，CMB）。第一，问卷设计要尽可能地使用清晰简洁的陈述，最大可能降低理解偏差，同时，向被调查者承诺研究结果的匿名性、保密性，并告知所有问项无道德要求和对错之分；第二，采用 Harman 单因子法进行 t 检验，对问卷所涉及的全部题项进行因子分析（杜建政等，2005；唐汉瑛等，2005）。将调查问卷所有题项放在一起进行因子分析，主要采用 SPSS 软体进行，结果表明，在未旋转情况下 9 个因子累积解释了总方差的 67.04%，析出第一个因子的方差解释率为 26.47%，小于 50% 的判定门槛值，且因变量与自变量负载不同的因子，由此可以知道，不存在单一因子解释大部分变异的情况。除此之外，本书还通过检验变量之间的相关系数来判定是否存在共同方法偏差问题，结果表明，变量的相关系数最大值明显小于 0.9。上述检验结果说明，样本不存在严重的共同方法偏差，可以进一步做数据分析和假设检验。

二、信度和效度检验

测量模型适配度检验主要是用来判断所构建的概念模型是否能够客观、真实地反映现实情况，是概念模型的外在品质。信度检验即可靠性检验，能够反映采用同样的方法对同一对象进行重复测量时所得结果的一致性程度，主要用于检验测量量表是否精准。信度分析通过计算测量误差的大小来说明问卷测量误差比率的大小，主要反映测量问卷的一致性和稳定性。信度包括内容信度和构建信度，信度系数越大，表示问卷测量的可靠性越好。

关于内容效度的检验标准，本书所采用的测量题项都是在已有的研究理论上，借鉴已有国内外研究中具有较高信度和效度的成熟量表设计而成，通过多次邀请本领域专家和企业管理负责人进行深度访谈、研讨后，在预调研的基础上进行了小样本和大样本的两阶段问卷调查，得到了企业实践的认可。因此，本书的测量题项具有较高的内容效度。关于构建效度检验，借鉴已有的研究，主要采用因子分析法对各个变量进行构建效度检验。在因子分析之前，需要对量表进行 KMO 和 Bartlett 球体检验测量变量之间的相关性，变量之间具有较高的相关性是进行因子分析的前提。KMO 的值越大，表示变量之间的共同因素越多，越适合进行因素分析。

效度检验的结果表明，末端治理型绿色技术创新、工艺改进型绿色技术创新、绿色产品创新、政府价格型市场规制、政府供求型市场规制、政府竞争型市场规制、环境绩效、企业市场竞争力及经济绩效量表的 KMO 值分别为 0.718、0.711、0.798、0.770、0.777、0.797、0.772、0.798、0.844，即 9 个潜在变量量表的 KMO 值均大于 0.7[①]；末端治理型绿色技术创新、工艺改进型绿色技术创新、绿色产品创新、政府价格型市场规制、政府供求型市场规制、政府竞争型市场规制、环境绩效、企业市场竞争力及经济绩效量表的 Bartlett 球体检验值均为 0.000 < 0.001，可以确定上述量表均满足因子分析的前提，也说明收集的样本适合进行因子分析。

由表 7 - 2 也可以知道，9 个构面的载荷量均在 0.6 ~ 0.8，且均达到了显著水平；所有构面的平均变异数萃取量（average variance extracted，AVE）在 0.6 ~ 0.7。上述结果完全符合李（2014）、龙等（2017）

① 根据以往研究学者的建议标准，0.9 以上表示非常适合；0.8 ~ 0.9 表示适合；0.7 ~ 0.8 表示一般；0.6 ~ 0.7 表示不太合适；如果 KMO 的值小于 0.6 时，则不宜进行因素分析。对于 Bartlett 球体检验，研究者主要是通过观察 P 值是否小于给定的显著性水平。

给出的判断标准：（1）各因素载荷量大于0.5；（2）组成信度大于0.6；（3）平均变异数萃取量大于0.5；（4）多元相关系数的平方大于0.5，因此本量表具有良好的收敛效度。

表7-2　　　　调查问卷信度和效度检验结果

构念	题项	因子载荷	组合信度	平均方差萃取量	Cronbach's α
EGT	EGT1	0.831	0.916	0.685	0.885
	EGT2	0.847			
	EGT3	0.828			
	EGT4	0.801			
	EGT5	0.831			
PGT	PGT1	0.799	0.901	0.646	0.863
	PGT2	0.830			
	PGT3	0.808			
	PGT4	0.776			
	PGT5	0.806			
GPI	GPI1	0.777	0.893	0.677	0.836
	GPI2	0.807			
	GPI3	0.806			
	GPI4	0.896			
PR	PR1	0.804	0.899	0.639	0.858
	PR2	0.811			
	PR3	0.815			
	PR4	0.793			
	PR5	0.774			

续表

构念	题项	因子载荷	组合信度	平均方差萃取量	Cronbach's α
SDR	SDR1	0.771	0.880	0.648	0.819
	SDR2	0.833			
	SDR3	0.814			
	SDR4	0.801			
CR	CR1	0.827	0.880	0.647	0.818
	CR2	0.825			
	CR3	0.776			
	CR4	0.788			
GEP	GEP1	0.815	0.899	0.639	0.859
	GEP2	0.805			
	GEP3	0.783			
	GEP4	0.794			
	GEP5	0.801			
MCP	MCP1	0.819	0.879	0.671	0.836
	MCP2	0.835			
	MCP3	0.933			
	MCP4	0.830			
	MCP5	0.877			
GFP	GFP1	0.831	0.895	0.632	0.854
	GFP2	0.763			
	GFP3	0.804			
	GFP4	0.803			
	GFP5	0.771			

根据吴明隆（2013）所给出的建议，可以通过以下指标来判断测量模型的适配度：（1）卡方与自由度的比值 x^2/df 应处于 1.273～2.737 范围内，x^2/df 值越小，模型适配度越好；（2）拟合度（Goodness of Fit Index，GFI）代表着模型能够解释变异的程度，其值应处于 0.991～0.996 范围内（适配度的临界值为 0.9），GFI 值越大，代表模型整体适配度越好；（3）调整拟合度（adjusted goodness of fit index，AGFI）是评估模型整体适配度的另一指标，AGFI 只是将 GFI 根据自由度数目加以调整，其临界值为 0.9；（4）近似误差均方根（root mean square error of approximation，RMSEA）反映的是残差的大小，当其值小于 0.05 时，表示模型的适配度为优良，小于 0.08 时，表示模型的适配度为良好。通过借助 AMOS 软件分析发现，修正后策略模型的所有指标都达到了理想水平，表示策测量模型的适配度处于可以接受的范围，即模型的外在品质优良。

分别利用 AMOS、Mplus 两种方法来检验区别效度。区别效度（区分效度）分析主要是为了判断两个不同构面的相关性在统计上是否存在差异。根据吴明隆（2013）的做法，建立构面之间的相关系数的信赖区间，如果没有包含 1，即完全相关，表示两个构面之间具有不同的效度。在结构方程模型中建立相关系数的信赖区间，要求在 95% 的置信水平下，采用自举法（Bootstrap）的估计方式来进行，如果信赖区间不包含 1，则拒绝原假设，认为两个构面具有区别效度；反之，则不存在区别效度。已有研究建议在估计路径系数时，自举（Bootstrapping）至少要进行 250 次，为此，本书执行自举程序时设定重复抽取 5000 次，在 95% 的置信水平下，估计标准化相关系数的信赖区间。AMOS 软件中，Bootstrap 程序提供了两种信赖区间的估计方式，分别是偏差校正百分位估计法（Bias-corrected Percentile Method）、百分位估计法（Percentile Method）估计方法。估计结果表明，所有的标准化相关系数信赖区间都不包含“1”，因此，表示所有构面之间具有区别效度。Mplus 给出的统计结果同样可以支持上述结论，如表 7－3 所示，对角线上的数值为构面的平均变异数萃取量开根号的数值，要大于同其他潜变量的相关系数（对角线上的数值要大于其行和列上的数值），说明区分效度良好。

表 7-3　　调查问卷的区别效度检验结果

构面	均值	标准差	区别效度								
			EGT	PGT	GPI	PR	SDR	CR	MCP	GEP	GFP
EGT	5.398	0.698	**0.828**								
PGT	5.504	0.771	0.472	**0.804**							
GPI	5.481	0.830	0.345	0.482	**0.823**						
PR	4.966	0.954	0.242	0.302	0.330	**0.799**					
SDR	5.340	0.823	0.270	0.397	0.401	0.471	**0.805**				
CR	5.245	0.889	0.337	0.347	0.346	0.476	0.520	**0.804**			
MCP	5.126	0.895	0.454	0.464	0.388	0.477	0.516	0.433	**0.819**		
GEP	5.506	0.770	0.479	0.471	0.410	0.341	0.375	0.411	0.498	**0.799**	
GFP	4.949	0.918	0.322	0.388	0.283	0.428	0.327	0.353	0.673	0.427	**0.795**

注：对角线上加粗的数为 AVE 的平方根。

三、结构方程模型的拟合优度检验

与测量模型拟合优度检验一样，结构方程模型拟合优度检验也可以借助相对拟合指数和绝对拟合指数进行检验，拟合优度越好，则说明模型矩阵与样本矩阵越相近。本书所采用的检验指标包括：x^2 值、x^2/DF 值、TLI 值、SRMR 值、RMSEA 值及比较配适度指标（comparative fit index，CFI）等，具体结果如表 7-4 所示。可以发现所列三个多重中介模型和三个中介调节模型（EGT、PGT、GPI、EGT_S、EGT_O、EGT_P）的 x^2/DF 分别为 2.352、2.309 和 2.327 等，均小于拟合因素临界值 3；所列 6 个模型的 RMSEA 值分别为 0.046、0.045 和 0.045 等，均小于临界值 0.08；所列 6 个模型的 CFI 值分别为 0.963、0.964 和 0.963 等，均大于临界值 0.9；所列 6 个模型的 SRMR 值分别为 0.042、0.042 和 0.041 等，均小于临界值 0.08。因此，模型的整体拟合效果较为理想，能够满足假设检验的基本要求。

表 7－4 结构方程模型的拟合优度检验结果

模型	模型拟合优度判断指标							
	Chi－Square/DF		RMSEA		CFI		SRMR	
	建议值	实际值	建议值	实际值	建议值	实际值	建议值	实际值
EGT	<3.000	2.352	<0.080	0.046	>0.900	0.963	<0.080	0.042
PGT		2.309		0.045		0.964		0.042
GPI		2.327		0.045		0.963		0.041
EGT_S		1.625		0.044		0.961		0.050
EGT_O		1.827		0.048		0.956		0.054
EGT_P		1.650		0.045		0.961		0.054

注：EGT 表示末端治理型绿色技术创新的多重中介模型；PGT 表示工艺改进型绿色技术创新的多重中介模型；GPI 表示绿色产品创新的多重中介模型；EGT_S 表示企业规模对末端治理型绿色技术创新中介效应的调节模型；EGT_O 表示企业所有制结构对末端治理型绿色技术创新中介效应的调节模型；EGT_P 表示企业所在省份对末端治理型绿色技术创新中介效应的调节模型。

在上述所列示的 3 个模型（EGT、PGT、GPI）基础上，后续所构建的“多重中介—调节”模型，包括企业内在特质（企业规模、所有制结构、企业年龄、所属行业、企业所在省份等）对不同类型绿色技术创新中介调节模型和政府市场规制对中介效应的调节模型的拟合优度判断指标均满足上述要求，也即说明本书构建的所有模型的拟合程度均达到了较好的水平，可以进行后续的路径分析。由于研究的简洁性，部分模型拟合优度的检验指标结果没有进行一一展示。

第四节 实证分析

构面的信度和效度检验、测量模型拟合优度检验、区别效度检验及结构方程模型的拟合优度检验是绿色技术创新“多重中介—调节”模型路径分析的前提。研究内容主要包括不同绿色技术创新中介效应的传导路径，企业内在特质对绿色技术创新中介效应的调节作用，政府不同类型市场规制对企业绿色技术创新中介效应的调节作用。

一、多重中介效应分析

企业绿色技术创新向经济绩效的传导路径总共包括四条，分别是企业绿色技术创新→环境绩效→企业市场竞争力→经济绩效、企业绿色技术创新→环境绩效→经济绩效、企业绿色技术创新→经济绩效、企业绿色技术创新→企业市场竞争力→经济绩效。图 7－3 给出了不同类型绿色技术创新中介效应的传导路径，包括末端治理型绿色技术创新（EGT）、工艺改进型绿色技术创新（PGT）和绿色产品创新（GPI）。

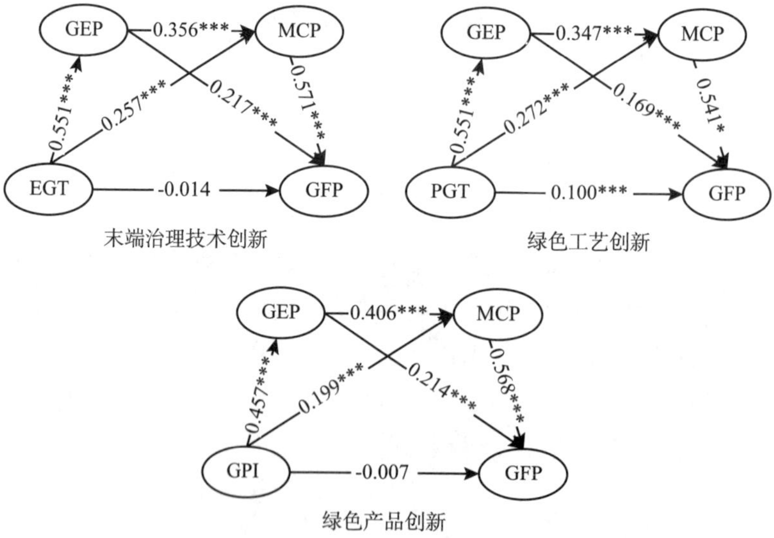

图 7－3　绿色技术创新多重中介模型路径关系示意图

结果表明：（1）企业末端治理技术创新→经济绩效、企业绿色产品创新→经济绩效的传导路径不显著，即企业末端治理技术创新和绿色产品创新与经济绩效的直接影响并不存在；（2）企业绿色工艺创新→经济绩效的传导路径在1%的统计水平上显著，标准化回归系数为0.100，即企业绿色工艺创新与经济绩效的直接效果存在；(3) 企业三种不同类型绿色技术创新与环境绩效之间的标准化回归系数分别为0.551、0.551和0.457，且均在1%的统计水平上显著；(4) 企业三种不同类型绿色技术创新与市场竞争力之间的标准化回归系数分别为0.257、0.272和0.199，且均在1%的统计水平上显著；(5) 企业三种不同类型绿色技术创新环境绩效和市场竞争力之间的标准化回归系数分别为0.356、0.347和0.406，且均在1%的统计水平上显著；(6) 企业三种不同类型绿色技术创新环境绩效和经济绩效之间的标准化回归系数分别为0.217、0.169和0.214，且均在1%的统计水平上显著；(7) 企业三种不同类型绿色技术创新的市场竞争力与经济绩效之间的标准化回归系数分别为0.571、0.541和0.568，且分别在1%、1%和1%的统计水平上显著。在所有的研究假设中，除H1部分得到数据支持，H2～H8均得到了数据的支持，其中，假设H1b得到了数据的支持，H1a、H1c为能够得到数据支持。

采用麦金农提出的Bootstrap方法，估计直接、间接效应区间的标准误及置信区间，当区间不包含0，表示间接效果存在，反之不存在。表7-5给出了不同类型绿色技术创新的中介效应的分解效果，也可以看出"EGT→MCP→GFP"的标准化中介效应为0.147（0.257×0.571=0.147）；"EGT→GEP→GFP"的标准化中介效应为0.120（0.551×0.217=0.120）；"EGT→GEP→MCP→GFP"的中介效应为0.112（0.551×0.356×0.571=0.112），且无论是采取偏差校正百分位估计法，还是采取百分位置信区间的估计方式，均包不含0，说明企业末端治理技术创新和经济绩效之间是一个完全中介关系。同理也可以看出绿色工艺创新和绿色产品创新的中介效应分解，具体如表7-5所示。说明企业末端治理技术创新、绿色产品创新与经济绩效之间的传导路径是完全中介关系，直接影响不显著；企业绿色技术创新与经济绩效之间的传导路径是部分中介关系。

表 7-5　　潜变量之间影响效应分解

路径	估计值	系数		自举（Bootstrapping）			
				百分位法 95% 置信区间		偏差校正 95% 置信区间	
		标准误	Z 值	下界	上界	下界	上界
间接效果							
EGT→MCP→GFP	0. 146	0. 030	4. 847	0. 071	0. 230	0. 073	0. 231
EGT→GEP→GFP	0. 120	0. 032	3. 742	0. 043	0. 203	0. 043	0. 203
EGT→GEP→MCP→GFP	0. 112	0. 022	5. 006	0. 064	0. 179	0. 065	0. 184
总效应（EGT）	0. 378	0. 037	10. 108	0. 288	0. 478	0. 289	0. 479
PGT→MCP→GFP	0. 147	0. 033	4. 424	0. 067	0. 237	0. 069	0. 243
PGT→GEP→GFP	0. 093	0. 034	2. 729	0. 011	0. 187	0. 011	0. 187
PGT→GEP→MCP→GFP	0. 104	0. 022	4. 734	0. 055	0. 166	0. 056	0. 169
总效应（PGT）	0. 344	0. 039	8. 859	0. 250	0. 450	0. 249	0. 447
GPI→MCP→GFP	0. 113	0. 031	3. 658	0. 036	0. 196	0. 038	0. 197
GPI→GEP→GFP	0. 098	0. 027	3. 597	0. 034	0. 174	0. 035	0. 177
GPI→GEP→MCP→GFP	0. 105	0. 018	5. 993	0. 067	0. 157	0. 068	0. 158
总效应（GPI）	0. 316	0. 037	8. 601	0. 227	0. 419	0. 227	0. 419
直接效果							
EGT→GFP	-0. 014	0. 052	-0. 272	-0. 150	0. 120	-0. 150	0. 120
PGT→GFP	0. 100	0. 059	1. 698	0. 002	0. 246	0. 002	0. 246
GPI→GFP	-0. 007	0. 051	-0. 144	-0. 134	0. 122	-0. 134	0. 123
总效应							
EGT→GFP	0. 364	0. 043	8. 405	0. 248	0. 471	0. 250	0. 472
PGT→GFP	0. 445	0. 043	10. 336	0. 330	0. 552	0. 329	0. 549
GPI→GFP	0. 309	0. 047	6. 614	0. 188	0. 428	0. 188	0. 428

注：总效应（EGT）表示末端治理技术创新的总间接效应；总效应（PGT）表示绿色工艺创新的总间接效应；总效应（GPI）表示绿色产品创新的总间接效应，其余表示传导路径。

企业三种不同类型绿色技术创新的总间接效应（total indirect effect）

分别为0.378、0.344和0.316，同时，也可以计算出每一条间接效应占总间接效应的比重。以末端治理型技术创新（EGT）为例，第一条路径"EGT→GEP→GFP"的中介效应占总间接效应的比例为0.147/0.378 = 38.89%；第二条路径"EGT→MCP→GFP"的中介效应占总间接效应的比例为0.120/0.378 = 31.75%；第三条路径"EGT→GEP→MCP→GFP"的中介效应占总间接效应的比例为0.112/0.378 = 29.63%。同理，也可以确定绿色产品创新（GPI）不同中介效应占总间接效应的比重。结果表明：（1）对于末端治理绿色技术创新而言，"末端治理技术创新→环境绩效→经济绩效"是最重要的中介路径；"末端治理技术创新→环境绩效→市场竞争力→经济绩效"的重要性最小；"末端治理技术创新→企业市场竞争力→经济绩效"的重要性处于中间态。（2）对于绿色产品创新而言，"绿色产品创新→企业市场竞争力→经济绩效"是最重要的中介路径；"绿色产品创新→环境绩效→经济绩效"的重要性最小；"绿色产品创新→环境绩效→市场竞争力→经济绩效"处于中间态。（3）对于绿色工艺创新而言，直接效应所占比重为0.1/(0.1 + 0.344) = 22.52%，间接效应所占的比重为77.48%，在所有的间接路径中，"绿色工艺创新→企业市场竞争力→经济绩效"是最重要的中介路径；"绿色工艺创新→环境绩效→经济绩效"的重要性最小；"绿色工艺创新→环境绩效→市场竞争力→经济绩效"处于中间态。

二、企业内在因素对中介效应的调节作用

正如以往国内外研究结论所揭示的那样，企业内在特质会对其绿色技术创新行为与绿色技术创新绩效产生一定的影响。为此，需要进一步验证企业规模、企业所有制结构、企业年龄、企业所属行业及企业所在省份等因素对企业绿色技术创新中介效应的调节作用，具体如表7-6、表7-7、表7-8、表7-9及表7-10所示。采用Bootstrap方法，估计间接区间的标准误及置信区间，当区间不包含0，表示间接效果存在，反之不存在。

表 7-6　企业规模对中介效应的影响

路径	组	估计值	标准误	自举（Bootstrapping）偏差校正 95%置信区间		偏差	
				下界	上界	估计值	P 值
EGT→MCP→GFP	0	0.199	0.099	0.014	0.407	0.01	0.941
	1	0.209	0.088	0.059	0.399		
EGT→GEP→GFP	0	0.092	0.084	**-0.072**	0.265	0.084	0.446
	1	0.176	0.076	0.047	0.346		
EGT→GEP→MCP→GFP	0	0.274	0.083	0.149	0.47	-0.067	0.503
	1	0.207	0.056	0.115	0.343		
总间接效应（EGT）	0	0.565	0.117	0.359	0.778	0.028	0.866
	1	0.593	0.122	0.39	0.851		
PGT→MCP→GFP	0	0.219	0.122	**-0.031**	0.469	0.088	0.568
	1	0.307	0.097	0.138	0.524		
PGT→GEP→GFP	0	0.082	0.113	**-0.14**	0.311	0.098	0.46
	1	0.18	0.073	0.05	0.339		
PGT→GEP→MCP→GFP	0	0.304	0.112	0.14	0.584	-0.12	0.333
	1	0.183	0.06	0.079	0.315		
总间接效应（PGT）	0	0.604	0.137	0.363	0.91	0.066	0.687
	1	0.67	0.099	0.5	0.883		
GPI→MCP→GFP	0	0.155	0.111	**-0.061**	0.389	0.089	0.499
	1	0.245	0.075	0.111	0.407		
GPI→GEP→GFP	0	0.064	0.069	**-0.066**	0.212	0.095	0.284
	1	0.159	0.055	0.071	0.29		
GPI→GEP→MCP→GFP	0	0.273	0.091	0.14	0.514	-0.101	0.308
	1	0.172	0.046	0.099	0.284		
总间接效应（GPI）	0	0.493	0.112	0.3	0.747	0.083	0.552
	1	0.576	0.092	0.418	0.779		

注：组 0、组 1 分别是对照组和实验组，其中，对照组代表规模小的企业，试验组代表规模较大的企业。企业规模按照员工数量进行划分，将小于 300 人为小规模企业，大于 300 人的中型企业和大型企业统一称为大规模企业。

表 7-7　　企业所有制结构对中介效应的影响

路径	组	估计值	标准误	自举（Bootstrapping）偏差校正 95% 置信区间 下界	上界	偏差 估计值	P 值
EGT→MCP→GFP	0	0.167	0.094	**-0.014**	0.353	0.087	0.507
	1	0.255	0.096	0.105	0.474		
EGT→GEP→GFP	0	0.211	0.076	0.071	0.37	-0.102	0.343
	1	0.109	0.078	**-0.026**	0.287		
EGT→GEP→MCP→GFP	0	0.275	0.068	0.166	0.437	-0.085	0.347
	1	0.19	0.06	0.094	0.338		
总间接效应（EGT）	0	0.653	0.103	0.467	0.867	-0.1	0.534
	1	0.553	0.134	0.345	0.847		
PGT→MCP→GFP	0	0.234	0.082	0.087	0.408	0.128	0.402
	1	0.362	0.132	0.122	0.641		
PGT→GEP→GFP	0	0.181	0.081	0.036	0.359	-0.085	0.501
	1	0.096	0.097	**-0.078**	0.315		
PGT→GEP→MCP→GFP	0	0.26	0.066	0.151	0.41	-0.094	0.384
	1	0.166	0.087	0.021	0.363		
总间接效应（PGT）	0	0.674	0.1	0.497	0.89	-0.051	0.753
	1	0.624	0.131	0.398	0.925		
GPI→MCP→GFP	0	0.314	0.074	0.177	0.475	-0.109	0.387
	1	0.206	0.104	0.006	0.417		
GPI→GEP→GFP	0	0.155	0.067	0.047	0.315	-0.044	0.61
	1	0.11	0.056	0.017	0.246		
GPI→GEP→MCP→GFP	0	0.227	0.059	0.135	0.369	-0.038	0.647
	1	0.189	0.063	0.095	0.341		
总间接效应（GPI）	0	0.696	0.095	0.531	0.899	-0.191	0.145
	1	0.505	0.109	0.31	0.73		

注：组 0、组 1 分别是对照组和实验组，其中，对照组代表所有制为私营的企业，试验组代表国有和集体所有的企业。将国有企业、集体企业、国有控股企业、股份制企业及外资合资企业归位试验组，将外商独资企业、私营企业、个体经营及其他归位对照组。

表 7-8　　　　企业所属行业对中介效应的影响

路径	组	估计值	标准误	自举（Bootstrapping）偏差校正 95%置信区间		偏差	
				下界	上界	估计值	P 值
EGT→MCP→GFP	0	0.169	0.075	0.026	0.325	0.131	0.352
	1	0.3	0.123	0.106	0.597		
EGT→GEP→GFP	0	0.119	0.076	**-0.024**	0.279	0.061	0.596
	1	0.18	0.09	0.032	0.388		
EGT→GEP→MCP→GFP	0	0.285	0.066	0.181	0.438	-0.112	0.233
	1	0.133	0.052	0.056	0.325		
总间接效应（EGT）	0	0.572	0.103	0.383	0.784	0.081	0.638
	1	0.173	0.067	0.417	0.99		
PGT→MCP→GFP	0	0.254	0.099	0.076	0.466	0.099	0.518
	1	0.354	0.118	0.135	0.6		
PGT→GEP→GFP	0	0.113	0.082	**-0.036**	0.297	0.083	0.52
	1	0.196	0.099	0.035	0.422		
PGT→GEP→MCP→GFP	0	0.269	0.07	0.158	0.447	-0.091	0.392
	1	0.179	0.082	0.043	0.361		
总间接效应（PGT）	0	0.637	0.111	0.441	0.88	0.091	0.57
	1	0.728	0.121	0.52	0.984		
GPI→MCP→GFP	0	0.237	0.089	0.076	0.43	0.013	0.917
	1	0.25	0.096	0.058	0.437		
GPI→GEP→GFP	0	0.1	0.061	-0.004	0.236	0.067	0.449
	1	0.167	0.066	0.061	0.316		
GPI→GEP→MCP→GFP	0	0.238	0.057	0.15	0.382	-0.049	0.559
	1	0.19	0.064	0.095	0.353		
总间接效应（GPI）	0	0.575	0.095	0.404	0.776	0.032	0.808
	1	0.607	0.111	0.415	0.835		

注：组 0、组 1 分别是对照组和实验组，其中，对照组代表非技术密集型行业的企业，试验组代表技术密集型行业的企业。将食品制造、饮料制造、烟草制品制造、纺织品制造、服装制造、皮革和相关产品制造、木材、木材制品及软木制品的制造（家具除外）、草编制品及编织材料物品制造、纸和纸制品制造、记录媒介物的印刷及复制、焦炭和精炼石油产品制造、家具制造、其他制造业、机械和设备的修理和安装划分为对照组，其他的为试验组。

表 7-9　　企业所属省份对中介效应的影响

路径	组	估计值	标准误	自举（Bootstrapping）偏差校正 95% 置信区间 下界	自举（Bootstrapping）偏差校正 95% 置信区间 上界	偏差 估计值	偏差 P 值
EGT→MCP→GFP	0	0.28	0.105	0.095	0.515	-0.075	0.57
	1	0.205	0.086	0.053	0.386		
EGT→GEP→GFP	0	0.015	0.091	**-0.159**	0.202	0.207	**0.071** *
	1	0.222	0.071	0.102	0.378		
EGT→GEP→MCP→GFP	0	0.252	0.084	0.12	0.457	-0.041	0.677
	1	0.211	0.052	0.126	0.334		
总间接效应（EGT）	0	0.547	0.118	0.352	0.813	0.091	0.571
	1	0.638	0.118	0.429	0.887		
PGT→MCP→GFP	0	0.302	0.131	0.042	0.564	-0.005	0.977
	1	0.297	0.098	0.124	0.516		
PGT→GEP→GFP	0	0.048	0.109	-0.173	0.258	0.174	0.194
	1	0.222	0.079	0.092	0.409		
PGT→GEP→MCP→GFP	0	0.241	0.11	0.074	0.515	-0.025	0.844
	1	0.217	0.06	0.116	0.354		
总间接效应（PGT）	0	0.591	0.130	0.35	0.855	0.145	0.376
	1	0.736	0.111	0.544	0.976		
GPI→MCP→GFP	0	0.448	0.114	0.231	0.679	-0.303	**0.023** **
	1	0.145	0.073	0.011	0.293		
GPI→GEP→GFP	0	0.077	0.072	-0.055	0.231	0.096	0.299
	1	0.173	0.06	0.074	0.311		
GPI→GEP→MCP→GFP	0	0.222	0.087	0.096	0.439	-0.008	0.937
	1	0.214	0.048	0.135	0.325		
总间接效应（GPI）	0	0.746	0.115	0.546	0.995	-0.215	0.117
	1	0.532	0.094	0.363	0.729		

注：组 0、组 1 分别是对照组和实验组，其中，对照组代表处于西部省份的企业，试验组代表处于中东部省份的企业。将位于陕西、四川、云南、贵州、广西、甘肃、青海、宁夏、西藏、新疆、内蒙古、重庆等十二个省、自治区和直辖市的企业归位试验组，将其他省份的企业归位对照组。

表 7-10　　企业年龄对中介效应的影响

路径	组	估计值	标准误	自举（Bootstrapping）偏差校正 95% 置信区间		偏差	
				下界	上界	估计值	P 值
EGT→MCP→GFP	0	0.24	0.142	**-0.014**	0.548	-0.021	0.895
	1	0.219	0.078	0.087	0.393		
EGT→GEP→GFP	0	0.19	0.144	**-0.043**	0.519	-0.051	0.746
	1	0.14	0.06	0.027	0.268		
EGT→GEP→MCP→GFP	0	0.215	0.112	0.04	0.492	0.014	0.907
	1	0.229	0.05	0.146	0.348		
总间接效应（EGT）	0	0.645	0.16	0.384	1.005	-0.058	0.758
	1	0.587	0.106	0.41	0.822		
PGT→MCP→GFP	0	0.33	0.15	0.087	0.678	-0.032	0.854
	1	0.298	0.093	0.124	0.494		
PGT→GEP→GFP	0	0.141	0.105	**-0.026**	0.384	0.023	0.861
	1	0.164	0.079	0.015	0.338		
PGT→GEP→MCP→GFP	0	0.153	0.096	0.008	0.389	0.098	0.389
	1	0.251	0.066	0.139	0.397		
总间接效应（PGT）	0	0.624	0.146	0.39	0.947	0.089	0.6
	1	0.713	0.103	0.527	0.925		
GPI→MCP→GFP	0	0.228	0.122	0.007	0.486	-0.003	0.982
	1	0.225	0.074	0.086	0.382		
GPI→GEP→GFP	0	0.083	0.058	**-0.006**	0.228	0.088	0.295
	1	0.17	0.061	0.066	0.304		
GPI→GEP→MCP→GFP	0	0.144	0.067	0.056	0.325	0.109	0.184
	1	0.253	0.053	0.165	0.374		
总间接效应（GPI）	0	0.455	0.121	0.258	0.712	0.194	0.159
	1	0.648	0.091	0.481	0.831		

注：组 0、组 1 分别是对照组和实验组，其中，对照组代表年龄较小的企业，试验组代表年龄较大的企业。按照已有的经验做法，采用 27 和 73 分位数将企业分为两组。通过对样本的频率统计发现，将 2006 年以后成立的企业划分为对照组，将 2006 年以前成立的企业划分为试验组。

（1）从总体上来看，无论是何种类型绿色技术创新，企业绿色技术创新的总间接效应都是存在的。实验组和对照组企业绿色技术创新与经济绩效的总间接效应均存在，因为偏差校正方式估计的置信区间均不包含0，且总间接效应之间的差异并不显著（偏差的P值在1%的统计水平上不显著），即企业内在特质对绿色技术创新总间接效应的干扰作用不显著。

（2）相对于大规模企业而言，小规模企业的GTI→GEP（MCP）→GFP间接效应传导路径不显著。从表7－6可以看出，大规模企业的三条中介路径均是存在的，因为偏差校正方式估计的置信区间均不包含0，而小规模企业绿色技术创新的第一条和第2条中介路径不存在，因为偏差校正方式估计的置信区间均包含0。同时，上述结论不会因为企业绿色技术创新类型而发生改变。

（3）除绿色产品创新外，国有和集体所有制企业的GTI→MCP→GFP间接效应传导路径不显著。从表7－7可以看出，在末端治理型绿色技术创新（EGT）和工艺改进型绿色技术创新（PGT）方面，国有和集体所有制企业在GTI→MCP→GFP间接效应传导路径不显著，因为偏差校正方式估计的置信区间均包含0，相反私营企业的该间接效应传导路径存在。

（4）相对于技术密集型行业企业而言，非技术密集型行业企业的GTI→GEP→GFP间接效应传导路径不显著。从表7－8可以看出，技术密集型行业企业的GTI→GEP→GFP间接效应传导路径是存在，因为偏差校正方式估计的置信区间均不包含0，而技术密集型行业企业的GTI→GEP→GFP间接效应传导路径不存在。同时，上述结论不会因为企业绿色技术创新类型而发生改变。

（5）相对于东部省份企业而言，西部和中部企业的GTI→GEP→GFP间接效应传导路径不显著。从表7－9可以看出，东部省份企业的GTI→GEP→GFP间接效应传导路径是存在，因为偏差校正方式估计的置信区间均不包含0，而西部和中部企业的GTI→GEP→GFP间接效应传导路径不存在。同时，上述结论不会因为企业绿色技术创新类型而发生改变。

（6）相对于大年龄企业而言，小年龄企业的GTI→GEP→GFP间接效应传导路径不显著。从表7－10可以看出，大年龄企业的GTI→GEP→GFP间接效应传导路径是存在，因为偏差校正方式估计的置信区间均不包含0，而小年龄企业的GTI→GEP→GFP间接效应传导路径不存在。同时，上述结论不会因为企业绿色技术创新类型而发生改变。

三、政府市场规制对绿色技术创新中介效应的调节作用

为了便于分析，将企业绿色技术创新与经济绩效之间的中介效应路径分为三条，具体如图7－4的加粗线条所示。本节的内容将聚焦于不同类型的政府市场规制对不同企业绿色技术创新中介效应路径的调节作用。通过采用Mplus软件来分析政府市场规制对不同中介效应的调节作用。

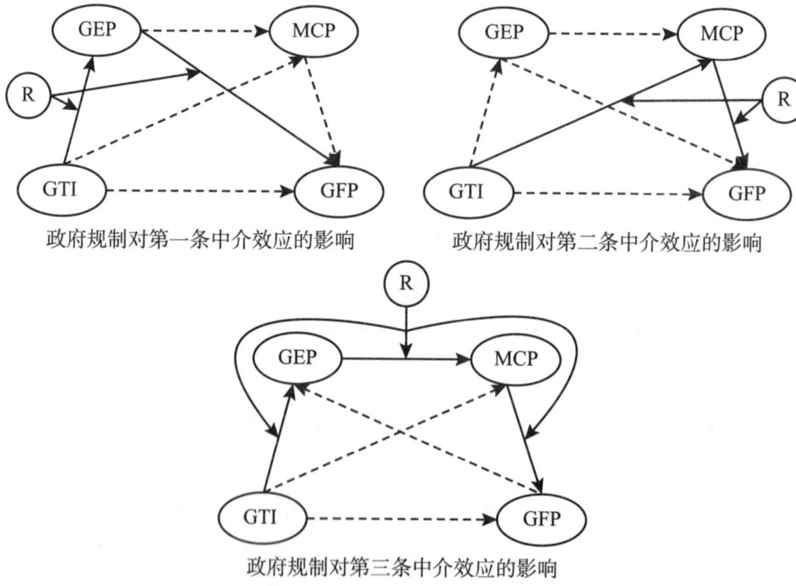

图7－4　政府市场规制对绿色技术创新中介效应影响示意图

注：图中的R代表不同的政府规制类型，包括价格型规制、供求型规制及竞争型规制；GTI代表不同的企业绿色技术创新类型，包括末端治理型绿色技术创新、工艺改进型绿色技术创新和绿色产品创新；加粗的线条表示不同的绿色技术创新中介传导路径。为此，不同政府市场规制对不同类型绿色技术创新中介效应的影响共有9种（3×3）类型。

（1）政府价格规制对末端治理型绿色技术创新中介效应的影响体现在 EGT→GEP 和 GEP→MCP 的传导路径上。从表 7－11、表 7－12 和表 7－13 可以发现，政府价格规制对 EGT→GEP 的影响为负向的（系数分别为－0.167 和－0.190），并在 1% 的统计水平上显著，即政府价格规制会降低末端治理型绿色技术创新与环境绩效之间的斜率；同理，政府价格规制对 GEP→MCP 的影响为正向的（系数为 0.125），并在 10% 的统计水平上显著，即政府价格规制会提高绿色技术创新企业环境绩效与企业市场竞争力之间的斜率；政府价格型规制并不会对 GEP→GFP、MCP→GFP 和 EGT→MCP 之间的关系产生调节作用。

表 7－11　　政府价格规制对末端治理型绿色技术创新第一条中介效应的影响

预示变量	步骤 1：GEP			步骤 2：MCP			步骤 3：GFP		
	估计值	标准误	P 值	估计值	标准误	P 值	估计值	标准误	P 值
EGT	0.532	0.059	0.000						
PR	0.260	0.047	0.000						
EGT × PR	**－0.167**	0.058	0.004						
GEP				0.473	0.082	0.000			
EGT				0.221	0.081	0.006			
EGT							－0.056	0.078	0.471
MCP							0.802	0.077	0.000
GEP							0.197	0.090	0.028
PR							0.163	0.056	0.003
GEP × PR							0.044	0.057	0.432

表 7－12　　政府价格规制对末端治理型绿色技术创新第二条中介效应的影响

预示变量	步骤 1：GEP			步骤 2：MCP			步骤 3：GFP		
	估计值	标准误	P 值	估计值	标准误	P 值	估计值	标准误	P 值
EGT	0.649	0.068	0.000						

续表

预示变量	步骤1：GEP			步骤2：MCP			步骤3：GFP		
	估计值	标准误	P值	估计值	标准误	P值	估计值	标准误	P值
GEP				0.288	0.070	0.000			
EGT				0.239	0.068	0.000			
PR				0.293	0.050	0.000			
EGT×PR				0.059	0.061	0.329			
EGT							-0.077	0.082	0.343
MCP							0.824	0.081	0.000
GEP							0.213	0.081	0.009
PR							0.127	0.062	0.041
MCP×PR							-0.011	0.054	0.837

表7-13　政府价格规制对末端治理型绿色技术创新第三条中介效应的影响

预示变量	步骤1：GEP			步骤2：MCP			步骤3：GFP		
	估计值	标准误	P值	估计值	标准误	P值	估计值	标准误	P值
EGT	0.550	0.059	0.000						
PR	0.240	0.045	0.000						
EGT×PR	**-0.190**	0.061	0.002						
GEP				0.313	0.072	0.000			
EGT				0.241	0.066	0.000			
PR				0.303	0.051	0.000			
GEP×PR				**0.125**	0.068	0.065			
EGT							-0.058	0.079	0.464
MCP							0.827	0.082	0.000
GEP							0.196	0.085	0.021
PR							0.111	0.064	0.081
MCP×PR							-0.016	0.056	0.773

（2）政府供求规制对末端治理型绿色技术创新中介效应的影响体现在 EGT→GEP 和 MCP→GFP 的传导路径上。从表 7－14、表 7－15 和表 7－16 可以发现，政府供求规制对 EGT→GEP 的影响为负向的（系数为－0.100 和－0.114），并在 10% 的统计水平上显著，即政府供求规制会降低末端治理型绿色技术创新与环境绩效之间的斜率；同理，政府供求规制对 MCP→GFP 的影响为正向的（系数为 0.171），并在 5% 的统计水平上显著，即政府价格规制会提高绿色技术创新企业市场竞争力与企业经济绩效之间的斜率；政府供求型规制并不会对 GEP→GFP、GEP→MCP 和 EGT→MCP 之间的关系产生调节作用。

表 7－14　政府供求规制对末端治理型绿色技术创新第一条中介效应的影响

预示变量	步骤 1：GEP			步骤 2：MCP			步骤 3：GFP		
	估计值	标准误	P 值	估计值	标准误	P 值	估计值	标准误	P 值
EGT	0.480	0.060	0.000						
SDR	0.311	0.056	0.000						
EGT × SDR	**－0.100**	0.053	0.058						
GEP				0.438	0.075	0.000			
EGT				0.247	0.075	0.001			
EGT							－0.075	0.078	0.340
MCP							0.865	0.077	0.000
GEP							0.227	0.083	0.007
SDR							0.046	0.064	0.470
GEP × SDR							0.017	0.059	0.770

表 7－15　政府供求规制对末端治理型绿色技术创新第二条中介效应的影响

预示变量	步骤 1：GEP			步骤 2：MCP			步骤 3：GFP		
	估计值	标准误	P 值	估计值	标准误	P 值	估计值	标准误	P 值
EGT	0.650	0.067	0.000						

续表

预示变量	步骤1：GEP			步骤2：MCP			步骤3：GFP		
	估计值	标准误	P值	估计值	标准误	P值	估计值	标准误	P值
GEP				0.332	0.072	0.000			
EGT				0.238	0.077	0.002			
SDR				0.178	0.059	0.003			
EGT×SDR				0.009	0.052	0.866			
EGT							-0.076	0.083	0.356
MCP							0.862	0.079	0.000
GEP							0.253	0.079	0.001
SDR							0.070	0.065	0.283
MCP×SDR							**0.171**	0.067	0.011

表7-16　政府供求规制对末端治理型绿色技术创新第三条中介效应的影响

预示变量	步骤1：GEP			步骤2：MCP			步骤3：GFP		
	估计值	标准误	P值	估计值	标准误	P值	估计值	标准误	P值
EGT	0.487	0.061	0.000						
SDR	0.297	0.055	0.000						
EGT×SDR	**-0.114**	0.053	0.032						
GEP				0.351	0.085	0.000			
EGT				0.243	0.071	0.001			
SDR				0.171	0.061	0.005			
GEP×SDR				0.051	0.044	0.244			
EGT							-0.069	0.077	0.373
MCP							0.859	0.080	0.000
GEP							0.265	0.083	0.001
SDR							0.040	0.065	0.535
MCP×SDR							**0.170**	0.065	0.009

（3）政府竞争规制对末端治理型绿色技术创新中介效应的影响体现在 EGT→MCP 的传导路径上。从表 7－17、表 7－18 和表 7－19 可以发现，政府竞争规制对 EGT→MCP 的影响为正向的（系数为 0.079），并在 10% 的统计水平上显著，即政府竞争规制会提高末端治理型绿色技术创新与企业市场竞争力之间的斜率；政府竞争规制并不会对 EGT→GEP、GEP→MCP、MCP→GFP 和 GEP→GFP 之间的关系产生调节作用。

表 7－17　政府竞争规制对末端治理型绿色技术创新第一条中介效应的影响

预示变量	步骤 1：GEP			步骤 2：MCP			步骤 3：GFP		
	估计值	标准误	P 值	估计值	标准误	P 值	估计值	标准误	P 值
EGT	0.421	0.065	0.000						
CR	0.326	0.054	0.000						
EGT × CR	－0.064	0.056	0.250						
GEP				0.430	0.072	0.000			
EGT				0.257	0.074	0.001			
EGT							－0.093	0.079	0.238
MCP							0.857	0.077	0.000
GEP							0.241	0.101	0.017
CR							0.071	0.061	0.245
GEP × CR							0.060	0.048	0.209

表 7－18　政府竞争规制对末端治理型绿色技术创新第二条中介效应的影响

预示变量	步骤 1：GEP			步骤 2：MCP			步骤 3：GFP		
	估计值	标准误	P 值	估计值	标准误	P 值	估计值	标准误	P 值
EGT	0.674	0.071	0.000						
GEP				0.330	0.076	0.000			
EGT				0.246	0.079	0.002			
CR				0.153	0.054	0.004			

续表

预示变量	步骤 1：GEP			步骤 2：MCP			步骤 3：GFP		
	估计值	标准误	P 值	估计值	标准误	P 值	估计值	标准误	P 值
EGT × CR				**0.079**	0.045	0.080			
EGT							-0.106	0.087	0.221
MCP							0.875	0.077	0.000
GEP							0.226	0.087	0.010
CR							0.073	0.057	0.202
MCP × CR							0.069	0.049	0.161

表 7-19　政府竞争规制对末端治理型绿色技术创新第三条中介效应的影响

预示变量	步骤 1：GEP			步骤 2：MCP			步骤 3：GFP		
	估计值	标准误	P 值	估计值	标准误	P 值	估计值	标准误	P 值
EGT	0.428	0.065	0.000						
CR	0.315	0.054	0.000						
EGT × CR	-0.077	0.055	0.165						
GEP				0.359	0.081	0.000			
EGT				0.233	0.071	0.001			
CR				0.144	0.058	0.013			
GEP × CR				0.073	0.049	0.132			
EGT							-0.090	0.079	0.254
MCP							0.878	0.077	0.000
GEP							0.228	0.092	0.013
CR							0.046	0.062	0.459
MCP × CR							0.069	0.049	0.164

（4）政府价格规制对工艺改进型绿色技术创新中介效应的影响体现在 GEP→MCP 的传导路径上。从表 7-20、表 7-21 和表 7-22 可以发现，政府价格规制对 GEP→MCP 影响为正向的（系数为 0.110），并

在5%的统计水平上显著，即政府价格规制会提高工艺改进型绿色技术创新企业环境绩效与企业市场竞争力之间的斜率；政府价格规制并不会对PGT→GEP、PGT→MCP、MCP→GFP和GEP→GFP之间的关系产生调节作用。

表7－20　　政府价格规制对工艺改进型绿色技术创新第一条中介效应的影响

预示变量	步骤1：GEP			步骤2：MCP			步骤3：GFP		
	估计值	标准误	P值	估计值	标准误	P值	估计值	标准误	P值
PGT	0.582	0.071	0.000						
PR	0.195	0.054	0.000						
PGT×PR	－0.028	0.074	0.710						
GEP				0.393	0.084	0.000			
PGT				0.354	0.094	0.000			
PGT							－0.071	0.089	0.429
MCP							0.806	0.078	0.000
GEP							0.199	0.084	0.018
PR							0.167	0.056	0.003
GEP×PR							0.036	0.055	0.513

表7－21　　政府价格规制对工艺改进型绿色技术创新第二条中介效应的影响

预示变量	步骤1：GEP			步骤2：MCP			步骤3：GFP		
	估计值	标准误	P值	估计值	标准误	P值	估计值	标准误	P值
PGT	0.727	0.067	0.000						
GEP				0.282	0.077	0.000			
PGT				0.282	0.087	0.001			
PR				0.263	0.051	0.000			
PGT×PR				0.052	0.048	0.287			
PGT							－0.072	0.095	0.444

续表

预示变量	步骤1：GEP			步骤2：MCP			步骤3：GFP		
	估计值	标准误	P值	估计值	标准误	P值	估计值	标准误	P值
MCP							0.822	0.081	0.000
GEP							0.207	0.083	0.013
PR							0.130	0.064	0.040
MCP×PR							-0.006	0.054	0.914

表7-22　政府价格规制对工艺改进型绿色技术创新第三条中介效应的影响

预示变量	步骤1：GEP			步骤2：MCP			步骤3：GFP		
	估计值	标准误	P值	估计值	标准误	P值	估计值	标准误	P值
PGT	0.593	0.069	0.000						
PR	0.183	0.051	0.000						
PGT×PR	-0.044	0.077	0.565						
GEP				0.315	0.072	0.000			
PGT				0.267	0.077	0.000			
PR				0.268	0.051	0.000			
GEP×PR				**0.110**	0.055	0.047			
PGT							-0.056	0.087	0.521
MCP							0.821	0.081	0.000
GEP							0.199	0.083	0.017
PR							0.119	0.064	0.061
MCP×PR							-0.015	0.055	0.786

（5）政府供求规制对工艺改进型绿色技术创新中介效应的影响体现在PGT→GEP和MCP→GFP的传导路径上。从表7-23、表7-24和表7-25可以发现，政府供求规制对PGT→GEP影响为负向的（系数为-0.101和-0.119），并在10%的统计水平上显著，即政府供求规制会降低工艺改进型绿色技术创新与环境绩效之间的斜率；政府供求规制对

MCP→GFP 影响为正向的（系数为 0.176 和 0.179），并在 1% 的统计水平上显著，即政府供求规制会提高工艺改进型绿色技术创新企业与经济绩效之间的斜率；政府供求规制并不会对 PGT→MCP、GEP→GFP、GEP→MCP 之间的关系产生调节作用。

表 7－23　政府供求规制对工艺改进型绿色技术创新第一条中介效应的影响

预示变量	步骤 1：GEP			步骤 2：MCP			步骤 3：GFP		
	估计值	标准误	P 值	估计值	标准误	P 值	估计值	标准误	P 值
PGT	0.537	0.072	0.000						
SDR	0.224	0.063	0.000						
PGT × SDR	**－0.101**	0.057	0.076						
GEP				0.372	0.079	0.000			
PGT				0.357	0.088	0.000			
PGT							－0.056	0.095	0.556
MCP							0.864	0.077	0.000
GEP							0.216	0.082	0.008
SDR							0.046	0.069	0.501
GEP × SDR							0.016	0.058	0.776

表 7－24　政府供求规制对工艺改进型绿色技术创新第二条中介效应的影响

预示变量	步骤 1：GEP			步骤 2：MCP			步骤 3：GFP		
	估计值	标准误	P 值	估计值	标准误	P 值	估计值	标准误	P 值
PGT	0.730	0.066	0.000						
GEP				0.329	0.077	0.000			
PGT				0.313	0.091	0.001			
SDR				0.120	0.058	0.039			
PGT × SDR				0.034	0.051	0.503			
PGT							－0.057	0.104	0.584

续表

预示变量	步骤1：GEP			步骤2：MCP			步骤3：GFP		
	估计值	标准误	P值	估计值	标准误	P值	估计值	标准误	P值
MCP							0.855	0.079	0.000
GEP							0.245	0.082	0.003
SDR							0.067	0.073	0.357
MCP×SDR							**0.176**	0.067	0.008

表7-25　政府供求规制对工艺改进型绿色技术创新第三条中介效应的影响

预示变量	步骤1：GEP			步骤2：MCP			步骤3：GFP		
	估计值	标准误	P值	估计值	标准误	P值	估计值	标准误	P值
PGT	0.541	0.070	0.000						
SDR	0.213	0.061	0.000						
PGT×SDR	**-0.119**	0.057	0.036						
GEP				0.353	0.086	0.000			
PGT				0.306	0.083	0.000			
SDR				0.116	0.058	0.044			
GEP×SDR				0.056	0.047	0.231			
PGT							-0.047	0.094	0.617
MCP							0.850	0.079	0.000
GEP							0.254	0.083	0.002
SDR							0.051	0.070	0.467
MCP×SDR							**0.179**	0.066	0.006

（6）政府竞争规制对工艺改进型绿色技术创新中介效应的影响体现在PGT→GEP和MCP→GFP的传导路径上。从表7-26、表7-27和表7-28可以发现，政府竞争规制对PGT→GEP影响为负向的（系数为-0.097和-0.106），并在10%的统计水平上显著，即政府竞争规制会降低工艺改进型绿色技术创新与环境绩效之间的斜率；政府供求规制对

MCP→GFP 影响为正向的（系数为 0.081），并在 10% 的统计水平上显著，即政府竞争规制会提高工艺改进型绿色技术创新企业与经济绩效之间的斜率；政府竞争规制并不会对 PGT→MCP、GEP→GFP、GEP→MCP 之间的关系产生调节作用。

表 7-26　　政府竞争规制对工艺改进型绿色技术创新第一条中介效应的影响

预示变量	步骤 1：GEP			步骤 2：MCP			步骤 3：GFP		
	估计值	标准误	P 值	估计值	标准误	P 值	估计值	标准误	P 值
PGT	0.477	0.069	0.000						
CR	0.304	0.056	0.000						
PGT×CR	**-0.097**	0.053	0.067						
GEP				0.385	0.077	0.000			
PGT				0.340	0.085	0.000			
PGT							-0.062	0.090	0.491
MCP							0.853	0.078	0.000
GEP							0.225	0.101	0.026
CR							0.070	0.062	0.257
GEP×CR							0.061	0.048	0.207

表 7-27　　政府竞争规制对工艺改进型绿色技术创新第二条中介效应的影响

预示变量	步骤 1：GEP			步骤 2：MCP			步骤 3：GFP		
	估计值	标准误	P 值	估计值	标准误	P 值	估计值	标准误	P 值
PGT	0.750	0.070	0.000						
GEP				0.287	0.083	0.001			
PGT				0.327	0.094	0.000			
CR				0.119	0.053	0.025			
PGT×CR				0.015	0.038	0.698			
PGT							-0.070	0.102	0.494

续表

预示变量	步骤1：GEP			步骤2：MCP			步骤3：GFP		
	估计值	标准误	P值	估计值	标准误	P值	估计值	标准误	P值
MCP							0.872	0.078	0.000
GEP							0.210	0.089	0.018
CR							0.069	0.060	0.249
MCP×CR							**0.081**	0.048	0.093

表7-28　政府竞争规制对工艺改进型绿色技术创新第三条中介效应的影响

预示变量	步骤1：GEP			步骤2：MCP			步骤3：GFP		
	估计值	标准误	P值	估计值	标准误	P值	估计值	标准误	P值
PGT	0.483	0.069	0.000						
CR	0.297	0.056	0.000						
PGT×CR	**-0.106**	0.053	0.043						
GEP				0.329	0.084	0.000			
PGT				0.307	0.079	0.000			
CR				0.126	0.055	0.022			
GEP×CR				0.059	0.039	0.135			
PGT							-0.052	0.089	0.562
MCP							0.871	0.077	0.000
GEP							0.209	0.091	0.022
CR							0.046	0.062	0.454
MCP×CR							0.076	0.050	0.127

（7）政府市场规制对绿色产品创新中介效应的影响体现在MCP→GFP的传导路径上，对其他传导路径的调节作用不显著。从表7-29、表7-30和表7-31可以发现，政府价格规制对绿色产品创新中介效应的影响的调节作用不显著；从表7-32、表7-33和表7-34可以发现，政府市场供求规制对MCP→GFP影响为正向的（系数分别为0.177和

0.172)，并在1%的统计水平上显著，即政府供求规制会提高绿色技术创新企业市场竞争力与经济绩效之间的斜率；从表7-35、表7-36和表7-37可以发现，政府竞争规制对MCP→GFP影响为正向的（系数分别为0.082和0.076)，并在10%的统计水平上显著。

表7-29　政府价格规制对绿色产品创新第一条中介效应的影响

预示变量	步骤1：GEP			步骤2：MCP			步骤3：GFP		
	估计值	标准误	P值	估计值	标准误	P值	估计值	标准误	P值
GPI	0.423	0.064	0.000						
PR	0.249	0.052	0.000						
GPI×PR	0.053	0.071	0.454						
GEP				0.468	0.068	0.000			
GPI				0.275	0.071	0.000			
GPI							-0.159	0.077	0.039
MCP							0.821	0.079	0.000
GEP							0.226	0.075	0.002
PR							0.179	0.058	0.002
GEP×PR							0.041	0.058	0.476

表7-30　政府价格规制对绿色产品创新第二条中介效应的影响

预示变量	步骤1：GEP			步骤2：MCP			步骤3：GFP		
	估计值	标准误	P值	估计值	标准误	P值	估计值	标准误	P值
GPI	0.576	0.073	0.000						
GEP				0.346	0.062	0.000			
GPI				0.205	0.070	0.003			
PR				0.273	0.053	0.000			
GPI×PR				0.081	0.074	0.272			
GPI							-0.159	0.081	0.049
MCP							0.839	0.081	0.000
GEP							0.229	0.069	0.001
PR							0.149	0.064	0.021
MCP×PR							-0.003	0.055	0.951

表 7－31　　政府价格规制对绿色产品创新第三条中介效应的影响

预示变量	步骤 1：GEP			步骤 2：MCP			步骤 3：GFP		
	估计值	标准误	P 值	估计值	标准误	P 值	估计值	标准误	P 值
GPI	0.439	0.065	0.000						
PR	0.228	0.050	0.000						
GPI × PR	0.040	0.079	0.613						
GEP				0.384	0.063	0.000			
GPI				0.184	0.064	0.004			
PR				0.264	0.053	0.000			
GEP × PR				0.123	0.081	0.130			
GPI							－0.144	0.076	0.058
MCP							0.835	0.081	0.000
GEP							0.225	0.071	0.002
PR							0.134	0.065	0.038
MCP × PR							－0.014	0.055	0.803

表 7－32　　政府供求规制对绿色产品创新第一条中介效应的影响

预示变量	步骤 1：GEP			步骤 2：MCP			步骤 3：GFP		
	估计值	标准误	P 值	估计值	标准误	P 值	估计值	标准误	P 值
GPI	0.351	0.074	0.000						
SDR	0.313	0.071	0.000						
GPI × SDR	－0.043	0.061	0.487						
GEP				0.447	0.064	0.000			
GPI				0.277	0.066	0.000			
GPI							－0.144	0.074	0.053
MCP							0.881	0.078	0.000
GEP							0.230	0.075	0.002
SDR							0.073	0.066	0.268
GEP × SDR							0.009	0.064	0.892

表 7-33 政府供求规制对绿色产品创新第二条中介效应的影响

预示变量	步骤 1：GEP			步骤 2：MCP			步骤 3：GFP		
	估计值	标准误	P 值	估计值	标准误	P 值	估计值	标准误	P 值
GPI	0.587	0.073	0.000						
GEP				0.398	0.066	0.000			
GPI				0.232	0.079	0.003			
SDR				0.141	0.066	0.032			
GPI × SDR				0.074	0.068	0.276			
GPI							-0.153	0.080	0.054
MCP							0.869	0.081	0.000
GEP							0.264	0.073	0.000
SDR							0.105	0.067	0.118
MCP × SDR							**0.177**	0.066	0.008

表 7-34 政府供求规制对绿色产品创新第三条中介效应的影响

预示变量	步骤 1：GEP			步骤 2：MCP			步骤 3：GFP		
	估计值	标准误	P 值	估计值	标准误	P 值	估计值	标准误	P 值
GPI	0.321	0.063	0.000						
CR	0.375	0.059	0.000						
GPI × CR	-0.039	0.053	0.458						
GEP				0.457	0.063	0.000			
GPI				0.267	0.068	0.000			
GPI							-0.132	0.078	0.088
MCP							0.866	0.080	0.000
GEP							0.239	0.090	0.008
CR							0.083	0.064	0.197
GEP × CR							0.069	0.047	0.144

表 7-35　　政府竞争规制对绿色产品创新第一条中介效应的影响

预示变量	步骤 1：GEP			步骤 2：MCP			步骤 3：GFP		
	估计值	标准误	P 值	估计值	标准误	P 值	估计值	标准误	P 值
GPI	0.609	0.079	0.000						
GEP				0.358	0.069	0.000			
GPI				0.250	0.074	0.001			
CR				0.144	0.053	0.007			
GPI × CR				0.061	0.066	0.356			
GPI							-0.157	0.087	0.072
MCP							0.893	0.079	0.000
GEP							0.226	0.075	0.003
CR							0.088	0.061	0.148
MCP × CR							**0.082**	0.049	0.092

表 7-36　　政府竞争规制对绿色产品创新第二条中介效应的影响

预示变量	步骤 1：GEP			步骤 2：MCP			步骤 3：GFP		
	估计值	标准误	P 值	估计值	标准误	P 值	估计值	标准误	P 值
GPI	0.609	0.079	0.000						
GEP				0.358	0.069	0.000			
GPI				0.250	0.074	0.001			
CR				0.144	0.053	0.007			
GPI × CR				0.061	0.066	0.356			
GPI							-0.157	0.087	0.072
MCP							0.893	0.079	0.000
GEP							0.226	0.075	0.003
CR							0.088	0.061	0.148
MCP × CR							**0.082**	0.049	0.092

表 7－37　　政府竞争规制对绿色产品创新第三条中介效应的影响

预示变量	步骤 1：GEP			步骤 2：MCP			步骤 3：GFP		
	估计值	标准误	P 值	估计值	标准误	P 值	估计值	标准误	P 值
GPI	0.326	0.062	0.000						
CR	0.366	0.058	0.000						
GPI × CR	－0.047	0.055	0.386						
GEP				0.396	0.076	0.000			
GPI				0.241	0.067	0.000			
CR				0.128	0.058	0.027			
GEP × CR				0.074	0.059	0.206			
GPI							－0.130	0.077	0.093
MCP							0.890	0.078	0.000
GEP							0.219	0.081	0.007
CR							0.061	0.064	0.344
MCP × CR							0.076	0.048	0.113

第五节　研究结论与启示

本章在已有研究的基础上，构建了政府市场规制下，企业绿色技术创新与创新绩效的理论模型（多重中介—调节模型），主要回答清楚了企业绿色技术创新是怎么实现经济效益，及企业内在特质和政府市场规制对相应路径的调节作用。在问卷设计的基础上，通过对企业进行实地调研检验并修正了理论模型。本章的研究内容主要包括以下三个方面：第一，检验企业绿色技术创新与经济绩效之间的多重中介效应是否存在，是完全中介效应还是部分中介效应；第二，检验企业内在特征（包括企业规模、企业所有制行业、企业所属行业、企业年龄及企业所在省份）是否对企业绿色技术创新与经济绩效之间的多重中介关系产生调节作用；第三，检验政府的市场规制措施（包括政府价格规制、供求规制和竞争规制）是否对企业绿色技术创新与经济绩效之间的多重中介效应产生调节作用；第四，检验企业内在特质和政府市场规制对中介效应的调节作用是否会因绿色技术创新类型的不同而发生改变。通过上述研究，可以得出以下结论：

（1）对于企业绿色技术创新向经济绩效的传导路径而言，市场竞争力和环境绩效是传导过程中的重要中介变量，且企业末端治理技术创新、绿色产品创新与经济绩效之间的传导路径是完全中介关系，直接效应不显著，而企业绿色工艺创新与经济绩效之间的传导路径是部分中介关系，直接效应存在。即绿色产品创新和末端治理创新不能直接产生经济绩效，而绿色工艺创新能够直接产生经济绩效。

（2）对于末端治理绿色技术创新而言，“末端治理技术创新→环境绩效→经济绩效”是最重要的中介路径；对于绿色产品创新而言，“绿色产品创新→企业市场竞争力→经济绩效”是最重要的中介路径；对于绿色工艺创新而言，在所有的间接路径中，“绿色工艺创新→企业市场竞争力→经济绩效”是最重要的中介路径。对于绿色工艺创新而言，直接效应所占比重为 $0.1/(0.1+0.344)=22.52\%$，间接效应所占的比重为 77.48%，尽管能够快速改善其经济绩效，但是相对而言比较小，也需要在改善环境绩效和提高企业市场竞争力方面寻找出路。

（3）相对于大规模企业而言，小规模企业的 GTI→GEP（MCP）→GFP 间接效应传导路径不显著；除绿色产品创新外，国有和集体所有制企业的 GTI→MCP→GFP 间接效应传导路径不显著；相对于技术密集型行业企业而言，非技术密集型行业企业的 GTI→GEP→GFP 间接效应传导路径不显著；相对于东部省份企业而言，西部和中部企业的 GTI→GEP→GFP 间接效应传导路径不显著；相对于大年龄企业而言，小年龄企业的 GTI→GEP→GFP 间接效应传导路径不显著。

（4）市场规制对企业绿色技术创新与经济绩效之间的多重中介效应的调节作用的结果如表 7－38 所示。政府价格规制和供求规制对末端治理型绿色技术创新与环境绩效之间的关系起到负向调节作用，政府竞争规制的调节作用不显著；政府供求规制和政府竞争规制对工艺改进型绿色技术创新与环境绩效之间的关系起到负向调节作用，政府价格规制的调节作用不显著。

表 7-38　　实证结果汇总

绿色技术创新类型	传导路径	政府价格规制	政府供求规制	政府竞争规制
EGT	EGT→GEP	负向	负向	
	GEP→MCP	正向		
	MCP→GFP		正向	
	EGT→MCP			正向
PGT	PGT→GEP		负向	负向
	GEP→MCP	正向		
	MCP→GFP		正向	正向
GPI	MCP→GFP			正向

（5）政府价格规制对末端治理型和工艺改进型绿色技术创新环境绩效同企业市场竞争力之间的关系起到正向调节作用，政府供求规制和竞争规制对这一关系的调节作用不显著；政府供求规制对末端治理型和工艺改进型绿色技术创新企业市场竞争力同经济绩效之间的关系起到正向调节作用，政府供求规制和竞争规制对这一关系的调节作用不显著。

（6）政府规制对绿色产品创新的影响主要体现在竞争规制对企业市场竞争力与经济绩效之间的关系，政府价格规制和供求规制对绿色产品创新中介效应的影响在10%的统计水平上并不显著；政府竞争规制仅是对末端治理型绿色技术创新与企业市场竞争力之间的关系起到正向调节作用，其他规制类型和绿色技术创新类型之间的关系均不显著。

借助上述研究结论，可以清楚地知道企业绿色技术创新实现经济绩效的传导路径，也明确了不同企业内在特质在传导路径上的干扰作用，识别了不同政府市场规制对不同类型绿色技术创新向经济绩效传导路径的调节作用。为此，政府可以结合对应的结论，针对不同企业和不同绿色技术创新类型设计和优化精准的市场规制政策，提高绿色技术创新市场规制效率。

本章小结

本章在理论分析的基础上，借助所设计的关于企业绿色技术创新、市场竞争力、环境绩效、经济绩效、企业内在特质与政府市场规制的多重中介调节模型，主要回答了企业绿色技术创新是怎么实现经济效益，及企业内在特质和政府市场规制对相应路径的调节作用。在问卷设计的基础上，通过对企业进行实地调研获得649份微观企业的调查问卷数据，以此对所设计的概念模型进行验证和修改。

本章研究的创新之处体现为较为细致和系统地分析了不同类型绿色技术创新实现经济绩效的传导路径，分析了政府不同规制类型和企业不同内在特质对传导路径的调节作用。已有的研究中关于企业绿色技术创新行为向经济绩效传导的路径分析还不透彻，就政府市场规制对不同传导路径的分析还不系统。相较于已有文献而言，本书对比分析了不同绿色技术创新向经济绩效传导路径的异同，而且围绕可能的传导路径，进一步识别了政府不同规制类型和企业不同内在特质对传导路径的调节作用。可以说，本书对于深化绿色技术创新价值化的认识和优化政策设计具有比较大的意义。

第八章

研究结论与启示

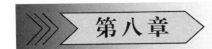

党的十九大报告明确提出，要构建市场导向的绿色技术创新体系。2019 年 1 月召开的中央全面深化改革委员会第六次会议审议通过了《关于构建市场导向的绿色技术创新体系的指导意见》[①][②]。关于绿色技术创新有四个层面是比较明确的：第一，绿色技术创新是实现绿色发展、创新发展的内在动力；第二，市场导向是绿色技术创新能力提高的有效措施[③]；第三，以企业为核心的多主体共同参与是绿色技术创新的主要形式；第四，政府市场规制是弥补绿色技术创新市场失灵的有效工具。那么，市场导向或规制对企业绿色技术创新作用的内在机理是什么？政府市场规制对企业绿色技术创新行为和绩效的影响又怎样？政府市场规制对企业绿色技术创新的影响会不会受到技术特性和企业特质的

---

① 会议强调，绿色技术创新是绿色发展的重要动力，是打好污染防治攻坚战、推进生态文明建设、促进高质量发展的重要支撑。要以解决资源环境生态突出问题为目标，坚持市场导向，强化绿色引领，加快构建企业为主体、产学研深度融合、基础设施和服务体系完备、资源配置高效、成果转化顺畅的绿色技术创新体系，推动研究开发、应用推广、产业发展贯通融合。

② 2019 年 4 月 15 日，国家发展和改革委员会、科技部联合发布了《关于构建市场导向的绿色技术创新体系的指导意见》。

③ 习近平总书记在 2018 年中国科学院第十九次院士大会上指出，“要发挥市场对技术研发方向、路线选择、要素价格、各类创新要素配置的导向作用，让市场真正在创新资源配置中起决定性作用”。

影响？这些问题的解决对于构建市场导向的绿色技术创新体系、实现高质量发展具有重要的理论意义和政策意义。

已有的研究中，国内外学者就绿色技术的内涵、影响企业绿色技术创新的因素及企业绿色技术创新绩效等方面展开了较为系统的分析，也为本书的研究夯实了基础。然而，现有的研究中关于政府行为对企业绿色技术创新的影响，大多基于环境规制的角度，要么将企业市场竞争力同经济绩效、环境绩效等同起来，要么认为企业绿色技术创新对其绩效影响是直接的，关于企业绿色技术创新和绩效之间的分析还不够全面。关于市场导向对企业绿色技术创新的影响，大多是从市场营销的角度展开。已有的研究还未深入和系统还原市场规制对企业绿色技术创新的作用机理，也未系统回答企业绿色技术创新行为到经济绩效的传导路径。同时，关于政府不同市场规制对企业绿色技术创新影响的节点、方向和幅度分析还有待深入。因此，本书综合应用经济学、管理学和社会学的相关理论和方法，结合数理建模、计量分析及实地问卷调查等方法，就政府市场规制对企业绿色技术创新的机理、行为与绩效展开了系统研究。

第一节　主要工作

一、基于社会福利的视角，识别政府不同类型市场规制驱动企业绿色技术创新的内在机理

在充分识别完全竞争市场对创新要素配置作用的基础上，进一步分析引发企业绿色技术创新市场失灵的归因，并基于福利最大化的视角研究三类政府市场规制驱动企业绿色技术创新的内在机理。研究结果表明：（1）市场导向下的企业绿色技术创新，就是要借助市场化工具来优化绿色技术创新要素的配置效率，其中，市场供求机制有利于释放企业绿色技术创新要素供需信号；市场竞争机制有利于提高绿色技术创新企业的市场竞争力；市场的价格机制有利于企业绿色技术创新的价值实现。（2）绿色技术创新的多重外部性、绿色产品消费的内部性与绿

色技术创新进入壁垒是造成企业绿色技术创新市场失灵的重要原因。(3) 市场价格规制对绿色技术研发水平的影响取决于企业的创新能力，能力越强，价格规制的作用效果越显著；价格规制与社会福利之间呈倒“U”形关系，即如果价格规制导致创新的平均边际收益超过临界值，将对社会福利起到负向影响。(4) 竞争规制的影响在于延长高社会福利和低社会成本绿色技术的垄断长度和宽度，同时，缩小低社会福利和高社会成本技术的垄断程度和时间。(5) 价格规制和竞争规制是决定性规制手段，供求规制是调节性的规制手段，是前两种规制效果的“放大镜”。

二、基于绿色技术创新系统的视角，定量刻画政府市场规制对企业绿色技术创新行为影响的阶段性特征

通过构建由地方政府、企业和消费者组成的绿色技术创新系统演化博弈模型，分析不同情形下系统均衡策略的演化过程，并借助系统动力学实验方法进一步研究了相关因素对系统均衡影响的敏感性。研究结果表明：(1) 企业绿色技术创新演化博弈系统只存在三个可能的稳定均衡策略，三种稳定均衡策略对应绿色技术创新发展的三个阶段，分别为初始阶段、过渡阶段和成熟阶段。(2) 三个系统均衡策略中，政府的策略均为采取市场规制，即有效的绿色技术创新需要政府市场规制的干预，且影响企业绿色技术创新品牌收益和消费者绿色产品消费的经济收益是干预的着力点。(3) 企业绿色技术创新只有在改善产品功能时才能够真正影响消费者的购买意愿和行为，也进一步强调了绿色技术创新的实用性特征。(4) 绿色技术创新发展成熟阶段，相对于控制传统产品价格而言，设计相应措施来降低绿色产品价格对整个系统的影响更为显著，同时，提高消费者绿色偏好和绿色消费意识对系统也有正向影响；在绿色技术创新发展的过渡阶段，相对于努力争取中央政府的政策收益而言，降低规制成本更能提高地方政府采取市场规制策略的概率；在企业绿色技术创新发展的初始阶段，通过不断优化市场价格机制来倒逼企业绿色技术创新，比降低绿色产品价格更为有效。

三、基于博弈决策建模方法，测算企业最优努力程度的绩效水平及政府市场规制对不同绩效的影响

借助 Stackelberg 博弈建模方法，对比分析无市场规制＋集中决策（情景 1）、无市场规制＋独立决策（情景 2）、市场规制＋集中决策（情景 3）、市场规制＋独立决策（情景 4）、命令型规制（情景 5）下企业市场决策和绿色技术创新水平，并计算出每种情景下的系统废弃物排放量（表征环境绩效）、系统经济效益（表征经济绩效）和系统消费者剩余（表征市场竞争力）。借助数值模拟的方法，分析不同决策情景下，各外生变量对企业绿色技术创新努力水平与创新绩效影响的敏感性。研究结果表明：（1）政府市场规制程度对企业绿色技术创新水平产生显著正向影响，且与规制类型和博弈决策类型有关。（2）政府和企业集中决策情景下，系统经济收益有较大幅度的改善，但是减少了系统废弃物排放量和消费者剩余。（3）政府市场规制能够提升系统的经济收益和消费者剩余，且在集中决策情景下，市场规制会降低废弃物排放量；相反，在独立决策情景下，市场规制反而会增加系统的废弃物排放量，但是无论在什么决策类型下，随着市场规制的引入，废弃物排放强度都是处于下降趋势。（4）在政府命令型规制情景下，系统社会福利达到了最大化，但是系统废弃物排放量和系统经济效益均实现了最小化。

四、基于微观企业统计数据，实证研究政府市场规制对企业异质性绿色技术创新的影响及内在特质的调节作用

以中国工业企业数据库、中国工业企业污染排放数据库及区域排污征收费为研究的基础数据。通过构建 24 个计量模型，分别对 2007 年、2012 年政府市场规制（征收排污费）对企业不同类型绿色技术创新的影响，包括政府市场规制对末端治理型绿色技术创新、工艺改进型绿色技术创新及能源节约型绿色技术创新的影响。研究表明：（1）政府市场规制对企业各类绿色技术创新影响程度和显著性随时间推移显著提

高，反映中国市场规制手段的有效性。（2）政府市场规制（征收排污费用）对末端治理型绿色技术创新产生一定的抑制作用，但是对工业废水减排的工艺改进能够起到促进作用。（3）区域能源结构能够显著改善政府市场规制对能源节约型绿色技术创新的影响，能源结构越低碳清洁，排污费用作用效果越显著。（4）政府市场规制与企业部分绿色技术创新（二氧化硫排放强度、工业废水排放强度、工业废水去除强度）之间呈“U”形关系，且随着时间的变化动态调整。（5）企业固定资产占比越大、资产折旧越快将抑制企业采取工艺改进型绿色技术创新策略，相反，会加速企业采取末端治理型绿色技术创新策略。

五、基于微观企业实地调查数据，厘清企业绿色技术创新实现经济绩效的传导路径及政府市场规制和企业内在特质的调节作用

在理论分析的基础上，设计关于企业绿色技术创新、市场竞争力、环境绩效、经济绩效、企业内在特质与政府市场规制的多重中介干扰模型，并基于649份调查问卷数据验证和修改了概念模型。研究表明：（1）企业末端治理技术创新、绿色产品创新与经济绩效之间是一个完全中介关系，企业绿色工艺创新与经济绩效之间是部分中介关系，企业市场竞争力和环境绩效是重要的中介变量，且绿色技术创新→企业市场竞争力→经济绩效是最重要的中介路径。（2）企业内在特质（规模、所有制结构、行业特质、所在省份及企业创立时间）在GTI→GEP（MCP）→GFP、GTI→GEP→GFP间接效应传导路径上存在一定的调节作用。（3）政府价格规制和供求规制对末端治理型绿色技术创新与环境绩效之间的关系起到负向调节作用；供求规制和竞争规制对工艺改进型绿色技术创新与环境绩效之间的关系起到负向调节作用。（4）政府价格规制对末端治理型和工艺改进型绿色技术创新环境绩效同企业市场竞争力之间的关系起到正向调节作用；供求规制对末端治理型和工艺改进型绿色技术创新企业市场竞争力同经济绩效之间的关系起到正向调节作用。（5）政府规制对绿色产品创新的影响主要体现在竞争规制对企业市场竞争力与经济绩效之间的关系上，政府竞争规制仅是对末端治理型绿色技术创新与企业市场竞争力之间的关系起到正向调节作用。

第二节 特色之处

一、研究视角

政府驱动是企业绿色技术创新的关键因素，然而，已有的研究中系统关注政府通过影响市场运行的规制手段对企业绿色技术创新的影响还比较少，即，本书的研究具有一定的创新性，与当前的政策相适应；在具体的分析视角上，本书以社会福利最大化的视角来分析政府市场规制对企业绿色技术创新的影响，提供了一个政府市场规制定性研究的抓手。

二、研究方法

本书基于博弈论建模的方法模拟了不同情境下政府市场规制对企业绿色技术创新水平、运营决策、经济绩效及环境绩效的影响，并借助非线性规制求解获得了实现不同绩效最大化所采取的规制类型及强度；在企业绿色技术创新向经济绩效传导路径分析上，构建了“多中介—多调节”分析模型，较为深入地分析了企业绿色技术创新实现经济绩效的可能路径，以及政府市场规制和企业内在特质的调节作用。

三、研究内容

本书系统分析了政府市场规制与企业绿色技术创新及绩效之间的异同性。在识别政府市场规制对企业绿色技术创新机理的基础上，先通过数理建模的方式测算了政府市场规制对企业绿色技术创新行为及绩效的影响；然后，分别借助工业企业问卷调查和统计数据对上述研究问题展开实证分析。特别地，在理论建模和实证检验的过程中，既分析了共性问题，也对规制和企业特质的差异性影响展开了分析。

四、研究结论

相较于已有的研究，本书的结论创新体现在以下四个方面：（1）由政府市场规制、企业绿色技术创新、消费者绿色消费构成的绿色技术创新系统正处于发展的过渡阶段，影响绿色技术创新系统演进的关键因素是创新质量的高低；（2）政府市场规制对企业不同类型绿色技术创新的影响存在差异性；（3）企业固定资产越多、资产折旧越快将抑制企业采取工艺改进型绿色技术创新策略；（4）企业绿色技术创新行为与经济绩效是完全中介关系，提高绿色技术创新企业市场竞争力是有效的优化手段。

第三节　理论启示

通过上述研究，可以得出以下几点理论启示。

一、要以解决突出矛盾为导向，精准设计和优化市场规制措施

在本书的第三章、第四章、第五章及第六章均发现政府市场规制策略对企业绿色技术创新影响的异质性。中央政府和地方政府要紧密结合绿色技术创新发展的阶段性特征、区域经济发展阶段性特征及产业结构特征等，设计适合当前阶段和区域的市场规制措施。精准识别当前制约我国绿色技术创新发展的因素，从绿色技术创新的供给端到需求端，通过优化市场规制类型和强度来促进绿色技术创新。在绿色技术创新发展的初期主要通过价格机制来促进末端治理型绿色技术创新，其初衷在于降低生产的环境负外部性，实现经济发展和环境污染的绝对“脱钩”；在绿色技术创新的过渡阶段，也是我们当前所处的阶段，更多的是要通过供求机制来提高工艺改进型绿色技术创新企业的市场影响力和收益，进一步缩小传统生产的市场竞争力；在绿色技术创新的高级阶段，也是绿色产品创新阶段，更多的是要设计和优化竞争机制，促进绿色产品的

高级化和绿色化，进而倒逼企业绿色技术创新。考虑到政府规制能力和规制成本的影响，政府市场规制措施不是越全面越好，要有侧重点和主次之分，要以解决当前发展的主要矛盾为目标，逐渐推进绿色技术创新升级。

二、要以提高多主体协同为抓手，促进绿色技术供需对接

绿色技术创新不是单纯的技术活动，还是一类经济活动，需要打通技术供需主体之间的通道，进而通过经济绩效来弥补创新投入。绿色技术创新只有成功地实现由供给者向需求者转化，或者技术持有者自身将其产业化和商业化才算真正完成创新的使命。要促进绿色技术的供需对接，需要重视顶层设计的优化完善，实现制度的组合和政策的协同。要理顺中央政府同地方政府、部门与部门之间的利益关系，明确各部门的责任、权利，建立规范各部门和各利益相关方行为的制度体系和配套政策，避免制度间、政策间的冲突，为我国绿色技术创新提供全方位支撑和最优的制度和政策环境。由第三章结论可知，有必要进一步通过制度建设，健全绿色技术创新的市场导向机制，发挥市场对绿色技术研发方向、路线选择、要素价格、各类创新要素配置的导向作用。政府的市场规制措施要从发现需求、倒逼需求、引导供给等方面努力，这里的需求既包括绿色技术本身的市场需求，也包括内含技术的绿色产品。政府本身可以作为绿色技术的消费者，更需要作为绿色技术供需主体对接的“媒介”，简而言之，就是要借助政府的功能来影响高校、科研机构、金融机构、中介服务机构及市场消费者的行为选择，实现多主体共同发力。

三、要以保证创新经济绩效为目的，打通企业绿色技术创新到经济绩效转化的通道

由第五章、第七章的研究结论可知，要促进企业进行持续的绿色技术创新，归根结底就是要实现创新活动的经济绩效，即只有绿色技术创新活动能够给企业带来实质性的经济绩效才能保证持续的创新投入。然

而，企业绿色技术创新行为向经济绩效传导的路径不是唯一的，可能是直接的（降低材料投入成本、生产的环境成本等），也可能是间接的（通过影响企业市场竞争力、环境绩效等），政府的市场规制更多的是要在间接传导路径上起到作用。简而言之，就是如何让绿色技术创新企业的形象、市场竞争力比同行业竞争者更好；就是如何将环境成本内化到生产过程中。为此，应该强化知识产权保护，保障绿色创新企业未来竞争力和发展权益，开展绿色技术知识产权快速审查、快速确权、快速维权专项行动，以此保证绿色技术创新企业的市场竞争力；还需要通过环境标志和能效标识，帮助企业树立良好的环保形象，提高绿色产品的市场竞争力。在环境成本内部化方面，还需要借助新一代信息技术、监察和监测技术，就企业生产的废弃物排放量进行测量、核算，同时推进绿色技术市场交易、用能权市场交易、排污权市场交易和碳排放权市场交易的壮大与整合。总而言之，就是要让绿色技术创新企业通过多种途径能够获取短期和长期经济绩效。

四、要以系统理论为指导依据，全面测度市场规制下企业绿色技术创新绩效

政府市场规制对企业绿色技术创新影响究竟有多大？应该建立一个怎样的原则来判断或者评估？针对这些问题本书给了一个分析的框架，即从经济绩效、环境绩效和社会绩效的角度来系统测度，同时，经济绩效同环境绩效、社会绩效同经济绩效之间的关系还需要在未来的研究中深化。由第五章研究结论可知，政府某一类市场规制可能会产生较大的经济绩效，然而，却会降低环境绩效和社会绩效，反之，也成立。为此，需要就市场规制对某一特定区域、特定行业、特定类型企业的绿色技术创新影响开展试点评估，而不能是“一刀切”，做到“一区一策”“一行一策”“一品一策”，以此实现政府市场规制下企业绿色技术创新系统绩效最大化。同时，在核算系统绩效的过程中，关于环境绩效、社会绩效与经济绩效之间的关系和重要程度，要依据区域经济社会发展阶段进行调整。例如，在工业化的初期，可能更多的是要注重政府市场规制带来的经济绩效；在生态文明建设期，

可能更多的是要注重市场规制带来的环境绩效和社会绩效，正如习近平总书记所指出的“宁要绿水青山，不要金山银山”。各地区要在管理实践中总结经验，将经验不断提升为可复制和推广的样本，供其他地区、行业学习吸收。

第四节　政策启示

高质量发展阶段，推进绿色技术创新的核心要义是要匹配好成本和收益的关系，解决这个问题的办法既包括政府适当的干预，也包括提高市场竞争秩序。本书基于政府市场规制的角度，分析政府规制影响市场主体决策，进而提高绿色技术创新要素配置效率。通过上述研究，可以得出以下几点政策启示。

一、当前我国正处于绿色技术创新发展的过渡阶段

中国已经走过了绿色技术创新政府“独角戏”阶段，出于社会责任和提高市场竞争力的目标，企业也具备一定的绿色技术创新积极性。《中国绿色专利统计报告（2014～2017）》指出，2014～2017年，中国绿色专利申请量年均增速高于中国发明专利整体年均增速3.7个百分点，高于国外来华绿色专利申请有效量占比1.7个百分点。同时，统计数据表明，我国消费者的绿色消费意识显著提升。中国连锁经营协会发布的数据显示，2015～2017年，消费者能效标识的认知度从78%上升到89%，绿色食品从58%上升到83%。尽管如此，绿色创新产品、环境友好型产品的产值在企业总产值中所占的比重还比较小，市场融资压力依然比较大。由第四章结论和上述描述情形，可以判断当前我国绿色技术创新已经进入到过渡阶段，影响绿色技术创新系统演进的关键因素是创新质量的高低。绿色技术创新的过渡阶段决定，规制工具优化要围绕提高创新质量和绿色消费价值。

二、促进组建不同规模和类型的绿色技术创新联盟

正如第五章研究结论所指出的那样，企业绿色技术创新绩效在集中决策情景下能够得到较大程度的优化。为此，要以绿色技术产业一体化为导向，根据专业与产业共同主导原则，遴选各领域内的创新骨干企业、高校及科研院所，搭建若干绿色技术一体化创新联盟，在绿色技术重要领域由联盟规划并调整该领域内的创新任务指南，并公开遴选创新团队。根据任务阶段不同，对资源投入方式进行分类管理，如：基础研究可采取国家投入为主、联盟或承担单位配套的方式；应用研究采取联盟或承担单位、国家共同投入的方式；产业发展及应用示范采取联盟、承担单位投入为主、国家支持的方式；等等。不同区域、行业、企业要积极探索科学可行的联盟创新模式，剖析不同模式的适用条件，对于成熟可行的模式，要从政府层面通过配置相关资源来加速推广。

三、排出绿色技术创新的时间表、路线图和优先序

正如第三章研究结论所指出的那样，针对不同类型的绿色技术创新要采取差异化的规制机制。未来需要从绿色技术社会影响（社会成本、社会福利）的角度，就 2017 年 8 月 1 日起施行的《专利优先审查管理办法》所涉及产业的绿色技术成熟度和重要程度，开展进一步评价和技术预见。针对社会成本大于社会福利的技术类型，例如治理雾霾技术，要通过设计补偿方案，尽可能地缩短技术的保密程度和保密时间；对绿色产业发展的成熟关键技术实施政府财政购买，并向社会企业免费推广应用；对于社会福利较大的绿色技术创新类型，要高效追踪技术审批流程，在原有的基础上再延长技术保密期。同时，瞄准世界绿色技术发展趋势，聚焦节能环保、清洁生产、清洁能源、生态修复、绿色城乡基础设施、生态农业等重点领域迫切的技术创新需求，制定发布绿色技术发展路线图、绿色技术创新需求目录并不断更新，引导全社会把握绿色技术创新方向。

四、建立多层次的绿色技术创新绩效综合评价体系

正如第五章和第七章研究结论所指出的那样，企业绿色技术创新所产生的绩效包括环境绩效、经济绩效和社会绩效等，且会因为绿色技术创新类型、政府市场规制类型不同而产生差异性。要评价企业绿色技术创新行为以及政府干预的影响，必须从区域、产业等维度设计一套绿色技术创新绩效评价体系，且随着时间发展不断调整体系的构成和相关因素的重要程度。在高质量发展阶段要不断提高环境绩效和社会绩效在创新绩效中的比重，逐步建立环境绩效一票否决制，强调在具备环境绩效的前提下评价经济绩效。将绿色技术创新绩效同生态产品价格形成机制、碳排放权交易、可再生能源强制配额和绿证交易制度等绿色价格政策有机整合，实现环境绩效向经济绩效快速转化。要将绿色技术创新成果作为高质量发展的重要指标，纳入生态文明建设和创新发展考核评价机制。

五、多管齐下提高绿色技术创新企业市场竞争力

由第七章的研究结论可知，高质量发展阶段，或者说是绿色技术创新发展的过渡阶段，政府的市场干预要在提高绿色技术创新企业市场竞争力方面发力。要推动绿色标志立法，将环境标志和能效标识认证标准及程序以法律的形式固定下来，提升标志制度的法律地位。改进绿色标志认证程序，切实体现获得环境标志产品和能效标识产品在全生命周期各个阶段环境性能的优越性。为环境标志制度提供法律、组织机构保障，还需要在财政、金融、工商、税务等方面制订相应的倾斜政策，支持环境标志制度推行。对清洁生产、环境保护做出突出贡献的环境标志企业，予以奖励，帮助企业树立良好的环保形象。建立绿色消费积分制，提高民众购买绿色标志产品的积极性。支持企业借助相应的平台宣传自己的绿色生产理念和行动，提高企业的社会声誉，增强企业产品的市场认可度。建设绿色技术知识产权侵权监控体系，将绿色技术侵权行为信息纳入社会信用记录。

六、建立绿色技术创新发展评估体系，针对性提高市场规制效率

建议生态环境部联合国家统计局、科研机构及其他相关部委，开展绿色技术创新和绿色产业发展监测与评价指标体系研究，建立“绿色技术创新监测和评价指标”和“绿色产业发展监测与评价指标”，并将绿色技术创新和绿色发展关键指标纳入国家统计局的统计制度。由国家权威研究机构开展绿色技术创新和绿色产业发展年度评估，评估全国和区域绿色技术创新和绿色产业发展情况，发布《国家绿色技术创新评估报告》和《国家绿色产业发展评估报告》，评估并发布全国及各省市绿色创新和绿色产业发展进展，为全国和区域绿色技术创新和绿色产业发展政策的调整提供支撑，并作为行政领导政绩考核指标。通过定性和定量评估，识别各区域在推进绿色技术创新和绿色产业发展中所存在的不足，也要发现推进绿色技术创新的成功案例，并将其推广示范。

第五节　研究展望

尽管本书在政府市场规制下企业绿色技术创新行为与绩效的理论研究方面取得了一些进展，然而，由于研究时间和能力的限制，现有的内容中还存在较多的不足，需要在后续的研究中不断深入和完善。

一、市场规制下的企业绿色技术创新是系统理论问题，需要从多维度阐述二者之间的内在作用机理

本书基于经济学理论，从社会福利最大化的视角去分析政府市场规制对企业绿色技术创新行为与绩效的影响，有一定的理论突破性。然而，绿色技术创新领域的政府和市场的关系是一个复杂的系统，是一个非完全的、有约束的市场，未来还应该基于其他理论或分析框架开展深入分析，形成点、线、面一体的市场规制下企业绿色技术创新理论体系。例如，基于发展经济学、成本收益的角度，分析国家在不同发展阶

段，政府市场规制的有效性和优越性。

二、绿色技术创新是一个相对的、变化的概念，需要动态追踪演变的内在规律

由绿色技术创新的内涵可知，其实质是一个相对比较的概念，是随着经济社会发展不断改变的概念，而本书所展示的理论和实证部分均是居于静态的视角。具体而言，在影响机理识别方面，没有做到历史纵向的对比，没有分析清楚政府市场规制在中国特色的经济体系中角色扮演的转变；在模型推导和实证研究过程均是从静态的视角进行分析。未来需要将动态因素（时间因素、空间因素）纳入到理论分析和实证研究中，进而识别出演变的内在规律，也需要从生命周期的角度分析规制影响。

三、市场规制对企业绿色技术创新及绩效的理论研究要用于指导管理实践

现有理论研究结果同政策优化之间的“最后一公里”问题还未很好地解决。未来需要选择若干特定的主题开展更有针对性更有操作性的分析，并提出相应的政策建议，提高理论研究与现实的连接度；同时，通过实地调研、企业访谈等方式深入研究某一特定政策在不同地区、行业及企业中所产生的市场影响，并进一步分析这一影响对企业绿色技术创新行为及绩效的调节作用，提高理论研究的深度和宽度。

参考文献

[1] Ambec, Stefan, Lanoie, et al., Does It Pay to Be Green? A Systematic Overview. *Academy of Management Perspectives*, Vol. 22, No. 4, 2008, pp. 45 – 62.

[2] Andersson L M, Bateman T S, Individual Environmental Initiative: Championing Natural Environmental Issues in U. S. Business Organizations. *Academy of Management Journal*, Vol. 43, No. 4, 2000, pp. 548 – 570.

[3] Ar I M, The Impact of Green Product Innovation on Firm Performance and Competitive Capability: The Moderating Role of Managerial Environmental Concern. *Procedia – Social and Behavioral Sciences*, Vol. 62, No. 1, 2012, pp. 854 – 864.

[4] Arfi W B, Hikkerova L, Sahut J M, External knowledge sources, green innovation and performance. *Technological Forecasting and Social Change*, Vol. 129, 2018, pp. 210 – 220.

[5] Arrow, Kenneth Joseph, *Economic welfare and the allocation of resources for invention*. UK: Macmillan Education, 1972.

[6] Awasthi A K, Zeng X L, Li J H, Environmental pollution of electronic waste recycling in India: A critical review. *Environmental Pollution*, Vol. 211, 2016, pp. 259 – 270.

[7] Aziz, N N A, Samad S, Innovation and Competitive Advantage: Moderating Effects of Firm Age in Foods Manufacturing SMEs in Malaysia. *Procedia Economics & Finance*, Vol. 35, 2016, pp. 256 – 266.

[8] Banerjee S B, Managerial perceptions of corporate environmentalism: Interpretations from industry and strategic implications for organizations.

Journal of Management Studies, Vol. 38, No. 4, 2010, pp. 489 – 513.

[9] Bansal P, Hunter T, Strategic Explanations for the Early Adoption of ISO14001. *Journal of Business Ethics*, Vol. 46, No. 3, 2003, pp. 289 – 299.

[10] Beise M, Rennings K, Lead markets and regulation: a framework for analyzing the international diffusion of environmental innovations. *Ecological Economics*, Vol. 52, No. 1, 2005, pp. 5 – 17.

[11] Betz F, Managing Technological Innovation: Competitive Advantage from Change, Third Edition. *Industrial Management & Data Systems*, Vol. 31, No. 11, 2011, pp. 133 – 134.

[12] Boons F, Wagner M, Assessing the relationship between economic and ecological performance: Distinguishing system levels and the role of innovation. *Ecological Economics*, Vol. 68, No. 7, 2009, pp. 1908 – 1914.

[13] Boubakri N, Cosset J C, Saffar W, Political connections of newly privatized firms [J]. Journal of Corporate Finance, Vol. 14, No. 5, 2008, pp. 654 – 673.

[14] Boutkhoum O, Hanine M, Boukhriss H, et al., Multi-criteria decision support framework for sustainable implementation of effective green supply chain management practices. *Springerplus*, Vol. 5, No. 1, 2016, pp. 664.

[15] Brandt L, Van B J, Zhang Y F, Creative Accounting or Creative Destruction? Firm – Level Productivity Growth in Chinese Manufacturing. *Social Science Electronic Publishing*, Vol. 97, No. 2, 2012, pp. 39 – 51.

[16] Braun E, Wield D, Regulation as a means for the social control of technology [J]. Technology Analysis & Strategic Management, Vol. 6, No. 3, 1994, pp. 259 – 272.

[17] Brunnermeier B S, Cohen M A, Determinants of environmental innovation in US manufacturing industries. *Journal of Environmental Economics and Management*, Vol. 45, No. 2, 2003, pp. 278 – 293.

[18] Cai L, Liu Q, Zhu X M, et al., Market orientation and techno-

logical innovation: the moderating role of entrepreneurial support policies. *International Entrepreneurship & Management Journal*, Vol. 11, No. 3, 2015, pp. 645 – 671.

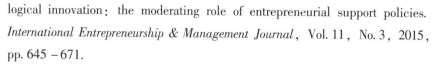

[19] Cai W G, Li G P, The drivers of eco-innovation and its impact on performance: Evidence from China. *Journal of Cleaner Production*, Vol. 176, 2018, pp. 110 – 118.

[20] Cainelli G, Mazzanti M, Montresor S, Environmental Innovations, Local Networks and Internationalization. *Industry & Innovation*, Vol. 19, No. 8, 2012, pp. 697 – 734.

[21] Carrasco – Monteagudo I, Buendía – Martínez I, Corporate social responsibility: A crossroad between changing values, innovation and internationalisation. *European Journal of International Management*, Vol. 7, No. 3, 2013, pp. 298 – 314.

[22] Carrillo – Hermosilla J, Río P D, Könnölä T, Diversity of eco-innovations: Reflections from selected case studies. *Journal of Cleaner Production*, Vol. 18, No. 10, 2013, pp. 1073 – 1083.

[23] Cellini R, Lambertini L, Mantovani A, Persuasive advertising under Bertrand competition: A differential game. *Operations Research Letters*, Vol. 36, No. 3, 2008, pp. 381 – 384.

[24] Chakraborty P, Chatterjee C, Does Environmental Regulation Indirectly Induce Upstream Innovation? New Evidence from India. Research Policy, Vol. 46, No. 5, 2017, pp. 939 – 955.

[25] Chan H K, Yee R W Y, Dai J, et al., The moderating effect of environmental dynamism on green product innovation and performance. *International Journal of Production Economics*, Vol. 181, 2016, pp. 384 – 391.

[26] Chan L, Chiao J P, Shin S, et al., The effect of environmental regulation on green technology innovation through supply chain integration. *International Journal of Sustainable Economy*, Vol. 2, No. 1, 2010, pp. 92 – 112.

[27] Chan R Y K, He H, Chan H K, et al., Environmental orientation and corporate performance: The mediation mechanism of green supply

chain management and moderating effect of competitive intensity. *Industrial Marketing Management*, Vol. 41, No. 4, 2012, pp. 621 –630.

[28] Chan R Y K, Corporate environmentalism pursuit by foreign firms competing in China. *Journal of World Business*, Vol. 45, No. 1, 2010, pp. 80 –92.

[29] Chen V Z, Jing L, Shapiro D M, et al., Ownership structure and innovation: An emerging market perspective. *Asia Pacific Journal of Management*, Vol. 31, No. 1, 2014, pp. 1 –24.

[30] Chen Y S, The Driver of Green Innovation and Green Image – Green Core Competence. *Journal of Business Ethics*, Vol. 81, No. 3, 2008, pp. 531 –543.

[31] Chen Y S, Lai S B, Wen C T, The Influence of Green Innovation Performance on Corporate Advantage in Taiwan. *Journal of Business Ethics*, Vol. 67, No. 4, 2006, pp. 331 –339.

[32] Chen Y, Green organizational identity: sources and consequence. *Management Decision*, No. 49, No. 3, 2011, pp. 384 –404.

[33] Cheng W L, Yang X K, Inframarginal analysis of division of labor: A survey. *Journal of Economic Behavior & Organization*, Vol. 55, No. 2, 2004, pp. 137 –174.

[34] Chesbrough H, Lim K, Yi R, Open Innovation and Patterns of R&D Competition. *International Journal of Technology Management*, Vol. 52, No. 3/4, 2010, pp. 295 –321.

[35] Chiou T Y, Chan H K, Lettice F, et al., The influence of greening the suppliers and green innovation on environmental performance and competitive advantage in Taiwan. *Transportation Research Part E Logistics & Transportation Review*, Vol. 47, No. 6, 2011, pp. 822 –836.

[36] Cho H J, Pucik V, Relationship between Innovativeness, Quality, Growth, Profitability, and Market Value. *Strategic Management Journal*, Vol. 26, No. 6, 2005, pp. 555 –575.

[37] Choi S B, Lee S H, Williams C, Ownership and firm innovation in a transition economy: Evidence from China. *Research Policy*, Vol. 40,

No. 3, 2011, pp. 441 -452.

[38] Chávez C A, Villena M G, Stranlund J K, The choice of policy instruments to control pollution under costly enforcement and incomplete information. *Journal of Applied Economics*, Vol. 12, No. 2, 2009, pp. 207 - 227.

[39] Cleff T, Rennings K, Determinants of environmental product and process innovation. European Environment, Vol. 9, No. 5, 1999, pp. 191 - 201.

[40] Coccia M, Sources of technological innovation: Radical and incremental innovation problem-driven to support competitive advantage of firms. *Social Science Electronic Publishing*, Vol. 29, No. 9, 2017, pp. 1048 - 1061.

[41] Collinson S C, Wang R, The evolution of innovation capability in multinational enterprise subsidiaries: Dual network embeddedness and the divergence of subsidiary specialisation in Taiwan. *Research Policy*, Vol. 41, No. 9, 2012, pp. 1501 -1518.

[42] Conceição P, Heitor M V, Vieira P S, Are environmental concerns drivers of innovation? Interpreting Portuguese innovation data to foster environmental foresight. *Technological Forecasting & Social Change*, Vol. 73, No. 3, 2006, pp. 266 -276.

[43] Connolly S, Munro A, *Economics of the Public Sector*. New York: W. W. Norton, 1998, pp. 345 -368.

[44] Conway J M, Lance C E, What Reviewers Should Expect from Authors Regarding Common Method Bias in Organizational Research. *Journal of Business & Psychology*, Vol. 25, No. 3, 2010, pp. 325 -334.

[45] Conway P, Rosa D D, Nicoletti G, et al., Product Market Regulation and Productivity Convergence. *International Productivity Monitor*, Vol. 15, No. 2, 2007, pp. 3 -24.

[46] Dangelico R M, Pontrandolfo P, Being "green and competitive": The impact of environmental actions and collaborations on firm performance. *Business Strategy and the Environment*, Vol. 24, No. 6, 2015,

pp. 413 – 430.

[47] Darnall N, Jolley G J, Ytterhus B, Understanding the relationship between a facility's environmental and financial performance. *Environmental policy and corporate behaviour*, 2007, pp. 213 – 259.

[48] Day G S, Wensley R, Assessing Advantage: A Framework for Diagnosing Competitive Superiority, *Journal of Marketing*, Vol. 52, No. 2, 1988, pp. 1 – 20.

[49] de Jesus Pacheco D A, ten Caten C S, Jung C F, et al., Eco – innovation determinants in manufacturing SMEs: Systematic review and research directions. *Journal of Cleaner Production*, Vol. 142, 2017, pp. 2277 – 2287.

[50] Dong Y, Wang X, Jin J, et al., Effects of eco-innovation typology on its performance: Empirical evidence from Chinese enterprises. *Journal of Engineering and Technology Management*, Vol. 34, 2014, pp. 78 – 98.

[51] Doonan J, Lanoie P, Laplante B, Determinants of environmental performance in the Canadian pulp and paper industry: An assessment from inside the industry. *Ecological Economics*, Vol. 55, No. 1, 2005, pp. 73 – 84.

[52] Doran J, Ryan G, Regulation and firm perception, eco-innovation and firm performance. *Mpra Paper*, Vol. 15, No. 4, 2012, pp. 421 – 441.

[53] Dvarioniene J, Gurauskiene I, Gecevicius G, et al., Stakeholders involvement for energy conscious communities: The Energy Labs experience in 10 European communities. *Renewable Energy*, Vol. 75, 2015, pp. 512 – 518.

[54] Eiadat Y, Kelly A, Roche F, et al., Green and competitive? An empirical test of the mediating role of environmental innovation strategy. *Journal of World Business*, Vol. 43, No. 2, 2008, pp. 131 – 145.

[55] Feldman M P, Kelley M R, The ex ante assessment of knowledge spillovers: Government R&D policy, economic incentives and private firm

behavior. *Research Policy*, Vol. 35, No. 10, 2006, pp. 1509 – 1521.

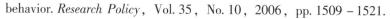

[56] Fernando Y, Wah W X, The impact of eco-innovation drivers on environmental performance: Empirical results from the green technology sector in Malaysia. *Sustainable Production and Consumption*, Vol. 12, 2017, pp. 27 – 43.

[57] Finkelstein A, Poterba J, Rothschild C, Redistribution by insurance market regulation: Analyzing a ban on gender-based retirement annuities. *Journal of financial economics*, Vol. 91, No. 1, 2009, pp. 38 – 58.

[58] Frondel M, Horbach J, Rennings K, What triggers environmental management and innovation? Empirical evidence for Germany. *Ecological Economics*, Vol. 66, No. 1, 2008, pp. 153 – 160.

[59] Frondel M, Ritter N, Schmidt C M, et al., Colin, Economic impacts from the promotion of renewable energy technologies: The German experience. *Energy Policy*, Vol. 38, No. 8, 2010, pp. 4048 – 4056.

[60] Georgiadis P, Besiou M, Sustainability in electrical and electronic equipment closed-loop supply chains: A System Dynamics approach. *Journal of Cleaner Production*, Vol. 16, No. 15, 2008, pp. 1665 – 1678.

[61] Giaccotto C, Santerre R E, Vernon J A, Drug Prices and Research and Development Investment Behavior in the Pharmaceutical Industry. *Journal of Law & Economics*, Vol. 48, No. 1, 2005, pp. 195 – 214.

[62] Gligor D M, Esmark C L, HolcombMa C, Performance outcomes of supply chain agility: When should you be agile? *Journal of Operations Management*, Vol. 33 – 34, 2015, pp. 71 – 82.

[63] Gnyawali D R, Park B R, Co-opetition and Technological Innovation in Small and Medium – Sized Enterprises: A Multilevel Conceptual Model. *Journal of Small Business Management*, Vol. 47, No. 3, 2010, pp. 308 – 330.

[64] Gronum S, Verreynne M, Kastelle T, The Role of Networks in Small and Medium – Sized Enterprise Innovation and Firm Performance. *Journal of Small Business Management*, Vol. 50, No. 2, 2012, pp. 257 – 282.

[65] Hafezalkotob A, Modelling intervention policies of government in

price-energy saving competition of green supply chains. *Computers & Industrial Engineering*, Vol. 119, No. 5, 2018, pp. 247 –261.

[66] Hamamoto, Mitsutsugu, Environmental regulation and the productivity of Japanese manufacturing industries. *Resource & Energy Economics*, Vol. 28, No. 4, 2006, pp. 299 –312.

[67] Hao X M, Lei P, A Brief Study on Green Technology Innovation of China's Coal Enterprises. *Open Fuels & Energy Science Journal*, Vol. 8, 2015, pp. 287 –290.

[68] Hart S L, A Natural – Resource – Based View of the Firm. *Academy of Management Review*, Vol. 20, No. 4, 1995, pp. 986 –1014.

[69] He Z L, Wong P K, Exploration vs. Exploitation: An Empirical Test of the Ambidexterity Hypothesis. *Organization Science*, Vol. 15, No. 4, 2004, pp. 481 –494.

[70] Hojnik J, Ruzzier M, The driving forces of process eco-innovation and its impact on performance: Insights from Slovenia. *Journal of Cleaner Production*, Vol. 133, 2016, pp. 812 –825.

[71] Hojnik J, Ruzzier M, What drives eco-innovation? A review of an emerging literature. *Environmental Innovation and Societal Transitions*, Vol. 19, 2016, pp. 31 –41.

[72] Horbach J, Determinants of environmental innovation – New evidence from German panel data sources. *Research Policy*, Vol. 37, No. 1, 2006, pp. 163 –173.

[73] Horbach J, Oltra V, Belin J, Determinants and specificities of eco-innovations compared to other innovations—an econometric analysis for the French and German industry based on the community innovation survey. *Industry and Innovation*, Vol. 20, No. 6, 2013, pp. 523 –543.

[74] Huang X X, Hu Z P, Liu C S, et al., The relationships between regulatory and customer pressure, green organizational responses, and green innovation performance. *Journal of Cleaner Production*, Vol. 112, No. 6, 2016, pp. 3423 –3433.

[75] Huppes G, Kleijn R, Huele R, et al., Measuring eco-innova-

tion: Framework and typology of indicators based on causal chains. *Japanese Journal of Applied Physics*, Vol. 50, No. 1, 2008, pp. 301 – 315.

[76] Jacobs B W, Singhal V R, Subramanian R, An empirical investigation of environmental performance and the market value of the firm. *Journal of Operations Management*, Vol. 28, No. 5, 2010, pp. 430 – 441.

[77] Johnston D, Environmental R&D and the Uncertainty of Future Earnings. *Journal of Accounting & Public Policy*, Vol. 31, No. 6, 2012, pp. 593 – 609.

[78] Kammerer D, The effects of customer benefit and regulation on environmental product innovation. *Ecological Economics*, Vol. 68, No. 8, 2009, pp. 2285 – 2295.

[79] Kesidou E, Demirel P, On the drivers of eco-innovations: Empirical evidence from the UK. *Research Policy*, Vol. 41, No. 5, 2012, pp. 862 – 870.

[80] Klassen R D, Whybark D C, The Impact of Environmental Technologies on Manufacturing Performance. *Academy of Management Journal*, Vol. 42, No. 6, 1999, pp. 599 – 615.

[81] Koeniger W, Prat J, Employment Protection, Product Market Regulation and Firm Selection. *Economic Journal*, Vol. 117, 2010, pp. 302 – 332.

[82] Langpap C, Shimshack J P, Private citizen suits and public enforcement: Substitutes or complements? *Journal of Environmental Economics & Management*, Vol. 59, No. 3, 2010, pp. 235 – 249.

[83] Lawton R W, Deregulation or Reregulation? Regulatory Reform in Europe and the United States. *American Political Science Review*, Vol. 85, No. 1, 1990, pp. 262 – 320.

[84] Lee K H, Min B, Yook K H, The impacts of carbon (CO_2) emissions and environmental research and development (R&D) investment on firm performance. *International Journal of Production Economics*, Vol. 167, 2015a, pp. 1 – 11.

[85] Lee K H, Min B, Green R&D for eco-innovation and its impact

on carbon emissions and firm performance. *Journal of Cleaner Production*, Vol. 108, 2015b, pp. 534 -542.

[86] Leonidou L C, Leonidou C N, Fotiadis T A, et al., Resources and capabilities as drivers of hotel environmental marketing strategy: Implications for competitive advantage and performance. *Tourism Management*, Vol. 35, No. 4, 2013, pp. 94 -110.

[87] Li K, Lin B Q, Economic growth model, structural transformation, and green productivity in China. *Applied Energy*, Vol. 187, 2017, pp. 489 -500.

[88] Li Y, Environmental innovation practices and performance: moderating effect of resource commitment. *Journal of Cleaner Production*, Vol. 66, 2014, pp. 450 -458.

[89] Li Z H, Liao G K, Wang Z Z, et al., Green loan and subsidy for promoting clean production innovation. *Journal of Cleaner Production*, Vol. 187, 2018, pp. 421 -431.

[90] Liang X Y, Lu X W, Wang L H, Outward internationalization of private enterprises in China: The effect of competitive advantages and disadvantages compared to home market rivals. *Journal of World Business*, Vol. 47, No. 1, 2012, pp. 134 -144.

[91] Lin B Q, Chen Y F, Does electricity price matter for innovation in renewable energy technologies in China? *Energy Economics*, Vol. 78, 2019, pp. 259 -266.

[92] Lin H, Zeng S X, Ma H Y, et al., Can political capital drive corporate green innovation? Lessons from China. *Journal of Cleaner Production*, Vol. 64, No. 2, 2014, pp. 63 -72.

[93] Lin R J, Tan K H, Geng Y, Market demand, green product innovation, and firm performance: evidence from Vietnam motorcycle industry. *Journal of Cleaner Production*, Vol. 40, No. 3, 2013, pp. 101 -107.

[94] Liu J, Su J Q, Market orientation, technology orientation and product innovation success: Insights from cops. International Journal of Innovation Management, Vol. 18, No. 4, 2014, p. 468.

[95] Liu X H, Zou H, The impact of greenfield FDI and mergers and acquisitions on innovation in Chinese high-tech industries. *Journal of World Business*, Vol. 43, No. 3, 2008, pp. 352 – 364.

[96] Liu Z L, Anderson T D, Cruz J M, Consumer environmental awareness and competition in two-stage supply chains. *European Journal of Operational Research*, Vol. 218, No. 3, 2012, pp. 602 – 613.

[97] Long X L, Chen Y Q, Du J G, et al., The effect of environmental innovation behavior on economic and environmental performance of 182 Chinese firms. *Journal of Cleaner Production*, Vol. 166, pp. 1274 – 1282.

[98] Lu J Y, Tao Z G, Trends and determinants of China's industrial agglomeration. *Journal of Urban Economics*, Vol. 65, No. 2, 2009, pp. 167 – 180.

[99] Ma P, Chen Z, Hong X P, et al., Pricing decisions for substitutable products with green manufacturing in a competitive supply chain. *Journal of Cleaner Production*, Vol. 183, 2018, pp. 618 – 640.

[100] Mackenzie S B, Podsakoff P M, Common Method Bias in Marketing: Causes, Mechanisms, and Procedural Remedies. *Journal of Retailing*, Vol. 88, No. 4, 2012, pp. 542 – 555.

[101] Mackinnon D P, Mahwah N J, *Introduction to statistical mediation analysis*. New York: McGraw – Hill, 2008.

[102] Madani S R, Rasti – Barzoki M, Sustainable supply chain management with pricing, greening and governmental tariffs determining strategies: A game-theoretic approach. *Computers & Industrial Engineering*, Vol. 105, 2017, pp. 287 – 298.

[103] Mankiw, Gregory N G, Principles of economics. Beijing: Tsinghua University Press, 2012.

[104] Margolis J D, Walsh J P, Misery Loves Companies: Rethinking Social Initiatives by Business. *Administrative Science Quarterly*, Vol. 48, No. 2, 2003, pp. 268 – 305.

[105] Marin G, Do eco-innovations harm productivity growth through crowding out? Results of an extended CDM model for Italy. *Research Policy*,

Vol. 43, No. 2, 2014, pp. 301 - 317.

[106] Marinova D, Guo X M, Wu Y R, China's transformation towards a global green system of innovation. *Journal of Science & Technology Policy in China*, Vol. 4, No. 2, 2013, pp. 76 - 98.

[107] Mazzanti M, Zoboli R, Examining the Factors Influencing Environmental Innovations. New York: Social Science Electronic Publishing, 2006.

[108] Mcdermott C M, Managing radical innovation: an overview of emergent strategy issues. *Journal of Product Innovation Management*, Vol. 19, No. 6, 2002, pp. 424 - 438.

[109] Menguc B, Auh S, Ozanne L, The Interactive Effect of Internal and External Factors on a Proactive Environmental Strategy and its Influence on a Firm's Performance. *Journal of Business Ethics*, Vol. 94, No. 2, 2010, pp. 279 - 298.

[110] Mickwitz P, HyvättinenHel, Kivimaa P, The role of policy instruments in the innovation and diffusion of environmentally friendlier technologies: popular claims versus case study experiences. *Journal of Cleaner Production*, Vol. 16, No. 1, 2008, pp. S162 - S170.

[111] Mohr J J, Sarin S, Drucker's insights on market orientation and innovation: implications for emerging areas in high-technology marketing. *Journal of the Academy of Marketing Science*, Vol. 37, No. 1, 2009, p. 85.

[112] Mone M A, Mckinley W, Barker V L, Organizational Decline and Innovation: A Contingency Framework. *Academy of Management Review*, Vol. 23, No. 1, 1998, pp. 115 - 132.

[113] Montalvo C, General wisdom concerning the factors affecting the adoption of cleaner technologies: a survey 1990 - 2007. *Journal of Cleaner Production*, Vol. 16, No. 1, 2008, pp. 7 - 13.

[114] Motta R S D, Analyzing the environmental performance of the Brazilian industrial sector. *Ecological Economics*, Vol. 57, No. 2, 2006, pp. 269 - 281.

[115] Murphy J, Gouldson A, Environmental policy and industrial in-

novation: integrating environment and economy through ecological modernisation. *Geoforum*, Vol. 31, No. 1, 2010, pp. 33 – 44.

[116] Nakamura, Kenta, Odagiri H, R&D boundaries of the firm: An estimation of the double-hurdle model on commissioned R &D, joint R&D, and licensing in Japan. *Economics of Innovation & New Technology*, Vol. 14, No. 7, 2005, pp. 583 – 615.

[117] Nath P, Ramanathan R, Black A, et al., Impact of environmental regulations on innovation and performance in the UK industrial sector. *Management Decision*, Vol. 48, No. 48, 2010, pp. 1493 – 1513.

[118] Nishitani K, Jannah N, Kaneko S, et al., Does corporate environmental performance enhance financial performance? An empirical study of indonesian firms. *Environmental Development*, Vol. 23, 2017, pp. 10 – 21.

[119] OECD, Fostering innovation for green growth-policy considerations. *Sourceoecd Environment & Sustainable Development*, 2011, pp. 108 – 119.

[120] Olsen K H, The clean development mechanism's contribution to sustainable development: a review of the literature. *Climatic Change*, Vol. 84, No. 1, 2007, pp. 59 – 73.

[121] Oltra V, Jean M S, Sectoral systems of environmental innovation: An application to the French automotive industry. *Technological Forecasting & Social Change*, Vol. 76, No. 4, 2009, pp. 567 – 583.

[122] Park Y S, A Study on the Determinants of Environmental Innovation in Korean Energy Intensive Industry. *International Review of Public Administration*, Vol. 9, No. 2, 2004, pp. 89 – 101.

[123] Pigou A C, *The economics of welfare*. Beijing: China Social Sciences Publishing, 1999.

[124] Porter M E, Claas V D L, Toward a New Conception of the Environment – Competitiveness Relationship. *Journal of Economic Perspectives*, Vol. 9, No. 4, 1995a, pp. 97 – 118.

[125] Porter M E, van der Linde C, Green and Competitive: Ending the Stalemate. *Harvard Business Review*, Vol. 28, No. 6, 1995b, pp. 128 – 129.

[126] Rainville A, Standards in green public procurement – A framework to enhance innovation. *Journal of Cleaner Production*, Vol. 167, 2017, pp. 1029 – 1037.

[127] Rassier D G, Earnhart D, Does the Porter Hypothesis Explain Expected Future Financial Performance? The Effect of Clean Water Regulation on Chemical Manufacturing Firms. *Environmental & Resource Economics*, Vol. 45, No. 3, 2010, pp. 353 – 377.

[128] Reinhardt F, Market Failure and the Environmental Policies of Firms' Economic Rationales for Beyond Compliance Behavior. *Journal of Industrial Ecology*, Vol. 3, No. 1, 2010, pp. 9 – 21.

[129] Ren S G, Li X L, Yuan B L, et al., The effects of three types of environmental regulation on eco-efficiency: A cross-region analysis in China. *Journal of Cleaner Production*, Vol. 173, 2018, pp. 245 – 255.

[130] Rennings K, Redefining innovation-eco-innovation research and the contribution from ecological economics. *Ecological Economics*, Vol. 32, No. 2, 2004, pp. 319 – 332.

[131] Requate T, Timing and Commitment of Environmental Policy, Adoption of New Technology, and Repercussions on R&D. *Environmental & Resource Economics*, Vol. 31, No. 2, 2003, pp. 175 – 199.

[132] Ritzenhofen I, Birge J R, Spinler S, The structural impact of renewable portfolio standards and feed-in tariffs on electricity markets. *European Journal of Operational Research*, Vol. 255, No. 1, 2016, pp. 224 – 242.

[133] Robertson T S, Gatignon H, Technology Development Mode: A Transaction Cost Conceptualization. *Strategic Management Journal*, Vol. 19, No. 6, 2015, pp. 515 – 531.

[134] Schiederig T, Tietze F, Herstatt C, Green Innovation in Technology and Innovation Management – An Exploratory Literature Review. *R&D Management*, Vol. 42, No. 2, 2012, pp. 180 – 192.

[135] Shi C S, Chong X, The Impact of Structure-oriented Organizational Innovation on Technological Innovation. International Conference on

Management Science& Engineering, 2007.

[136] Sinayi M, Rasti – Barzoki M, A game theoretic approach for pricing, greening, and social welfare policies in a supply chain with government intervention. *Journal of Cleaner Production*, Vol. 196, No. 20, 2018, pp. 1443 – 1458.

[137] Singjai Komkrit, Winata L, Kummer T F, Green initiatives and their competitive advantage for the hotel industry in developing countries. *International Journal of Hospitality Management*, Vol. 75, 2018, pp. 131 – 143.

[138] So S, An empirical model of sustainable manufacturing supply chains for enabling a low-carbon economy. *International Journal of Electronic Business*, Vol. 10, No. 3, 2013, pp. 292 – 314.

[139] Song M, Tao J, Wang S, FDI, technology spillovers and green innovation in China: analysis based on Data Envelopment Analysis. *Annals of Operations Research*, Vol. 228, No. 1, 2015, pp. 47 – 64.

[140] Stigler G J, The Theory of Economic Regulation. *Bell Journal of Economics*, Vol. 2, No. 1, 1971, pp. 3 – 21.

[141] Stuart S N, It's Not Easy Being Green. *American Scientist*, Vol. 94, No. 2, 2006, pp. 182 – 183.

[142] Tan Y C, Ndubisi N O, Evaluating supply chain relationship quality, organisational resources, technological innovation and enterprise performance in the palm oil processing sector in Asia. *Journal of Business & Industrial Marketing*, Vol. 29, No. 6, 2014, pp. 487 – 498.

[143] Triebswetter U, Wackerbauer J, Integrated environmental product innovation in the region of Munich and its impact on company competitiveness. *Journal of Cleaner Production*, Vol. 16, No. 14, 2008, pp. 1484 – 1493.

[144] Tseng K, *Learning from the Joneses: Technology Spillover, Innovation Externality, and Stock Returns*. New York: Social Science Electronic Publishing, 2017.

[145] Vachon S, Klassen R D, Green project partnership in the sup-

ply chain: the case of the package printing industry. *Journal of Cleaner Production*, *Vol*. 14, No. 6, 2006, pp. 661 – 671.

[146] Vernon J A, Examining the link between price regulation and pharmaceutical R & D investment. *Health Economics*, Vol. 14, No. 1, 2005, pp. 1 – 16.

[147] Veugelers R, Cassiman B, Make and buy in innovation strategies: evidence from Belgian manufacturing firms. *Research Policy*, Vol. 28, No. 1, 1999, pp. 63 – 80.

[148] Weibull W, *Evolution Game theory*. Princeton: The MIT Press, 1997.

[149] Wallsten S J, The Effects of Government-Industry R & D Programs on Private R & D: The Case of the Small Business Innovation Research Program. *Rand Journal of Economics*, Vol. 31, No. 10, 2000, pp. 82 – 100.

[150] Wang C, Nie P Y, Peng D H, et al., Green insurance subsidy for promoting clean production innovation. *Journal of Cleaner Production*, Vol. 149, 2017, pp. 111 – 117.

[151] Wang H, Pollution regulation and abatement efforts: evidence from China. *Ecological Economics*, Vol. 41, No. 1, 2002, pp. 85 – 94.

[152] Wang H, Wheeler D, Financial incentives and endogenous enforcement in China's pollution levy system. *Journal of Environmental Economics & Management*, Vol. 49, No. 1, 2005, pp. 174 – 196.

[153] Wang H J, Technology innovation and enterprise management, and a case study in China. *International Journal of Technology Management*, Vol. 9, No. 5/6, 2014, pp. 564 – 574.

[154] Wang X Z, Zou H H, Study on the effect of wind power industry policy types on the innovation performance of different ownership enterprises: Evidence from China. *Energy Policy*, Vol. 122, 2018, pp. 241 – 252.

[155] Wang X, Qin S S, Wang K, The Exploration of Corporate Green Technology Innovation Drive Green Development. *Technoeconomics & Management Research*, Vol. 14, No. 8, 2014, pp. 26 – 29.

[156] Wang Z H, Zhang B, Zeng H L, The effect of environmental regulation on external trade: empirical evidences from Chinese economy. *Journal of Cleaner Production*, Vol. 114, No. 2, 2016, pp. 55 – 61.

[157] Werven R V, Bouwmeester O, Cornelissen J P, The power of arguments: How entrepreneurs convince stakeholders of the legitimate distinctiveness of their ventures [J]. Journal of Business Venturing, Vol. 30, No. 4, 2015, pp. 616 – 631.

[158] Wong C W Y, Lai K H, Shang K C, et al., Green operations and the moderating role of environmental management capability of suppliers on manufacturing firm performance. *International Journal of Production Economics*, Vol. 140, No. 1, 2012, pp. 283 – 294.

[159] Wong S K S, Environmental Requirements, Knowledge Sharing and Green Innovation: Empirical Evidence from the Electronics Industry in China. *Business Strategy & the Environment*, Vol. 22, No. 5, 2013, pp. 321 – 338.

[160] Wu D D, Xie K, Hua L, et al., Modeling technological innovation risks of an entrepreneurial team using system dynamics: An agent-based perspective. *Technological Forecasting & Social Change*, Vol. 77, No. 6, 2010, pp. 857 – 869.

[161] Xia D, Chen B, Zheng Z, Relationships among circumstance pressure, green technology selection and firm performance. *Journal of Cleaner Production*, Vol. 106, 2015, pp. 487 – 496.

[162] Yang G F, Maskus K E, Intellectual property rights, licensing, and innovation. *Social Science Electronic Publishing*, Vol. 53, No. 1, 2010, pp. 169 – 187.

[163] Ying D, Xi W, Jin J, et al., Effects of eco-innovation typology on its performance: Empirical evidence from Chinese enterprises. *Journal of Engineering & Technology Management*, Vol. 34, 2014, pp. 78 – 98.

[164] Yook K H, Choi J H, Suresh N C, Linking green purchasing capabilities to environmental and economic performance: The moderating role of firm size. *Journal of Purchasing and Supply Management*, Vol. 24, No. 4,

2018, pp. 326 – 337.

[165] Yu C, Zhang Z, Lin C, et al., Knowledge Creation Process and Sustainable Competitive Advantage: the Role of Technological Innovation Capabilities. *Sustainability*, Vol. 9, No. 12, 2017, pp. 1 – 16.

[166] Zhan Y Z, Tan K H, Ji G J, et al., Green and lean sustainable development path in China: Guanxi, practices and performance. *Resources Conservation & Recycling*, Vol. 128, 2018, pp. 240 – 249.

[167] Zhang D Y, Rong Z, Ji Q, Green innovation and firm performance: Evidence from listed companies in China. *Resources, Conservation and Recycling*, Vol. 144, 2019, pp. 48 – 55.

[168] Zhou X Y, Zhang J, Li J P, Industrial structural transformation and carbon dioxide emissions in China. *Energy Policy*, Vol. 57, No. 3, 2013, pp. 43 – 51.

[169] Zhou Y J, Hu F Y, Zhou Z L, Pricing decisions and social welfare in a supply chain with multiple competing retailers and carbon tax policy. *Journal of Cleaner Production*, Vol. 190, No. 20, 2018, pp. 752 – 777.

[170] Zhu Q H, Sarkis J, Lai K H, Institutional-based antecedents and performance outcomes of internal and external green supply chain management practices. *Journal of Purchasing & Supply Management*, Vol. 19, No. 2, 2013, pp. 106 – 117.

[171] Zhu W G, He Y J, Green product design in supply chains under competition. *European Journal of Operational Research*, Vol. 258, No. 1, 2016, pp. 165 – 180.

[172] KIM Yeom:《中国汽车制造企业绿色技术创新模式研究》，哈尔滨理工大学硕士论文，2017 年。

[173] [美] W. 吉帕·维斯库斯等：《反垄断与管制经济学》，陈甬军译，机械工业出版社 2004 年版。

[174] [美] 爱德华·弗里曼：《利益相关者理论》，盛亚译，知识产权出版社 2013 年版。

[175] 爱德华·格莱泽、西蒙·约翰逊、安德烈·施莱弗等：《科

斯对科斯定理——波兰与捷克证券市场规制的比较》，载于《经济社会体制比较》2000 年第 2 期。

[176] [美] 奥利弗·E. 威廉姆森、段毅才：《资本主义经济制度：论企业签约于市场签约》，王伟译，商务印书馆 2002 年版。

[177] 毕克新、杨朝均、黄平：《中国绿色工艺创新绩效的地区差异及影响因素研究》，载于《中国工业经济》2013 年第 10 期。

[178] 曹素璋、高阳、张红宇：《企业技术能力与技术创新模式选择：一个梯度演化模型》，载于《科技进步与对策》2009 年第 1 期。

[179] 曹霞、张路蓬：《企业绿色技术创新扩散的演化博弈分析》，载于《中国人口·资源与环境》2015 年第 7 期。

[180] 陈朝月、许治：《企业外部技术获取模式与企业创新绩效之间的关系探究》，载于《科学学与科学技术管理》2018 年第 1 期。

[181] 陈浩、薛声家：《企业环境管理绩效的多级模糊综合评价》，载于《科技管理研究》2006 年第 4 期。

[182] 陈劲：《国家绿色技术创新系统的构建与分析》，载于《科学学研究》1999 年第 3 期。

[183] 陈劲、刘景江、杨发明：《绿色技术创新审计实证研究》，载于《科学学研究》2002 年第 1 期。

[184] 陈明艺：《国外出租车市场规制研究综述及其启示》，载于《外国经济与管理》2006 年第 8 期。

[185] 陈泽文、曹洪军：《绿色创新战略如何提升企业绩效——绿色形象和核心能力的中介作用》，载于《华东经济管理》2019 年第 2 期。

[186] 杜建政、赵国祥、刘金平：《测评中的共同方法偏差》，载于《心理科学》2005 年第 2 期。

[187] 杜威剑、李梦洁：《环境规制对企业产品创新的非线性影响》，载于《科学学研究》2016 年第 3 期。

[188] 杜雯翠、江河：《“绿水青山就是金山银山”理论：重大命题、重大突破和重大创新》，载于《环境保护》2017 年第 19 期。

[189] 段礼乐：《市场规制工具研究》，清华大学出版社 2018 年版。

[190] 冯根福、温军：《中国上市公司治理与企业技术创新关系的

实证分析》，载于《中国工业经济》2008 年第 7 期。

[191] 付强、刘益：《基于技术创新的企业社会责任对绩效影响研究》，载于《科学学研究》2013 年第 3 期。

[192] 傅培强：《国内金融理财市场规制问题研究》，上海交通大学硕士论文，2013 年。

[193] 甘德建、王莉莉：《绿色技术和绿色技术创新——可持续发展的当代形式》，载于《河南社会科学》2003 年第 2 期。

[194] 葛晓梅、王京芳、薛斌：《促进中小企业绿色技术创新的对策研究》，载于《科学学与科学技术管理》2005 年第 12 期。

[195] 关洪军：《企业绿色技术创新行为研究》，经济科学出版社 2017 年版。

[196] 郭立新、陈传明：《组织冗余与企业技术创新绩效的关系研究——基于中国制造业上市公司面板数据的实证分析》，载于《科学学与科学技术管理》2010 年第 11 期。

[197] 郭振中、张传庆：《关于构建绿色技术政策体系的几点思考》，载于《东北大学学报（社会科学版）》2007 年第 1 期。

[198] 何小钢：《绿色技术创新的最优规制结构研究——基于研发支持与环境规制的双重互动效应》，载于《经济管理》2014 年第 11 期。

[199] 贺聪、尤瑞章：《中国不同所有制工业企业生产效率比较研究》，载于《数量经济技术经济研究》2008 年第 8 期。

[200] 贺娜、李香菊：《企业异质性、环保税与技术创新——基于税制绿化视角的研究》，载于《税务研究》2018 年第 3 期。

[201] 侯建、陈恒：《中国高专利密集度制造业技术创新绿色转型绩效及驱动因素研究》，载于《管理评论》2018 年第 4 期。

[202] 胡保亮：《商业模式创新、技术创新与企业绩效关系：基于创业板上市企业的实证研究》，载于《科技进步与对策》2012 年第 3 期。

[203] 胡雨村、沈岐平：《香港住宅产业发展的系统动力学研究》，载于《系统工程理论与实践》2001 年第 7 期。

[204] 黄志刚：《所得税制对中小企业技术创新的逆向调节与政策建议》，载于《科技进步与对策》2011 年第 15 期。

［205］贾军、张伟：《绿色技术创新中路径依赖及环境规制影响分析》，载于《科学学与科学技术管理》2014 年第 5 期。

［206］景玉琴：《论政府在市场规制中的作用》，载于《当代经济研究》2003 年第 2 期。

［207］鞠晴江、王川红、方一平：《基于环境责任的企业绿色技术创新战略研究》，载于《科技管理研究》2008 年第 12 期。

［208］柯水发、朱烈夫、袁航、纪谱华：《“两山”理论的经济学阐释及政策启示——以全面停止天然林商业性采伐为例》，载于《中国农村经济》2018 年第 12 期。

［209］雷善玉、王焕冉、张淑慧：《环保企业绿色技术创新的动力机制——基于扎根理论的探索研究》，载于《管理案例研究与评论》2014 年第 4 期。

［210］李春涛、宋敏：《中国制造业企业的创新活动：所有制和 CEO 激励的作用》，载于《经济研究》2010 年第 5 期。

［211］李翠锦：《企业绿色技术创新机制优化研究》，载于《技术经济与管理研究》2007 年第 6 期。

［212］李冬琴：《环境政策工具组合、环境技术创新与绩效》，载于《科学学研究》2018 年第 12 期。

［213］李多、董直庆：《绿色技术创新政策研究》，载于《经济问题探索》2016 年第 2 期。

［214］李珒、战建华：《中国新能源汽车产业的政策变迁与政策工具选择》，载于《中国人口·资源与环境》2017 年第 10 期。

［215］李俊江、彭越：《日本中小企业技术创新模式的演变分析》，载于《现代日本经济》2015 年第 1 期。

［216］李昆、彭纪生：《基于市场诱致作用的绿色技术扩散层面与动力渠道研究》，载于《软科学》2010 年第 1 期。

［217］李玲：《环境规制程度与企业绿色技术创新绩效——基于结构方程模型的实证研究》，载于《经济论坛》2017 年第 4 期。

［218］李婉红、毕克新、曹霞：《环境规制工具对制造企业绿色技术创新的影响——以造纸及纸制品企业为例》，载于《系统工程》2013 年第 10 期。

［219］李婉红、毕克新、孙冰：《环境规制强度对污染密集行业绿色技术创新的影响研究——基于2003—2010年面板数据的实证检验》，载于《研究与发展管理》2013年第6期。

［220］李文溥、郑建清、林金霞：《制造业劳动报酬水平与产业竞争力变动趋势探析》，载于《经济学动态》2011年第8期。

［221］李香菊、贺娜：《地区竞争下环境税对企业绿色技术创新的影响研究》，载于《中国人口·资源与环境》2018年第9期。

［222］李晓阳：《我国医疗服务市场规制研究》，哈尔滨工业大学博士论文，2010年。

［223］李晓钟、张小蒂：《外商直接投资对我国技术创新能力影响及地区差异分析》，载于《中国工业经济》2008年第9期。

［224］李阳、党兴华、韩先锋、宋文飞：《环境规制对技术创新长短期影响的异质性效应——基于价值链视角的两阶段分析》，载于《科学学研究》2014年第6期。

［225］李怡娜、徐丽：《竞争环境、绿色实践与企业绩效关系研究》，载于《科学学与科学技术管理》2017年第2期。

［226］李怡娜、叶飞：《制度压力、绿色环保创新实践与企业绩效关系——基于新制度主义理论和生态现代化理论视角》，载于《科学学研究》2011年第12期。

［227］李怡娜、叶飞：《高层管理支持、环保创新实践与企业绩效——资源承诺的调节作用》，载于《管理评论》2013年第1期。

［228］李长青、周伟铎、姚星：《我国不同所有制企业技术创新能力的行业比较》，载于《科研管理》2014年第7期。

［229］李志强、赵卫军：《企业技术创新与商业模式创新的协同研究》，载于《中国软科学》2012年第10期。

［230］林毅夫、刘培林：《自生能力和国企改革》，载于《经济研究》2001年第9期。

［231］刘慧、陈光：《企业绿色技术创新：一种科学发展观》，载于《科学学与科学技术管理》2004年第8期。

［232］刘家国、王军进、周欢、张亚强：《基于安全风险等级的港口危化品监管问题研究》，载于《系统工程理论与实践》2018年第

5 期。

[233] 刘伟、夏立秋、王一雷：《动态惩罚机制下互联网金融平台行为及监管策略的演化博弈分析》，载于《系统工程理论与实践》2017 年第 5 期。

[234] 刘章生、宋德勇、弓媛媛、罗传建：《中国制造业绿色技术创新能力的行业差异与影响因素分析》，载于《情报杂志》2017 年第 1 期。

[235] 卢洪友、刘啟明、祁毓：《中国环境保护税的污染减排效应再研究——基于排污费征收标准变化的视角》，载于《中国地质大学学报（社会科学版）》2018 年第 5 期。

[236] 卢珂、周晶、林小围：《基于三方演化博弈的网约车出行市场规制策略》，载于《北京理工大学学报（社会科学版）》2018 年第 5 期。

[237] 鲁晓东、连玉君：《中国工业企业全要素生产率估计：1999—2007》，载于《经济学（季刊）》2012 年第 2 期。

[238] 罗良文、梁圣蓉：《中国区域工业企业绿色技术创新效率及因素分解》，载于《中国人口·资源与环境》2016 年第 9 期。

[239] [美] 罗纳德·H. 科斯等：《财产权利与制度变迁》，刘守英译，上海人民出版社 2014 年版。

[240] 罗勇、曾哲：《传统框架下绿色发展的局限与绿色技术创新》，载于《辽宁大学学报（哲学社会科学版）》2016 年第 5 期。

[241] 吕燕、王伟强：《企业绿色技术创新研究》，载于《科学管理研究》1994 年第 4 期。

[242] 马媛、侯贵生、尹华：《企业绿色创新驱动因素研究——基于资源型企业的实证》，载于《科学学与科学技术管理》2016 年第 4 期。

[243] 迈克尔·波特：《中国企业的竞争战略选择》，载于《经营者》2007 年第 23 期。

[244] 聂爱云、何小钢：《企业绿色技术创新发凡：环境规制与政策组合》，载于《改革》2012 年第 4 期。

[245] 聂辉华、江艇、杨汝岱：《中国工业企业数据库的使用现状

和潜在问题》，载于《世界经济》2012 年第 5 期。

［246］綦建红、李丽丽：《信贷约束严重的出口企业会更加依赖贸易中介吗——来自中国工业企业的证据》，载于《国际贸易问题》2018 年第 5 期。

［247］乔薇、冯巧根：《基于低碳视角下的企业成本与收益分析》，载于《现代管理科学》2011 年第 8 期。

［248］［美］乔治·施蒂格勒：《产业组织与政府管制》，潘振民译，上海三联书店 1998 年版。

［249］秦书生：《生态技术的哲学思考》，载于《科学技术哲学研究》1998 年第 4 期。

［250］秦书生：《生态文明视野中的绿色技术》，载于《科技与经济》2010 年第 3 期。

［251］邱国栋、马巧慧：《企业制度创新与技术创新的内生耦合——以韩国现代与中国吉利为样本的跨案例研究》，载于《中国软科学》2013 年第 12 期。

［252］邱士雷、王子龙、刘帅、董会忠：《非期望产出约束下环境规制对环境绩效的异质性效应研究》，载于《中国人口·资源与环境》2018 年第 12 期。

［253］曲峰庚、董宇鸿：《绿色创新：新经济时代企业成长动力》，经济科学出版社 2013 年版。

［254］［法］让·雅克·拉丰：《规制与发展》，聂辉华译，中国人民大学出版社 2009 年版。

［255］任家华：《低碳管理提升企业价值的作用机制研究——基于利益相关者视角》，载于《科技管理研究》2012 年第 13 期。

［256］沈能、刘凤朝：《高强度的环境规制真能促进技术创新吗？——基于“波特假说”的再检验》，载于《中国软科学》2012 年第 4 期。

［257］盛世豪：《关于企业技术创新的几个问题》，载于《科研管理》1994 年第 5 期。

［258］史普博、余晖：《管制与市场》，上海人民出版社 1999 年版。

［259］［英］舒马赫·E. F.：《小的是美好的——一本把人当回事

的经济学著作》，李华夏译，译林出版社2007年版。

［260］宋亚辉：《网络市场规制的三种模式及其适用原理》，载于《法学》2018年第10期。

［261］苏屹、喻登科：《企业研发与生产职能的超边际分析》，载于《科学学与科学技术管理》2012年第3期。

［262］苏中锋、李垣：《战略柔性如何建立竞争优势：战略变化与技术创新的作用》，载于《科学学研究》2008年第4期。

［263］隋俊、毕克新、杨朝均、刘刚：《跨国公司技术转移对我国制造业绿色创新系统绿色创新绩效的影响机理研究》，载于《中国软科学》2015年第1期。

［264］孙鹏程、金宇澄：《绿色技术发展的外部经济性及其补偿研究》，载于《科学管理研究》2006年第3期。

［265］孙学敏、王杰：《环境规制对中国企业规模分布的影响》，载于《中国工业经济》2014年第12期。

［266］孙越：《绿色技术发展中的“二律背反”困境》，载于《自然辩证法研究》2013年第12期。

［267］汤萌、沐明：《我国区域电力市场规制的相关问题探》，载于《中国软科学》2004年第4期。

［268］唐汉瑛、龙立荣、周如意：《谦卑领导行为与下属工作投入：有中介的调节模型》，载于《管理科学》2015年第3期。

［269］田翠香、藏冲冲：《政府补助对企业绿色技术创新的双重政策效应探究》，载于《环境保护与循环经济》2017年第1期。

［270］田翠香、孙晓婷：《环境规制、绿色技术创新与企业绩效研究综述》，载于《环境保护与循环经济》2017年第6期。

［271］田翠香、孙晓婷：《重污染行业上市公司绿色技术创新调查与分析》，载于《财会通讯》2018年第20期。

［272］田翠香、臧冲冲：《政府补助影响企业技术创新研究综述》，载于《会计之友》2017年第23期。

［273］田红娜：《基于动力源的制造业绿色工艺创新模式研究》，载于《学习与探索》2012年第8期。

［274］田野：《企业技术创新的社会福利》，载于《数量经济技术

经济研究》2000 年第 5 期。

[275] 万建香:《基于环境政策规制绩效的波特假说验证——以江西省重点调查产业为例》,载于《经济经纬》2013 年第 1 期。

[276] 万迈:《绿色技术创新动力机制研究》,载于《江南论坛》2004 年第 11 期。

[277] 汪明月、李颖明、柳雅文、李梦明:《低碳循环技术创新模式对技术交易率的影响》,载于《软科学》2019 年第 1 期。

[278] 汪明月、刘宇、杨文珂:《环境规制下区域合作减排演化博弈研究》,载于《中国管理科学》2019 年第 2 期。

[279] 汪明月、肖灵机、万玲:《基于演化博弈的战略性新兴产业技术异地协同共享激励机制研究》,载于《管理工程学报》2018 年第 3 期。

[280] 王春:《绿色技术银行正式启动》,载于《中国环境管理干部学院学报》2017 年第 6 期。

[281] 王锋正、陈方圆:《董事会治理、环境规制与绿色技术创新——基于我国重污染行业上市公司的实证检验》,载于《科学学研究》2018 年第 2 期。

[282] 王锋正、姜涛、郭晓川:《政府质量、环境规制与企业绿色技术创新》,载于《科研管理》2018 年第 1 期。

[283] 王国印、王动:《波特假说、环境规制与企业技术创新——对中东部地区的比较分析》,载于《中国软科学》2011 年第 1 期。

[284] 王海:《哪种融资渠道能够平滑企业创新活动?——基于国企与民企差异检验》,载于《经济管理》2015 年第 8 期。

[285] 王建明、陈红喜、袁瑜:《企业绿色创新活动的中介效应实证》,载于《中国人口·资源与环境》2010 年第 6 期。

[286] 王娟茹、张渝:《环境规制、绿色技术创新意愿与绿色技术创新行为》,载于《科学学研究》2018 年第 2 期。

[287] 王鹏、谢丽文:《污染治理投资、企业技术创新与污染治理效率》,载于《中国人口·资源与环境》2014 年第 3 期。

[288] 王其藩:《系统动力学》,清华大学出版社 1994 年版。

[289] 王庆喜、秦辉:《技术创新能力与民营企业竞争优势的实证

分析》，载于《科学学研究》2007 年第 2 期。

[290] 王万山：《市场规制理论研究述评》，载于《江苏社会科学》2004 年第 6 期。

[291] 王伟强、盛敏之：《中国企业绿色技术创新实证研究》，载于《科学管理研究》1995 年第 3 期。

[292] 王文煜：《政治关联对企业技术创新绩效的影响研究——基于中国上市公司经验数据》，合肥工业大学学位论文，2016 年。

[293] 王旭、褚旭、王非：《绿色技术创新与企业融资契约最优动态配置——基于高科技制造业上市公司面板数据的实证研究》，载于《研究与发展管理》2018 年第 6 期。

[294] 王永钦、李蔚、戴芸：《僵尸企业如何影响了企业创新？——来自中国工业企业的证据》，载于《经济研究》2018 年第 11 期。

[295] 文东伟、冼国明：《中国制造业产业集聚的程度及其演变趋势：1998—2009 年》，载于《世界经济 2》2014 年第 3 期。

[296] 吴明隆：《结构方程模型》，重庆大学出版社 2013 年版。

[297] 吴晓波、杨发明：《绿色技术的创新与扩散》，载于《科研管理》1996 年第 1 期。

[298] 武建新、胡建辉：《环境规制、产业结构调整与绿色经济增长——基于中国省级面板数据的实证检验》，载于《经济问题探索》2018 年第 3 期。

[299] 肖文、林高榜：《政府支持、研发管理与技术创新效率——基于中国工业行业的实证分析》，载于《管理世界》2014 年第 4 期。

[300] 谢里：《企业环境技术创新激励因素：国际进展与未来趋势》，载于《财经理论与实践》2018 年第 3 期。

[301] 谢千里、罗斯基、张轶凡：《中国工业生产率的增长与收敛》，载于《经济学（季刊）》2008 年第 3 期。

[302] 谢雄标、吴越、冯忠垒、郝祖涛：《中国资源型企业绿色行为调查研究》，载于《中国人口·资源与环境》2015 年第 6 期。

[303] 邢炜、周孝：《国企改革与技术创新模式转变》，载于《产业经济研究》2016 年第 6 期。

[304] 熊中楷、张盼、郭年：《供应链中碳税和消费者环保意识对

碳排放影响》，载于《系统工程理论与实践》2014年第9期。

[305] 徐虹、梁佳、李惠璠、刘宇青：《顾客不当对待对旅游业一线员工公平感的差异化影响：权利的调节作用》，载于《南开管理评论》2018年第5期。

[306] 徐建中、王曼曼：《绿色技术创新、环境规制与能源强度——基于中国制造业的实证分析》，载于《科学学研究》2018年第4期。

[307] 徐乐、赵领娣：《重点产业政策的新能源技术创新效应研究》，载于《资源科学》2019年第1期。

[308] 许景婷、张兵：《促进企业绿色技术创新的财税政策研究——基于循环经济的视角》，载于《科技管理研究》2011年第9期。

[309] 许庆瑞、王毅、黄岳元、吕燕：《中小企业可持续发展的技术战略研究》，载于《科学管理研究》1998年第1期。

[310] 许晓燕、赵定涛、洪进：《绿色技术创新的影响因素分析——基于中国专利的实证研究》，载于《中南大学学报（社会科学版）》2013年第2期。

[311] 杨朝均、杨红娟：《清洁生产技术创新与末端治理技术创新耦合调度的时空分异研究——基于2003~2013年省级面板数据》，载于《科技管理研究》2016年第18期。

[312] 杨存尧：《盈余管理与股票价格——一个文献综述》，载于《经营管理者》2013年第9期。

[313] 杨东、柴慧敏：《企业绿色技术创新的驱动因素及其绩效影响研究综述》，载于《中国人口·资源与环境》2015年第32期。

[314] 杨发明、许庆瑞、吕燕：《绿色技术创新功能源研究》，载于《科研管理》1997年第3期。

[315] 杨发明、许庆瑞：《企业绿色技术创新研究》，载于《中国软科学》1998年第3期。

[316] 杨发庭：《绿色技术创新的动力分析》，载于《福建行政学院学报》2016年第1期。

[317] 杨宏山：《政府规制的理论发展述评》，载于《学术界》2009年第4期。

[318] 杨晖：《中国企业技术创新动力不足的原因与对策分析》，

载于《金融经济》2017 年第 16 期。

［319］杨静、刘秋华、施建军：《企业绿色创新战略的价值研究》，载于《科研管理》2015 年第 1 期。

［320］姚升保：《基于集成评价方法的企业技术创新项目决策》，载于《科研管理》2010 年第 5 期。

［321］尹秀英：《绿色壁垒对出口企业技术创新的激励》，载于《合作经济与科技》2010 年第 10 期。

［322］应飞虎、涂永前：《公共规制中的信息工具》，载于《中国社会科学》2010 年第 4 期。

［323］余浩：《企业战略导向与技术创新绩效的实证研究》，载于《科学学与科学技术管理》2010 年第 9 期。

［324］贠天一：《用“无形的手”推动企业绿色技术创新》，载于《中国战略新兴产业》2017 年第 22 期。

［325］［美］约翰·D. 斯特曼：《商务动态分析方法：对复杂世界的系统思考与建模》，朱岩等译，清华大学出版社 2008 年版。

［326］［美］约瑟夫·阿洛伊斯·熊彼特：《经济发展理论》，叶华译，九州出版社 2007 年版。

［327］岳鸿飞、徐颖、周静：《中国工业绿色全要素生产率及技术创新贡献测评》，载于《上海经济研究》2018 年第 4 期。

［328］张成、陆旸、郭路等：《环境规制强度和生产技术进步》，载于《经济研究》2011 年第 2 期。

［329］张钢、张小军：《企业绿色创新战略的驱动因素：多案例比较研究》，载于《浙江大学学报（人文社会科学版）》2014 年第 1 期。

［330］张海燕、邵云飞、王冰洁：《考虑内外驱动的企业环境技术创新实证研究》，载于《系统工程理论与实践》2017 年第 6 期。

［331］张豪、张建华、何宇、谭静：《企业间存在全要素生产率的溢出吗？——基于中国工业企业数据的考察》，载于《南开经济研究》2018 年第 4 期。

［332］张宏伟：《政策工具及其组合与海上风电技术创新和扩散：来自德国的考察》，载于《科技进步与对策》2017 年第 14 期。

［333］张家伟：《创新与产业组织演进：产业生命周期理论综述》，

载于《产业经济研究》2007 年第 5 期。

[334] 张江雪、张力小、李丁:《绿色技术创新: 制度障碍与政策体系》, 载于《中国行政管理》2018 年第 2 期。

[335] 张倩、曲世友:《环境规制对企业绿色技术创新的影响研究及政策启示》, 载于《中国科技论坛》2013 年第 7 期。

[336] 张庆普:《我国企业绿色技术创新的主要对策》, 载于《学习与探索》2001 年第 3 期。

[337] 张天悦:《环境规制的绿色创新激励研究》, 中国社会科学院研究生院博士论文, 2014 年。

[338] 张学睦、王希宁:《生态标签对绿色产品购买意愿的影响——以消费者感知价值为中介》, 载于《生态经济》2019 年第 1 期。

[339] 张彦博、潘培尧、鲁伟、梁婷婷:《中国工业企业环境技术创新的政策效应》, 载于《中国人口·资源与环境》2015 年第 9 期。

[340] 张渝、王娟茹:《主观规范对绿色技术创新行为的影响研究软科学》2018 年第 2 期。

[341] 张志勤:《欧盟绿色经济的发展现状及前景分析》, 载于《全球科技经济瞭望》2013 年第 1 期。

[342] 赵成真、邱立成:《产品市场规制真地抑制创新吗? ——基于多国面板数据的比较分析》, 载于《上海经济研究》2013 年第 4 期。

[343] 赵骅、王凤莲:《面向创新失灵治理的集群企业知识共享机制研究》, 载于《科学学与科学技术管理》2011 年第 11 期。

[344] 赵中华、鞠晓峰:《技术溢出、政府补贴对军工企业技术创新活动的影响研究——基于我国上市军工企业的实证分析》, 载于《中国软科学》2013 年第 10 期。

[345] 郑加梅:《环境规制产业结构调整效应与作用机制分析》, 载于《财贸研究》2018 年第 3 期。

[346] 植草益:《微观规制经济学》, 中国发展出版社 1992 年版。

[347] 中国科学院可持续发展战略研究组:《2010 中国可持续发展战略报告: 绿色发展与创新》, 科学出版社 2010 年版。

[348] 钟晖、王建锋:《建立绿色技术创新机制》, 载于《生态经济》2000 年第 3 期。

［349］周方召、符建华、仲深：《外部融资、企业规模与上市公司技术创新》，载于《科研管理》2014 年第 3 期。

［350］周晶淼、武春友、肖贵蓉：《绿色增长视角下环境规制强度对导向性技术创新的影响研究》，载于《系统工程理论与实践》2016 年第 10 期。

［351］周湘峰、郭艳：《供应链管理对企业竞争力及绩效影响的实证分析》，载于《企业经济》2011 年第 7 期。

［352］朱建峰：《环境规制、绿色技术创新与经济绩效关系研究》，东北大学博士论文，2014 年。

［353］朱建峰、郁培丽、石俊国：《绿色技术创新、环境绩效、经济绩效与政府奖惩关系研究——基于集成供应链视角》，载于《预测》2015 年第 5 期。

［354］邹瑾、于焘华、王大波：《人口老龄化与房价的区域差异研究——基于面板协整模型的实证分析》，载于《金融研究》2015 年第 11 期。